主编简介

邓纯东 男，1957年生，马克思主义研究院党委书记、院长，研究员、硕士，博士后合作导师、中国社会科学院研究生院博士生导师，第十三届全国政协委员，全国政协社会和法制专门委员会委员。

主持国家重大交办委托课题和特别重大交办委托课题多项；主持国家社科基金课题4项。筹划马克思主义研究院每年主办的马克思主义及其中国化系列国内论坛10余个，国际论坛3个。

在《人民日报》《光明日报》《求是》等报刊发表理论文章10余篇。主编《中国特色社会主义理论"新思想 新观点 新论断"研究丛书》（6本），《社会主义核心价值观丛书》（12本），《中国梦与中国特色社会主义研究丛书》（10本），《中国道路为什么能成功丛书》（10本），《马克思主义中国化最新成果研究报告》（2013年起每年一卷）等丛书多部。

中国社会科学院
马克思主义理论学科建设与
理论研究工程项目

治国理政思想专题研究文库

绿色发展思想研究

邓纯东　主编

LvSe

FaZhan SiXiang

YanJiu

人民日报出版社

图书在版编目（CIP）数据

绿色发展思想研究／邓纯东主编．—北京：人民
日报出版社，2018.1
ISBN 978－7－5115－5231－0

Ⅰ．①绿⋯　Ⅱ．①邓⋯　Ⅲ．①绿色经济—经济发展—
中国—文集　Ⅳ．①F124.5-53

中国版本图书馆 CIP 数据核字（2018）第 005585 号

书　　　名：**绿色发展思想研究**
主　　　编：邓纯东

出 版 人：董　伟
责任编辑：周海燕　孙　祺
装帧设计：中联学林

出版发行：人民日报出版社
社　　　址：北京金台西路 2 号
邮政编码：100733
发行热线：（010）65369509　65369846　65363528　65369512
邮购热线：（010）65369530　65363527
编辑热线：（010）65369518
网　　　址：www.peopledailypress.com
经　　　销：新华书店
印　　　刷：三河市华东印刷有限公司

开　　　本：710mm×1000mm　1/16
字　　　数：219 千字
印　　　张：13
印　　　次：2018 年 8 月第 1 版　　2018 年 8 月第 1 次印刷

书　　　号：ISBN 978－7－5115－5231－0
定　　　价：68.00 元

编者说明

中国共产党是高度重视理论指导、不断推进马克思主义中国化、善于进行理论创新的党。同时，我们党重视对马克思主义理论的学习和研究工作，重视用马克思主义中国化最新理论成果武装全党和教育人民，推进马克思主义大众化。

党的十八大以来，以习近平同志为核心的党中央坚持以马克思列宁主义、毛泽东思想、邓小平理论、"三个代表"重要思想、科学发展观为指导，坚持解放思想、实事求是、与时俱进、求真务实，坚持辩证唯物主义和历史唯物主义，紧密结合新时代条件和实践要求，以巨大的政治勇气和强烈的责任担当，对经济、政治、法治、科技、文化、教育、民生、民族、宗教、社会、生态文明、国家安全、国防和军队、"一国两制"和祖国统一、统一战线、外交、党的建设等各方面都做出了理论上的回答，以全新的视野深化对共产党执政规律、社会主义建设规律、人类社会发展规律的认识，进行艰辛理论探索，取得重大理论创新成果，提出一系列治国理政新理念新思想新战略。

围绕习近平总书记关于系列治国理政新理念新思想新战略的相关论述，学术界理论界发表了非常多的高质量的阐释性、研究性文章。为了更好地配合学习、研究和宣传习近平系列重要讲话精神，为了更好地推进和加强对习近平关于治国理政思想的研究，中国社会科学院马克思主义理论学科建设与理论研究工程决定编辑出版这套《治国理政思想专题研究文库》。文库从丰富的治国理政思想中撷取二十个方面的重要思想，分二十专题编辑出版。包括：《中国梦思想研究》《全面建成小康社会思想研究》《全面深化改革思想研究》《全面依法治国思想研究》《全面从严治党思想研究》《创新发展思想研究》《协调发展思想研究》《绿色发展思想研究》《开放发展思想研究》《共享发展思想研究》《意识形态工作思想研究》《民主政治建设思想研究》《经济建设思想研究》《社会建设思想研究》《文化建设思想研究》《生态文明建设思想研究》《民族工作思想研究》《国防军队外交思想研究》《"一带一路"思想研究》《人类命运共同体思想研究》。文库采集的论文来自党的十八大至党的十九大期间,在重要报刊上发表的部分理论和学术文章。

限于篇幅,不能把所有的高质量文章收入;基于编者水平,可能会遗漏一些高质量文章,另外,本书在选编工作中难免出现错误与不妥之处,敬请作者与读者一一谅解与指正。

2017 年 10 月

目　录
CONTENTS

践行五大发展理念　全面建成小康社会[*]

党的十八届五中全会通过的《中共中央关于制定国民经济和社会发展第十三个五年规划的建议》(以下简称《建议》)从全局性、根本性、方向性和长远性着眼,确立了"十三五"时期我国经济社会发展新理念,即创新发展、协调发展、绿色发展、开放发展和共享发展的五大理念。这五大发展理念,认真总结了国内国外发展的经验和教训,凝聚了各个方面的发展共识,有助于破解我国发展中存在的不平衡、不协调和不可持续的问题,回应了广大人民群众对发展的新期待,是助推"十三五"时期全面建成小康社会决胜阶段经济社会发展的科学理念。

制定背景:发展阶段新变化

人类关于发展的理论和实践经历了长时间探索,形成过不尽相同乃至大相径庭的认识及其理论概括。特定发展阶段的主要矛盾决定了主流发展理念和主攻方向。在较早的发展阶段上,发展往往局限于经济领域,尤其强调经济总量扩大,造成以经济增长替代更广义发展的理论和实践倾向。这种倾向在特定发展阶段上一经形成,则导致发展目标的狭隘性、发展模式的偏倚性和发展结果的局限性。在资本稀缺、劳动力相对过剩和居民收入普遍低下的发展阶段中,以国内生产总值(GDP)增长为导向的发展,无疑有助于扩大经济总量、增加就业、提高居民收入,是增强国力和改善民生的必要前提。

随着发展进程的不断变化,发展条件和发展环境也必然发生变化,不仅在以往的发展理念及其所指导的实践中,长期存在的问题会逐渐积累、日益凸显,而且一些曾经行之有效的理念和实践,也会随时间的变化而趋于失效。因此,发展理念不应该也不可能是一成不变的,而需根据变化了的发展环境和发展条件,通过

---

[*] 本文作者:蔡昉,中国社会科学院副院长。

回应发展的目的是什么、发展不可以且不应该承担的代价是什么、发展应该以何种方式、路径和手段实现、发展的着力点需要放在哪里、发展绩效应该如何衡量，以及发展的成果如何得到共享等问题而与时俱进。

我国发展阶段变化的突出特点及对它的准确概括，是经济发展进入以增长速度换挡、结构调整加速和增长动力转换为特征的新常态。在我国经济发展进入新常态之际，虽然同时遭遇一定的周期性冲击，例如全球贸易增速减缓，为政策应对增加了复杂性和难度，但是，周期性因素却不是新常态的本质特征。单纯强调外部因素或周期因素，而不能抓住造成经济下行压力的主导性的结构性因素，政策就容易偏向采用刺激性手段，形成政府越俎代庖配置资源，或者用补贴引导企业投资。这样刺激出的增长速度，由于没有伴随着企业竞争力的提高、财政能力的增强从而公共产品供给的扩大，不能达到增加有效供给、改善民生的目的，甚至会贻误调结构和转方式战机。因此，对经济形势的判断要统一到新常态特征上来，促进发展必须把五大理念贯穿始终。

五大理念：目标导向与问题导向相统一

创新、协调、绿色、开放、共享的发展理念，充分反映了党的十八大以来我们党治国理政的新理念、新思想和新战略，对关于发展的目的、方式、路径、着力点、衡量和共享等方面的问题做出了全面回应，具体体现了目标导向与问题导向的统一。

创新发展着眼于培养新常态下经济增长新动力。改革开放后我国经济实现长达 34 年平均 9.8％的高速增长，主要依靠体现在劳动力和土地的低成本优势和技术后发优势上的供给因素，以及居民收入提高、基础设施建设和对外开放带来的巨大需求因素。随着 2010 年我国成为世界第二大经济体，人均 GDP 进入中等偏上收入国家行列，同时，15～59 岁劳动年龄人口总量达到峰值，人口抚养比抵达从下降转而上升的拐点，经济发展阶段发生了根本性的变化，支撑高速增长的传统动力相应式微。

从国际经验，许多国家在类似发展阶段上，传统增长源泉逐渐消失，又未能培养出必要的创新能力，失去了经济增长的持续动力，因而陷入"中等收入陷阱"。从我国经济发展面临的问题和挑战看，创新能力不强仍是我国与发达国家差距所在。因此，使创新成为引领发展的第一动力，形成经济增长的长期可持续动力，才能保持中高速增长，在 2020 年实现全面建成小康社会的目标，并进而跨越中等收入阶段。根据创新驱动的特点,全要素生产率的提高速度及对增长的贡献能力,是衡量创新成效的一个比较综合性的指标。

协调发展着眼于发展的健康性。我国发展长期存在着不平衡、不协调和不可持续问题,已经成为阻碍新常态下保持中高速增长和实现分享、包容的障碍。国际经验和我国现实都表明,在从中等偏上收入向高收入跨越的阶段上,各种社会矛盾和社会风险,往往因区域、城乡、经济和社会、物质文明和精神文明、经济建设与国防建设等方面的不协调而产生和加深,一些国家也正是因此而落入中等收入陷阱。因此,坚持"四个全面",按照《建议》的部署促进发展的协调性,是持续健康发展的内在要求。

绿色发展着眼于发展的永续性,顺应人民对美好生活的追求。有一种传统观念认为,增长与污染的关系类似于一条"倒 U 字形"曲线,因此先污染后治理是一种备选或者不可避免的方式。我国长期以来主要依靠物质投入驱动的经济增长,与这种认识偏差有关,已经造成对资源环境和生态的欠债。绿色发展理念认为,人民对优美环境和良好生态的追求,体现了发展的目的本身,绿水青山就是金山银山。而资源一旦枯竭,环境和生态一经遭到破坏,则难以修复,必然要为此付出极高的代价。特别是,环境恶化对人的生活环境和人体健康造成的损害,代价尤其昂贵。全面建成小康社会,要让人民从发展中获得幸福感,必然不能以资源环境和生态为代价。

开放发展着眼于用好国际国内两个市场、两种资源,实现内外发展联动。我国以往的经济发展,受益于经济全球化和自由贸易。我们不仅要不断提高利用国际市场、在全球范围配置产能和应对国际经贸摩擦的能力,还要努力发展更高层次的开放型经济,提高国际经贸等方面的制度性话语权,通过参与全球经济治理、提供国际公共产品和打造广泛的利益共同体,主动利用、扩大和引领经济全球化。

共享发展着眼于解决社会公平正义问题,体现了中国特色社会主义本质要求和发展目的。我国发展中的不协调问题表现为城乡、区域和居民之间的收入差距以及享受基本公共服务的不均等。全面建成小康社会,必须以全体人民共同进入为根本标志。以人民为中心的发展思想,最终要落脚于共享发展理念和举措,具体体现为坚持普惠性、保基本、均等化、可持续方向,从解决人民最关心最直接最现实的利益问题入手,提供更充分、更均等的公共服务。

目标实现:重视潜在增长能力和改革红利

《建议》对于全面建成小康社会、实现第一个百年目标提出的总体量化要求,是经济保持中高速增长,到2020年GDP总量和城乡居民收入在2010年基础上翻一番。根据横向和纵向比较,并且从经济增长换挡减速这一新常态特点出发,中高速可以定义为实现翻番目标所要求的增长速度。通过这种倒排方式和倒逼机制,为"十三五"时期经济社会发展设定时间表,实施路线图也相应由此确定。我国仍处于大有可为的重要战略机遇期,只要把握住新常态下发展重要机遇期内涵的变化,完全可以实现上述目标,避免中等收入陷阱,为第二个百年目标的实现打下牢固的基础。

2010年我国GDP总量为40.89万亿元。按照到2020年GDP总量和城乡居民收入在2010年基础上翻一番的总体要求。若2015年GDP总量实现7%的增长,"十三五"期间每年需要6.53%的增长率,而如果2015年的增长率是6.9%,则"十三五"期间需要平均每年增长6.55%,即6.5%是底线。要实现这个不低于6.5%的增长速度,关键在于潜在增长能力加改革红利。

目前多数经济学家估算的"十三五"期间潜在增长率在6%到7%之间。例如,我们根据生产要素供给和生产率提高的趋势,估算"十三五"期间潜在增长率为年均6.2%。与此同时,我们估算的改革红利,即通过户籍制度改革、调整生育政策,以及其他提高资源配置效率的改革,显著增加劳动力供给、改善人力资本和提高全要素生产率,长期可以将潜在增长率提高1到1.5个百分点。不过,改革红利有的可以立竿见影,有的要在较长时间里才能显现出来。只要实质性地推进相关领域改革,在6.2%的潜在增长率的基础上,增加不小于0.3个百分点的改革红利,就可以达到中高速增长的要求。

至于城乡居民收入在2010年基础上翻一番的目标,鉴于近年来GDP增长与居民收入增长的同步性有所增强,只要经济增长率能够保证GDP翻番目标的实现,也就同时保证了城乡居民收入翻番。更重要的是,上述定量目标的实现必须建立在提高发展的平衡性、包容性和可持续性的基础上,必须体现为人民群众带来实实在在的获得感。在这方面,《建议》从非常广泛的方面做出部署,既有含金量又切实可行。

围绕创新、协调、绿色、开放和共享发展,《建议》提出了一系列重大战略和举措。例如,为促进创新发展,实施一批国家重大科技项目和在重大创新领域组建一批国家实验室;为促进协调发展,加快户籍人口城镇化率的提高,加强统筹协调,改革并完善适应现代金融市场发展的金融监管框架;为促进绿色发展,实行能源和水资源消耗、建设用地等总量和强度双控行动,实行省以下环保机构监测监察执法垂直管理制度;为促进开放发展,全面实行准入前国民待遇加负面清单管理制度,推动"一带一路"建设;为促进共享发展,现行标准下农村贫困人口实现脱贫,贫困县全部摘帽,解决区域性整体贫困,全面实施一对夫妇可生育两个孩子政策等。

全面小康社会,不是单纯用 GDP 总规模来衡量的小康社会,也不是仅仅用平均数来表达的小康社会,而是全体人民都能切身感受到的全面的小康社会。只有在五大发展理念的指导下,通过一系列重大战略、政策和举措的实施,着眼于把五大发展理念实际转化为人民群众看得见、摸得着、有获得感和幸福感的发展成果,才能实现我们的目标。

(原载于《光明日报》2015 年 11 月 5 日第 001 版)

认真学习坚决贯彻以习近平同志为核心的党中央治国理政新理念新思想新战略[*]

党的十八大以来,以习近平同志为核心的党中央毫不动摇地坚持以马克思主义为指导,勇于实践、善于创新,不断深化对共产党执政规律、社会主义建设规律、人类社会发展规律的认识,形成了一系列治国理政新理念新思想新战略。全面准确理解并坚决贯彻落实以习近平同志为核心的党中央治国理政新理念新思想新战略,是紧紧抓住当前国内外前所未有的大好机遇、精心应对国内外世所罕见严峻挑战的需要,是坚持和发展中国特色社会主义的需要,是坚持和发展21世纪马克思主义和当代中国马克思主义的需要,是确保全面建成小康社会和实现中华民族伟大复兴的需要。

一、以习近平同志为核心的党中央治国理政新理念新思想新战略的内涵和诞生的历史背景

什么是以习近平同志为核心的党中央治国理政新理念新思想新战略? 党的十八届五中全会中提出的"创新、协调、绿色、开放、共享"这新的"五大发展理念",是"新理念"的根本内容;"坚持以人民为中心的发展思想",是"新思想"的根本组成;"全面建成小康社会、全面深化改革、全面依法治国、全面从严治党"这"四个全面"战略布局,是"新战略"的根本体现。以习近平同志为核心的党中央治国理政新理念新思想新战略其广义上的全部内涵蕴含在习近平总书记系列重要讲话之中;而"五大发展理念""以人民为中心的发展思想"和"四个全面"战略布局则构成了以习近平同志为核心的党中央治国理政新理念新思想新战略狭义上的

---

[*] 本文作者:李慎明,第十二届全国人大内务司法委员会副主任委员,中国社会科学院原副院长、研究员。

全部内涵。习近平总书记系列重要讲话在不断丰富发展之中,所以以习近平同志为核心的党中央治国理政新理念新思想新战略也在不断丰富和发展之中。

为何把以习近平同志为核心的党中央治国理政的思想理念战略称为新理念新思想新战略呢?

过去我们党分别提出了"以经济建设为中心""代表先进生产力""科学发展"等一系列思想,这是针对我党我国不同时期的历史任务而提出的,这是完全正确的。改革开放事业在各方面也取得了巨大的成就。对这些思想和成就,我们必须充分肯定其历史地位与历史作用。但是,国际国内环境已经发生并仍在发生深刻复杂的变化,各种新情况、新问题也纷至沓来。在经济领域,一些同志把以经济建设为中心偏狭地理解为以 GDP 甚至是招商引资为中心,总体上创新能力严重不足;有的政绩观扭曲,热衷于"形象工程""政绩工程",导致重复建设、环境污染、生态退化等现象严重;有的甚至杀鸡取卵、竭泽而渔,不仅崽卖爷田不心疼,而且砸了未来子孙的饭碗;财富占有和收入分配的差距也在拉大等。在政治领域,有的党员、干部包括高级干部中理想信念不坚定、对党不忠诚、法纪观念淡薄、脱离群众、独断专行、弄虚作假、慵懒无为;有的权力运行制约和监督机制缺失,以言代法、以权压法、徇私枉法的现象不时出现,特别是高级干部中极少数人政治野心膨胀;党的先进性和纯洁性建设遇到严峻挑战,从严治党和依法治国等项工作都亟待加强。在文化特别是意识形态领域,一些人社会主义核心价值观缺失,各种错误思潮不时泛起;一些同志对马克思主义理解不深甚至有的人认为马克思主义过时了,在实际工作和有的领域中马克思主义被边缘化、空泛化、标签化;有的党员、干部特别是高级干部在大是大非面前态度暧昧,被错误言论所左右,在大是大非问题上无动于衷、置身事外,对真理敬而远之,对各种错误言行听之任之,明哲保身、当老好人等。在国际方面,2008 年爆发国际金融危机,是资本主义推迟多年、推迟多次不得不爆发的危机,是生产社会化乃至生产全球化与生产资料私人占有这一资本主义基本矛盾的一次总爆发。随着国际金融危机的深化,我们既有着难得的发展机遇,同时也有着罕见的阻碍挑战。而我们有些党员、干部特别是领导干部,对这些挑战特别是对国际上的敌对势力对我西化、分化的图谋和其他各种重大突发性事件缺乏应有的警惕性。习近平总书记多次强调,必须准备"进行具有许多新的历史特点的伟大斗争"①。正确应对以上种种情况,都是准备进行具

---

① 《习近平谈治国理政》,外文出版社 2014 年版,第 411 页。

有许多新的历史特点的伟大斗争的重要有机组成。

以习近平同志为核心的党中央的诞生,标志着中国特色社会主义进入了一个新的历史时期。中国特色社会主义既是全面发展的,同时又是有重点的。目前我们已经进入全面建成小康社会的决胜阶段,亟待通过全面从严治党,保持党的先进性和纯洁性,并切实加强党对经济、政治、文化、社会和生态这"五位一体"建设的强有力的领导,不走新一轮靠大干快上的粗放型发展方式、靠强力刺激提高速度实现"两个翻番"等片面发展的老路,以确保全面建成小康社会,而且要考虑更长远时期的发展要求,在各个方面为实现第二个百年奋斗目标奠定更为牢靠的基础。在对外关系上,既要坚持构建人类命运共同体的思想,走和平发展和合作共赢道路,又要坚定地维护国家核心利益,决不吞食损害我国主权、安全和发展利益的苦果。

世情、国情、党情都在呼唤着治国理政新理念新思想新战略的诞生。"时来天地皆同力",以习近平同志为核心的党中央治国理政新理念新思想新战略正是在这一时代的强烈呼唤下应运而生的。

马克思主义从来是在回答和解决时代的重大问题中诞生与发展的。习近平总书记多次强调:"要有强烈的问题意识,以重大问题为导向,抓住关键问题进一步研究思考,着力推动解决我国发展面临的一系列突出矛盾和问题。"①以习近平同志为核心的党中央治国理政新理念新思想新战略,有的放矢并旗帜鲜明地回答了在当今世情、国情和党情条件下,中国特色社会主义发展的总体思路即"五大发展理念"、根本目的即坚持"以人民为中心的发展思想"和实现路径即"四个全面"战略布局。笔者认为,这既是对中国特色社会主义理论体系的坚持和发展,同时也是对马克思列宁主义、毛泽东思想的坚持和发展。要深刻认识这一点,全面准确理解"五大发展理念""以人民为中心的发展思想"和"四个全面"战略布局的各自内涵与相互关系则是必要的前提。

二、"五大发展理念"的内涵与相互关系

习近平同志指出:"发展理念是发展行动的先导,是管全局、管根本、管方向、管长远的东西,是发展思路、发展方向、发展着力点的集中体现。发展理念搞对

---

① 《习近平谈治国理政》,外文出版社 2014 年版,第 74 页。

了,目标任务就好定了,政策举措也就跟着好定了。"①"五大发展理念"既是对改革开放 30 多年来我国发展经验的新总结,又是我们党对中国特色社会主义发展规律的新认识,还是"十三五"乃至更长时期我国发展思路、发展方向、发展着力点的新指针。

在简要论述"五大发展理念"之前,需要特别说明以下三点:一是这"五大发展理念"首先体现在经济发展理念之中。但这"五大发展理念"绝不仅仅是指经济建设的发展理念,而是党领导经济、政治、文化、社会和生态文明建设这"五位一体"建设全面发展的理念。二是这"五大发展理念"的经济基础是社会主义初级阶段的基本经济制度,政治基础是工人阶级(通过共产党)领导的以工农联盟为基础的人民民主专政,指导思想和理论基础则是马克思主义。三是这"五大发展理念"各有侧重,其间也绝不是并列关系。

在创新发展方面,创新是人类历史发展的不竭动力。创新也是从生产力到生产关系、从经济基础到上层建筑的全方位创新,必须把创新摆在国家发展全局的核心位置。首先是经济领域和科技方面的创新。在基础研究和关系国计民生的战略产业方面,国家和政府应发挥创新的主导作用;在技术和应用方面,企业和个人要发挥更为积极的作用,以形成大众创业、万众创新、百舸争流的新局面。但是,在科技创新方面,我们必须坚持自力更生、艰苦创业的精神。十八届六中全会特别强调坚持党的基本路线。党章也明确规定:"中国共产党在社会主义初级阶段的基本路线是:领导和团结全国各族人民,以经济建设为中心,坚持四项基本原则,坚持改革开放,自力更生,艰苦创业,为把我国建设成为富强民主文明和谐的社会主义现代化国家而奋斗。"我们常常把党的基本路线简化为"一个中心、两个基本点"。这一提法的好处是简洁、明快和好记。但人们往往忽略了其中的"自力更生,艰苦创业"精神。甚至不少同志特别是一些领导干部根本就不知道党的基本路线的完整表述,不知道党的基本路线中还有"自力更生,艰苦创业"这一重要思想,因此在实际工作中出现了不少重大偏差。如往往只是想着 GDP,并把经济建设的重心放到了跑要项目和招商引资上,忘记了十分重要的"自力更生,艰苦创业"精神等。要把我国建设成为富强民主文明和谐的社会主义现代化国家,当然要争取外援,并尽最大可能利用世界各国方方面面的资源,但是这个立足点,只能

---

① 《中共中央关于制定国民经济和社会发展第十三个五年规划的建议》,人民出版社 2015 年版,第 48 页。

放到我们自己的长时段的自力更生和艰苦奋斗上。企图用金钱买回或用资源换回一个富强民主文明和谐的社会主义现代化国家，不是幼稚而是太幼稚了。2014年5月22日，习近平在上海参观中国商飞设计研发中心时指出："中国是最大的飞机市场，过去有人说造不如买、买不如租，这个逻辑要倒过来，要花更多的资金来研发、制造自己的大飞机。"①习近平总书记在这里就旗帜鲜明地带头倡导了党在社会主义初级阶段基本路线中的"自力更生，艰苦创业"精神。应当看到，衡量是否坚持改革开放的正确方向，不仅同时体现在坚持四项基本原则方面，而且也直接体现在能否同时坚持自力更生、艰苦创业的精神方面。自力更生、艰苦创业在党的基本路线中绝非可有可无。它既是连接"以经济建设为中心，坚持四项基本原则，坚持改革开放"和"为把我国建设成为富强民主文明和谐的社会主义现代化国家而奋斗"不可或缺的桥梁和纽带，又是到达富强民主文明和谐的社会主义现代化国家的必经路径。从一定意义上讲，没有当年的自力更生、艰苦创业，就没有现在的"两弹一星核潜艇"，就无法保障新中国近70年的和平建设发展的岁月与人民和平幸福的生活。近40年改革开放的实践也已经证明，真正关键的核心技术是买不进来的，是用资源和市场换不来的。从这个意义上讲，没有自力更生、艰苦创业的精神，"以经济建设为中心，坚持四项基本原则，坚持改革开放"和"为把我国建设成为富强民主文明和谐的社会主义现代化国家而奋斗"都将只是一句空话。其次是制度和体制机制创新。如何把社会主义与市场经济有机有效地相结合，既能坚持社会主义改革开放的正确方向，又能充分发挥市场配置资源的有效形式，这是人类历史上亟待解决的重大而又根本的问题。这也就是说，在创新发展中，党和政府要不断提高对市场经济规律的认识和对市场经济的把握调控，既充分发挥最广大人民群众的积极性、主动性和创造性，发挥社会主义能够集中力量办大事的优势，又要优化劳动力、资本、土地、技术、管理等各要素配置，激发各方面的创新活力。再次是文化创新特别是其中的理论创新。从一定意义上讲，理论创新是根本的创新，是顶层和源头的创新。因为，没有革命的理论，就没有革命的行动。有了错误的理论，就产生错误的行动。正因如此，我们一方面要大胆进行理论创新、制度创新、科技创新、文化创新等各方面创新，让创新贯穿党和国家一切工作，形成促进创新的体制架构，塑造更多依靠创新驱动、更多发挥先发优

---

① 《我国大飞机事业发展的科学指南———深入学习贯彻习近平同志系列重要讲话精神》，《人民日报》2014年12月22日。

势的引领型发展。另一方面,在进行理论创新、道路创新、制度创新、文化创新等各方面创新工作时,也必须把坚持马克思主义的基本原理与当今中国实际和时代特征相结合。否则,就没有正确的创新,甚至还有可能走到邪路上去。

在协调发展方面,经济是基础,经济领域里的协调发展,是整个社会协调发展的基础。所以讲协调发展,首要应是经济领域的协调发展。而马克思主义认为,所有制、分配和人与人之间关系这三个方面的生产关系的总和构成一定社会的基础。因此,在经济领域中的协调发展,应首先重视各种所有制和分配方面的协调发展。在协调发展中,当然一定要进一步解放思想,充分发挥市场的作用;其根本在于,我国仍处于并将长期处于社会主义初级阶段。但仅仅依靠市场自发地配置、调节不行,这是因为,市场经济有其内在固有的不可克服的自发性、逐利性、盲目性和滞后性等缺陷;所以,我们要同时更好地发挥国家和政府的作用。要正确认识和处理重点与非重点、平衡与不平衡之间的关系,同时也要十分注意引导企业和个人要有国家和集体观念,要有协调发展的理念。各级政府、企业和个人,都必须正确认识和处理国家、集体与个人,局部与全局,眼前与长远的关系。另外,经济、政治、文化、社会和生态文明这“五位一体建设”的协调发展,以及党的建设与“五位一体建设”、国际与国内两个大局的统筹等,都是协调发展中十分重要的课题,都亟待我们统筹和驾驭。

在绿色发展方面,最为重要的是树立大局观、长远观、整体观,树立造福子孙后代观。既要坚持节约资源和保护环境的基本国策,坚定走生产发展、生活富裕、生态良好的文明发展道路,又必须纠正以 GDP 为中心的思想,下大力气纠正“杀鸡取卵”“竭泽而渔”的短期行为,推动形成可持续的绿色发展方式和生活方式。

在开放发展方面,必须坚持对外开放毫不动摇。我国已经驶入经济全球化的大海,我们只有不断丰富对外开放新内涵,提高对外开放新水平,形成对外开放新体制,充分运用人类社会和各国创造的先进科学技术成果和有益管理经验,不断探索实践,才能不断提高把握国内国际两个大局的自觉性和能力,提高对外开放的质量和水平。另外,不仅国内改革有个方向问题,而且对外开放也有一个方向问题。我们必须坚持对外开放毫不动摇,同时也必须坚持对外开放的正确方向。我们是积极参与经济全球化,而不是融入经济全球化。如果是融入经济全球化,中国特色社会主义就根本无法存在,中国就会重新沦到殖民地半殖民地的境地。

在共享发展方面,2015 年 10 月 29 日,习近平总书记在党的十八届五中全会第二次全体会议上的讲话中明确指出:“我国经济发展的‘蛋糕’不断做大,但分配不公问题比较突出,收入差距、城乡区域公共服务水平差距较大。在共享改革发展成果上,无论是实际情况还是制度设计,都还有不完善的地方。为此,我们必须坚持发展为了人民、发展依靠人民、发展成果由人民共享,做出更有效的制度安排,使全体人民朝着共同富裕方向稳步前进,绝不能出现'富者累巨万,而贫者食糟糠'的现象。"①总书记在这里讲得已经十分清楚和明白了。我们必须认识如下深刻道理:让广大人民群众共享改革发展成果,是社会主义的本质要求,是社会主义制度优越性的集中体现,是我们党坚持全心全意为人民服务根本宗旨的重要体现。这方面问题解决好了,全体人民推动发展的积极性、主动性、创造性就能充分调动起来,国家发展也才能具有最深厚的伟力。只有这样,才能按照人人参与、人人尽力、人人享有的要求,坚守底线、突出重点、完善制度、引导预期,注重机会公平,保障基本民生,实现全体人民共同迈入全面小康社会。另外,习近平总书记还特别强调:"全面建成小康社会,最艰巨最繁重的任务在贫困地区。全党全社会要继续共同努力,形成扶贫开发工作强大合力。"②消除贫困、改善民生、逐步实现共同富裕,是社会主义的本质要求,是我们党的重要使命。由于地理环境、历史因素等多方面的原因,一些地区的群众生活比较艰苦,处于贫困状态,因此在共享发展中,我们应十分注重做好扶贫攻坚工作。

"五大发展理念"并不是并列关系。其中,创新是引领,协调是状态,绿色是质量,开放是条件,而只有共享才是建设中国特色社会主义初级阶段的本质与目的要求。

三、坚持以人民为中心的发展思想是以习近平同志为核心的党中央治国理政新理念新思想新战略的主旨

有同志认为,"五大发展理念"中的共享发展,已经包括了坚持"以人民为中心的发展思想",没有必要再单独提出这一思想。其实,这是一种误解。马克思曾明确指出:"不仅仅决定于生产力的发展,而且还决定于生产力是否归人民所有。"③笔者认为,共享发展仅仅是社会主义初级阶段党的基本路线中的发展理念,是我

---

① 习近平:《在党的十八届五中全会第二次全体会议上的讲话(节选)》,《求是》2016 年第 1 期。

② 习近平:《全党全社会继续共同努力　形成扶贫开发工作强大合力》,《人民日报》2014 年 10 月 18 日。

③ 《马克思恩格斯选集》第 1 卷,人民出版社 2012 年版,第 861 页。

们党现阶段以按劳分配为主、其他分配方式如资本等生产要素分配为辅的发展理念，而坚持"以人民为中心的发展思想"则是我们党全心全意为人民服务这一唯一宗旨的直接体现，是我们中国共产党人在建设中国特色社会主义其中包括初级、中级和高级阶段整个过程中的根本指针。从根本上说，坚持以人民为中心的发展思想高于并统领、管辖共享发展。

还有的同志问，过去我们讲以经济建设为中心，现在提出坚持"以人民为中心的发展思想"，这两者之间是什么关系呢？以经济建设为中心是我们的各项具体工作的任务导向，这一各项工作的任务导向在任何时候我们都要坚定不移，矢志不渝；而坚持"以人民为中心的发展思想"则是我们的根本政治立场的价值导向，同样，这一根本政治立场的价值导向在任何时候我们同样应该坚定不移，矢志不渝。两者相辅相成，相得益彰。

什么是坚持以人民为中心的发展思想？主要表现在以下两个方面，一是全心全意为着人民。为什么人的问题，是根本的问题，原则的问题。这是检验任何个人、任何集团、任何政党和任何国家先进与落后、进步与反动的根本分水岭与试金石。共产党人把全心全意为人民谋利益作为自己的唯一宗旨，以此作为自己最高和最为光荣的历史使命，并与其他任何剥削阶级及其政党根本区别开来。二是全心全意依靠人民。我们之所以说人心向背是最大的政治，相信人民群众，依靠人民群众，为着人民群众是我们党的根本路线，这是因为，在阶级或有阶级的社会里，广大工人、农民、知识分子始终占社会的绝大多数，绝大多数人的利益、意愿、意志和力量是创造历史的真正动力，并最终决定历史的发展方向。所以，共产党人把依靠人民作为发挥人类历史能动性的根本动力源泉。

习近平总书记指出，要"着力践行以人民为中心的发展思想……以人民为中心的发展思想，不是一个抽象的、玄奥的概念，不能只停留在口头上、止步于思想环节，而要体现在经济社会发展各个环节。"①

坚持以人民为中心的发展思想就是要始终不渝地坚持人民立场。习近平总书记在中央政治局2016年12月26日至27日召开的民主生活会上明确指出："人民立场是马克思主义政党的根本政治立场，人民是历史进步的真正动力，群众是

---

① 习近平：《在省部级主要领导干部学习贯彻党的十八届五中全会精神专题研讨班上的讲话》，《人民日报》2016年5月10日。

真正的英雄,人民利益是我们党一切工作的根本出发点和落脚点。"①为着人民和依靠人民,相互依存,互为前提,高度统一于党的全心全意为人民服务这一唯一的宗旨和人民这一立场,同时也贯穿于习近平总书记系列重要讲话、治国理政和"四个全面"战略布局之中。只有为着人民,才能最大限度和最充分地调动广大人民的积极性、主动性、创造性;只有依靠人民,才能达到为着人民这一唯一的目的。正因如此,习近平同志反复强调:"要学习和掌握人民群众是历史创造者的观点,紧紧依靠人民推进改革。人民是历史的创造者。要坚持把实现好、维护好、发展好最广大人民根本利益作为推进改革的出发点和落脚点,让发展成果更多更公平惠及全体人民,唯有如此改革才能大有作为。"②

1943 年,毛泽东在中央党校第二部开学典礼上的讲话中指出:"国民党也需要老百姓,也讲'爱民'。不论是中国还是外国,古代还是现在,剥削阶级的生活都离不了老百姓。他们讲'爱民'是为了剥削,为了从老百姓身上榨取东西,这同喂牛差不多。喂牛做什么?牛除耕田之外,还有一种用场,就是能挤奶。剥削阶级的'爱民'同爱牛差不多。我们不同,我们自己就是人民的一部分,我们的党是人民的代表,我们要使人民觉悟,使人民团结起来。在这个问题上,我们同国民党是对立的,一个要人民,一个脱离人民。"③这一论述,十分形象和生动地揭示了我们党与国民党及其他政党的根本区别。

换句话说,中国共产党是为民族、为人民谋利益的政党,其本身就是人民的一部分,除了人民的利益之外,绝无其他任何私利。从根本上说,我们绝不是靠也绝不能仅靠技巧执政,根本是靠相信人民,依靠人民,为了人民这一本色执政,这就必须坚持以人民为中心的发展思想,舍此别无他途。所以在贯彻"五大发展理念"的每一个发展理念中,在贯彻"四个全面"战略布局过程中,我们都必须坚持以人民为中心的发展思想,做出更有效的制度安排,使全体人民在共建共享发展中有更多获得感,增强发展动力,增进人民团结,朝着共同富裕方向稳步前进。以习近平同志为核心的党中央以人民为中心的治国理政理念,必将让人民得到更多的福祉,也已经赢得了人民的衷心支持和拥护。

---

① 《对照贯彻落实党的十八届六中全会精神 研究加强党内政治生活和党内监督措施》,《人民日报》2016 年 12 月 28 日。
② 《推动全党学习和掌握历史唯物主义 更好认识规律更加能动地推进工作》,《人民日报》2013 年 12 月 5 日。
③ 《毛泽东文集》第 3 卷,人民出版社 1996 年版,第 57~58 页。

在社会主义初级阶段,坚持以人民为中心的发展思想的更有效的制度安排,就是在经济领域,必须坚定不移坚持以公有制为主体,国有企业为主导,各种所有制共同协调发展;坚持按劳分配为主体、多种分配方式并存的协调发展的分配制度。在政治领域,坚持工人阶级(通过共产党)领导的以工农联盟为基础的人民民主专政的国体及人民代表大会制度为根本政治制度的政体。在意识形态领域,坚持以马克思主义为指导这一党、国家和人民的指南与灵魂。

其实,坚持"以人民为中心的发展思想"这一重大提法,早已蕴含在习近平就任总书记和提出实现中华民族伟大复兴之时。2012 年 11 月 15 日,十八届政治局常委同中外记者见面之时,习近平同志就明确指出:"人民对美好生活的向往,就是我们的奋斗目标。"①2013 年 3 月 17 日,习近平同志在第十二届全国人民代表大会第一次会议上的讲话中又明确指出:"中国梦归根到底是人民的梦,必须紧紧依靠人民来实现,必须不断为人民造福。"②把人民对美好生活的向往作为党的奋斗目标,并紧紧依靠人民去实现,这其中已经内含了坚持以人民为中心的发展思想的全部要素。

坚持以人民为中心的发展思想,反映了我们党对三大规律的认识和运用达到新高度。正确认识和自觉运用共产党执政规律、社会主义建设规律和人类社会发展规律,对我们党的发展壮大、对中国特色社会主义事业的兴旺发达具有决定性意义。以人民为中心的发展思想是在落实党的全心全意为人民服务这一唯一的宗旨、解决人心向背这一根本问题时唯一正确的工作指针,是党的各项工作的方向和灵魂。在我们每一位共产党人和党的各级组织中所从事的任何一项工作中,都应坚持以人民为中心的发展思想。正因如此,以人民为中心的发展思想,既是我们的根本立场和根本目的,又是达到这一根本目的的根本路径和根本办法;既是全党各项工作的出发点,又是各项工作的落脚点;既是历史唯物主义的真谛,又是共产党人的本色;既是对党的优良传统的总结和继承,又是在新的历史条件下对党的建设理论的新的认识和新的发展,是我们党全心全意为人民服务的根本宗旨在新的发展实践中的生动体现,是对以人为本理念的深度阐发和凝练升华,体现了中国特色社会主义道路、理论体系、制度的本质特征,体现了中国特色社会主义发展的根本目的和动力源泉。

---

① 《习近平关于全面深化改革论述摘编》,中央文献出版社 2014 年版,第 91 页。
② 《习近平谈治国理政》,外文出版社 2014 年版,第 40 页。

如上所述,我们完全可以说,坚持"以人民为中心的发展思想"这一提法既是以习近平同志为核心的党中央深思熟虑的结果,又是对习近平总书记系列重要讲话和治国理政思想、"四个全面"战略布局的升华。坚持"以人民为中心的发展思想"是习近平总书记系列重要讲话、治国理政思想和"四个全面"战略布局的核心和灵魂,是在新的历史条件下对党的性质和宗旨新的认识和新的发展。

四、"四个全面"战略布局是落实以习近平同志为核心的党中央治国理政新理念新思想新战略的可靠路径

"四个全面"战略布局是以习近平同志为核心的党中央从坚持和发展中国特色社会主义全局出发提出的崭新布局,是党中央治国理政的总体方略,是实现"两个一百年"奋斗目标、走向中华民族伟大复兴中国梦的可靠路径。应当认识到,"四个全面"战略布局中的四项不是并列关系。从一定意义上讲,全面深化改革、全面依法治国、全面从严治党都是手段,而全面建成小康社会则是我们的目标,并且这一目标也是泛指。"四个全面"战略布局也不是仅仅管到 2020 年,它将是我国社会主义初级阶段的长期发展的战略布局,至少要管到实现中华民族伟大复兴的第二个一百年。尽管全面深化改革、全面依法治国、全面从严治党都是手段,但全面从严治党是协调推进"四个全面"战略布局的关键。因为要出问题,还是出在共产党内部。这已经被苏联亡党亡国的惨痛教训所证明;也已经为当今存在的让人震惊的党内和社会上的一些严重的腐败现象所证明。我们只有全面从严治党,保持党的先进性和纯洁性即保持党和政权永不变质,才可能把"四个全面"战略布局变成现实。同时,"四个全面"战略布局中,既有目的手段、内因外因、主要矛盾和矛盾的主要方面,同时也有相互制约、阴阳相济、综合平衡、协调前进等各种因素。如全面深化改革与全面依法治国、全面依法治国与全面从严治党、全面深化改革与全面从严治党等,都是辩证统一的关系。所以,"四个全面"战略布局既各有侧重,同时也是完整的统一体。不能从不同层次、不同领域、不同地区,各取所需,进行人为分割,更不能人为对立,其内在的紧密联系在于高度统一于中华民族伟大复兴中国梦之中,统一于坚持党的领导和坚持以人民为中心的中国特色社会主义宏伟事业之中。正因如此,"四个全面"能否解释为如下较为形象的比喻:党领导和依靠人民全面从严治党,全面深化改革,全面推进依法治国,全面建成小康社会。其中,主体是党和人民,党是头脑,人民是躯干,全面深化改革与全面推进依法治国则是两翼。头脑清醒,身体健硕,中华民族就可以翻动扶摇羊角,绝云

气,九万里,全面建成小康社会就指日可待。

五、坚持和发展中国特色社会主义是以习近平同志为核心的党中央治国理政新理念新思想新战略的主题主线

习近平同志明确指出:"中国特色社会主义,是科学社会主义理论逻辑和中国社会发展历史逻辑的辩证统一……中国特色社会主义是社会主义而不是其他什么主义。科学社会主义基本原则不能丢,丢了就不是社会主义"。① 对当代中国共产党人来说,说一千,道一万,我们所干的所有事业,归结为一点,就是坚持和发展中国特色社会主义。从根本上说,以习近平同志为核心的党中央提出的治国理政新理念新思想新战略,是为了坚持和发展中国特色社会主义。因为只有社会主义才能救中国,只有中国特色社会主义才能发展中国,这是历史的结论。中国特色社会主义,首先表现在中国特色社会主义道路上。笔者认为,一个国家的发展道路,当然体现在经济政治文化社会和对外关系发展的方方面面,但经济是基础。经济发展道路是这个国家发展的根本之路。它首先表现在政治的上层建筑领域之中,是一定阶级及其集团通过国家所确立的一定的经济制度,这也可以叫作应然;但这一经济制度在经济领域里运行的实际状况,则属于经济基础的范畴,这也可以叫作实然。中国特色社会主义发展道路,本质上属于经济基础领域,直接体现在应然经济制度在经济领域实然的落实上,主要体现在所有制及分配关系和人与人之间关系的实际状况上。正因为这样,习近平同志特别强调:"要坚持和完善社会主义基本经济制度,毫不动摇巩固和发展公有制经济,毫不动摇鼓励、支持、引导非公有制经济发展,推动各种所有制取长补短、相互促进、共同发展,同时公有制主体地位不能动摇,国有经济主导作用不能动摇,这是保证我国各族人民共享发展成果的制度性保证,也是巩固党的执政地位、坚持我国社会主义制度的重要保证"。② 他同时强调:"国有企业是中国特色社会主义的重要物质基础和政治基础,是我们党执政兴国的重要支柱和依靠力量。"③"要坚持国有企业在国家发

① 《习近平谈治国理政》,外文出版社 2014 年版,第 21、22 页。
② 《立足我国国情和我国发展实践　发展当代中国马克思主义政治经济学》,《人民日报》2015 年 11 月 25 日。
③ 《坚持党对国有企业的领导不动摇　开创国有企业党的建设新局面》,《人民日报》2016 年 10 月 12 日。

展中的重要地位不动摇,坚持把国有企业搞好、把国有企业做大做强做优不动摇。"①如果说中国特色社会主义道路主要体现在经济基础领域,那么,中国特色社会主义制度则直接体现在政治的上层建筑领域。中国特色社会主义制度,从中华人民共和国是工人阶级领导的、以工农联盟为基础的人民民主专政的社会主义国家这一社会主义根本制度出发,坚持把根本政治制度、基本政治制度同基本经济制度以及各方面体制机制等具体制度有机结合起来,坚持把党的领导、人民当家作主、依法治国有机结合起来,体现在经济社会的各个领域。而以习近平同志为核心的党中央治国理政新理念新思想新战略同样涉及我国经济社会的各个领域。通过党中央治国理政新理念新思想新战略的全面推进,中国特色社会主义制度在经济社会的各个领域也必然得到坚持和发展。中国特色社会主义理论体系与马克思列宁主义、毛泽东思想是坚持、发展和继承、创新的关系。习近平同志明确指出:"马克思列宁主义、毛泽东思想一定不能丢,丢了就丧失根本"。② 我们绝不能丢掉"老祖宗",同时,我们一定要以我国改革开放和现代化建设的实际问题、以我们正在做的事情为中心,着眼于马克思主义理论的运用,着眼于对实际问题的理论思考,着眼于新的实践和新的发展。这就需要正确处理坚持与发展马克思主义的关系。

六、党要管党、从严治党是以习近平同志为核心的党中央治国理政新理念新思想新战略的根本保证

领导中国特色社会主义宏伟事业的核心力量是中国共产党。习近平同志特别强调:"办好中国的事情,关键在党。只有从严管党治党,才能确保党在发展中国特色社会主义历史进程中始终成为坚强领导核心。"③因此,党要管党、从严治党,既是党中央治国理政新理念新思想新战略十分重要的组成,又是党中央治国理政新理念新思想新战略贯彻落实的根本保证。衡量一个政党是否先进,主要是看这个党的性质、宗旨、指导思想和纲领。中国共产党之所以能够领导广大人民取得革命、建设和改革开放的伟大胜利,最为重要的是其性质是工人阶级的先锋队,同时又是中华民族的先锋队,其宗旨是全心全意为人民服务,其指导思想是马

---

① 《保持战略定力增强发展自信　坚持变中求新变中求进变中突破》,《人民日报》2015 年 7 月 19 日。

② 《习近平谈治国理政》,外文出版社 2014 年版,第 9 页。

③ 《习近平总书记系列重要讲话读本》,学习出版社、人民出版社 2014 年版,第 156 页。

克思主义,其最终纲领是实现共产主义。中国共产党以此为指导,在不同历史时期,又坚持把马克思主义的普遍真理与当时的中国实际相结合,制定了正确的路线、方针和政策。这就保证了党在思想上政治上路线的正确,保证了党始终与最广大人民群众血肉相连。党要管党、从严治党,还必须坚定正确的理想信念。从整体上看,在改革开放之初,有不少同志思想上僵化保守;在改革开放深入发展的今天,对共产主义远大理想信念不足甚至产生了信仰危机则是当今党内与社会上的主要倾向。正因如此,习近平总书记特别强调:"对马克思主义的信仰,对社会主义和共产主义的信念,是共产党人的政治灵魂,是共产党人经受住任何考验的精神支柱";①强调"革命理想高于天"。② 他还多次批评了那种认为"共产主义虚无缥缈"的观点。各级领导干部特别是高级领导干部应带头树立正确的理想信念。人民群众当然是历史最终的决定性力量。但在一段时期内,从一定意义上讲,全党同志特别是党的各级领导干部尤其是高级领导干部有信仰,人民才能有信仰,民族才能有希望,国家才能有力量。党要管党、从严治党,也必须扎实抓好党的作风建设,坚决开展反腐败斗争,用铁的纪律维护党的团结,维护党中央的权威等。而这些思想,则全部贯穿在党中央治国理政新理念新思想新战略之中。

七、对外坚持走和平发展道路是以习近平同志为核心的党中央治国理政新理念新思想新战略的题中应有之义

以习近平同志为核心的党中央高度重视统筹国际国内两个大局,投入大量精力研究部署外交工作。习近平同志还亲自多次接待外宾、多次出访并多次讲话,形成了以习近平同志为核心的党中央的外交思想。这一外交思想的核心,就是既坚持和平、发展、合作、共赢的理念,坚持开展全方位外交,始终不渝走和平发展道路,同时又坚决地维护国家的核心利益,绝不吞食损害中国国家主权、安全和发展利益的苦果。

从字面上简单理解,治国理政中好像没有包含外交思想,所以有人认为党中央治国理政新理念新思想新战略没有涉及我国的外交政策。这是误解。治国理政需要一个良好的周边安全环境和国际环境。马克思主义从来认为,外交是内政的延续。我国是社会主义国家,这一国家性质,决定我们必然在任何时候都必须

---

① 《习近平谈治国理政》,外文出版社 2014 年版,第 15 页。
② 《习近平谈治国理政》,外文出版社 2014 年版,第 413 页。

坚持和平共处五项原则。我国的优秀文化传统的重要组成部分就有"亲仁善邻""协和万邦"等内容。在经济全球化深入发展的今天，我们要全面贯彻党中央治国理政新理念新思想新战略，就更加与外部世界息息相关，就必须更加重视对外关系。事实上，在以习近平同志为核心的党中央外交思想的指引下，我国的外交工作同国内各项工作一样，同样出现了一个崭新的局面。

综上所述，我们完全可以说，"创新、协调、绿色、开放、共享"这新的"五大发展理念"既是世界观，又是理论体系；"以人民为中心的发展思想"既是价值观，又是根本立场；"四个全面"战略布局既是方法论，又是把世界观、价值观变成现实的具体路径。

在以习近平同志为核心的党中央的坚强领导下，我们对中国共产党、中国人民和中华民族的前途充满信心，对中国特色社会主义充满信心，对实现"两个一百年"奋斗目标和中华民族的伟大复兴充满信心。

（原载于《世界社会主义研究》2017 年第 5 期）

论新常态下的五大发展理念 *

中共十八届五中全会首次提出了创新、协调、绿色、开放、共享的发展理念,开启了关系我国发展全局的一场意义深远的变革。虽然这五个理念在过去的工作中都有所体现,但在目前的经济新常态方针下,理念的内涵有了重要的发展。十八大以后,以习总书记为首的党中央立足于我国改革开放事业新的发展阶段,提出了新常态这一新的执政方针,指出新常态的特征就是从高速增长转为中高速增长,经济结构不断优化升级,发展动力从要素驱动、投资驱动转向创新驱动。2015年12月的中央经济工作会议仍然重申要认识新常态、适应新常态、引领新常态,因此理论工作者要重点研究经济新常态下五大发展理念的相应内涵和关键节点。

一、创新发展

创新有广义和狭义之分。党的十八届五中全会提出,坚持创新发展,必须把创新摆在国家发展全局的核心位置,不断推进理论创新、制度创新、科技创新、文化创新等各方面创新,让创新贯穿党和国家一切工作,让创新在全社会蔚然成风。这里的创新主要指广义的创新。

科技创新就是狭义的创新。不管是广义还是狭义的创新,都十分重要,但由于篇幅限制,本文重点讨论科技的自主创新问题。

当前,特别要强调以科技创新为动力来突破经济发展"瓶颈"。动力不足是当下制约我国经济发展的"瓶颈",突破"瓶颈"唯有创新。用创新培植发展新动力,就是要按照十八届三中全会的要求,"发挥科技创新在全面创新中的引领作用,加

---

* 本文作者:程恩富(1950—),中国社会科学院学部委员、学部主席团成员兼马克思主义研究学部主任、博士生导师,世界政治经济学学会会长,中华外国经济学说研究会会长,研究方向为中外马克思主义及其经济学。

强基础研究,强化原始创新、集成创新和引进消化吸收再创新"。我国以往的发展基本上靠要素投入、低成本劳动力拉动,属于典型的数量规模型粗放式发展。粗放式发展造成产能严重过剩,资源环境约束,创新能力不足,经济大而不强。今天靠要素投入已难以为继,凭低劳动力成本竞争时代已经过去,单靠传统需求侧的"三驾马车"拉动明显不够。当下必须着力进行供给侧的"新三驾马车"(要素质量、结构优化和科技创新)的改革发展。可见,经济发展对创新的需求比过去任何时期都要强烈而紧迫。只有创新才能从根本上突破发展动力不足的"瓶颈"制约。将创新驱动发展作为我国面向未来的一项重大战略,一方面需要着力推动科技创新与经济社会发展紧密结合,让企业真正成为技术创新的主体。另一方面,政府在关系国计民生和产业命脉的领域要积极作为,加强支持和协调,总体确定技术方向和路线,用好国家科技重大专项和重大工程等抓手,集中力量抢占制高点。实施创新驱动发展战略关键在于增强自主创新能力,努力掌握关键核心技术。①

改革开放以来比较流行的一个错误观点和政策,就是强调市场换技术,强调所谓造不如买、买不如租。实践证明,这个战略是不成功的。一个明显失败的例子是轿车工业的对外开放,更为失败的例子是大飞机工业。20世纪80年代初我国大飞机研发已经相当成熟,飞机制造厂也建立了,但一搞开放,领导层力排众议让"运十"大飞机下马。前几年才在上海搞了商飞公司,大飞机研发和生产才又上马,足足推迟了约30年。如此折腾的原因在于误读开放,以为开放就不要自主创新了,以为通过合资合作能换来核心技术。与错误观点反向而行的成功案例是高铁研发和生产。当时铁道部主动设法打破西方几家大公司的技术垄断,成为中国制造的一张"国际名片"。

我国经济开放分为几个阶段:第一阶段是强调"引进来"的单一战略,单纯追求对外国的资本和技术等引进。第二阶段强调"引进来和走出去"并重的战略,在继续追求"引进来"的同时,实施中国企业走出去投资的举措。1998年,江泽民总书记总结自己的工作时,认为过去只讲引进来是不够的,今后应当引进来和走出去并重。此后中央贯彻进出并重战略,开放进入第二阶段。第三阶段强调"自主创新"的新战略,实施自主知识产权和创新型国家的举措。②

---

① 程恩富:《习近平的十大经济战略思想》,《当代社科视野》2014年第1期。

② 程恩富,侯为民:《转变对外经济发展方式的"新开放策论"》,《当代经济研究》2011年4月,第37-45页。

20 世纪 30 年代有一个日本教授曾经写文章说日本应该发展"殖民地科技",强调殖民地科技如果完全不发展,宗主国也会受到不利影响,但发展时要保持 15 年左右的技术差距。现在发达国家虽然没有公开这样提,而实际上是只做不说。所以,十六大以后提出自主创新,十七大报告提出建设创新型国家,十八大以后提出创新驱动战略,都是非常正确的。

2000 年以后我提出了自主知识产权优势理论,①指出除了要发挥动态比较优势和综合竞争优势之外,②还必须重点培育和发挥第三种优势,即知识产权优势。前两种优势理论各有缺陷。比较优势理论暗含着各个经济体所具有的资源禀赋保持不变的特征,实践中容易导致"比较优势陷阱",即原来只在国际产业链低端具有比较优势的经济体永远陷在低端,产业结构难以向中高端迈进。美国波特(Porter)提出的竞争优势则因强调多因素的影响,没能抓住问题的关键。

二、协调发展

在五中全会公报中提到的五大发展新理念中,协调发展具有非常重要的理论和政策意义。从问题导向进行深一步思考,针对当前我国经济社会发展的难题及其对策,有必要确立十大协调发展的新理念和新举措。

一是协调经济与社会发展。整个国民经济的发展应稳中有进、又好又快,但发展经济的出发点和归宿点是改善民生,因而"改善民生就是发展"的价值导向,与社会主义经济发展的根本目的是内在统一的。当前,必须从改善民生就是发展的战略高度来谋划财富和收入分配、就业、医疗、住房、教育、社会保障六大领域的社会发展,是新常态下协调经济发展与社会发展的主要内容。

二是协调速度与效益发展。纵观全球经济增长,1%—3% 是低速度,4%—6% 是中速度,7%—9% 是高速度,10% 以上是超高速度,因而我国进入经济新常态的标志之一是高速度转向中高速度,这是客观规律与政策掌控共同作用的状态。为了协调速度与效益的关系,就必须注重经济发展方式,使其从规模速度型粗放增长转向质量效率型集约增长,经济结构从增量扩能为主转向调整存量、做优增量并存的深度调整,经济发展动力由要素驱动、投资驱动等传统增长点转向

---

① 程恩富,丁晓钦:《构建知识产权优势理论与战略———兼论比较优势和竞争优势理论》,《当代经济研究》2003 年第 9 期。

② 迈克尔·波特:《国家竞争优势》,华夏出版社 2000 年版。

以创新驱动为代表的新增长点,以及产业结构的不断合理化和高级化。

三是协调区域之间发展。其关键主要如下:一是统筹协调各经济区的区域发展战略。目前,我国除了继续发展长三角、珠三角和中部经济区以外,已实施"一带一路"、京津冀协同发展、长江经济带、西部大开发、东北老工业基地振兴等一批重点区域发展战略。二是要根据我国主体功能区规划统筹协调、分类指导各区域国土空间的开发。要从全局角度促进这些战略的有机融合,推进经济区和主体功能区之间的优势互补与良性互动。

四是协调城乡之间发展。当下我国城市与农村的经济社会发展差距相对较大,因而尽快进行农村的公共设施建设、中小学义务教育建设、乡镇企业建设以及城乡一体化和城镇化建设,是协调城乡发展的关键。新型城镇化建设应讲究城乡两利和实效,而非单纯追求农村人口进城。

五是协调人与自然发展。要处理好经济建设、人口增长与自然资源利用、生态环境保护的关系。必须加大保护和修缮生态环境的力度,加大高效利用自然资源的力度,其中包括推行一些约束性指标。

六是协调公有与私有发展。在严格遵照宪法和党中央一系列文件关于坚持和巩固以公有制为主体、多种所有制共同发展的大框架下,要认真贯彻毫不动摇的同时发展公有制经济和非公有制经济的原则,坚决落实习近平总书记和党中央关于国有企业改革要有利于提高活力、竞争力和国有资本放大功能的"三个有利于"以及做强做优做大国有企业的总方针,重点发展以公有资本控股为主的混合所有制经济,而非单纯发展壮大中外私有制经济或以民营经济为主体。

七是协调先富与共富发展。其核心是完善按劳分配为主体、多种分配方式并存的分配制度体系。首先,坚持和完善公有制经济中的按劳分配制度。其次,坚持和完善政府对财富和收入的调节制度。在初次分配领域,政府要通过对收入分配的相关法律法规的完善和执行,科学调节收入和财富的分配。在再分配领域,政府通过完善税收制度来调节高收入群体的过高收入,通过完善转移支付制度来提高低收入群体的收入,并通过完善法律制度来取缔非法收入。

八是协调物质与精神发展。全面建设小康社会既包括不断提高物质生产和消费水平,也包括文化生产和消费水平,而后者就涉及社会主义核心价值体系和核心价值观的培育与提升,即社会主义市场经济条件下优质精神、进步精神、健康精神等大众化和主流化问题;涉及以马列主义及其中国化理论为灵魂的思想文化软实力增强和国际竞争问题。可见,这一协调意义非凡。

九是协调技术与制度发展。技术属于生产力的范畴,制度属于生产关系和上层建筑的范畴。不宜抽象地永恒认定"制度重于技术",如同不能简单地说生产关系和上层建筑重于生产力一样。必须重视习近平总书记关于"创新是发展的第一动力"的论断,协调以科技为引领的生产力体系与改革生产关系和上层建筑为内容的制度体系二者的互动发展。

十是协调对内与对外发展。应确立对外开放的目的是为了更好地发展国内的理念,力避采取为开放而开放,甚至于弊大于利的开放措施。目前,我国公有与私有企业应加强联合,逐步夺回被外资不断控制的众多产业部门,包括大众化网站。金融发展要确立服务实体经济和富民强国的思路,要防止外国资本在中国形成金融垄断,谨慎对待并充分论证资本项目开放的问题,加快金融市场的事先、事中和事后全过程监管,特别是加强以有效治理股灾的股市监管法制和能力建设。

三、绿色发展

我认为,从全球范围看,生态环境的恶化是资本主义制度导致的,对中国来说,主要是思想观念、制度安排、政策和相应的技术没有跟上。其中,构建中国特色社会主义生态制度的体系是当务之急和关键。

首先,政府统一的规划管理制度是生态治理的核心要件。政府是生态制度建设的主导者,良好的生态制度首先需要政府的长远规划和科学管理。完善和落实包括规划环评、政绩考评、资源核算、生态管理等方面和环节在内的政府规划管理制度已刻不容缓。例如,要建立严格的环境保护管理制度体系;要建立体现生态文明建设状况的经济社会发展评价考核体系;要建立和完善生态环境责任追究制度。其中,必须落实一把手负总责制、必要的生态保护一票否决制和终身追究制。对违背科学发展要求、造成资源环境生态严重破坏的要记录在案,实行终身追责,不得转任重要职务或提拔使用,已经调离的也要问责;对推动生态文明建设工作不力的,要及时诫勉谈话;对不顾生态环境约束而盲目决策并造成严重后果的,要严肃追究有关人员的领导责任;对履职不力、监管不严、失职渎职的,要依纪依法追究有关人员的监管责任。

其次,归属清晰的资产产权制度是生态保护的激励方式。归属清晰的资产产权制度通过市场交易,确定资产价格而发挥作用。充分发挥市场在一般资源配置中的决定性作用,可以使价格真实反映自然资源的稀缺程度,准确调节资源供求关系,节约利用资源,减少环境污染,从而推动资源配置效益最大化或效率最优化。

不过,包括资产产权制度在内的生态市场机制在现实生活中并非总是有效。因为生态环境和自然资源是公共产品,而市场机制又具有利益个体性、时空局部性、力量分散性以及信息不对称等局限性,这就容易导致如下情况发生:资产的财产权并非总是能够明确确定,比如空气,就很难具体分配和确定;在谈判人数过多,交易成本过高的情况下,已经明确的资产产权也并非总能转让;在信息不对称情况下,资产产权明确且能够自由转让也并非意味着资源配置的最优化。既然资产产权制度只是在一定条件下和一定范围内起到调节自然资源、改善生态环境的作用,那么就必须发挥好政府调节的主导性作用,而不可迷信市场化。充分发挥政府和市场在生态保护方面的双重作用和各自优势,可以有效避免以财产私有为基础,以市场经济为主体,政府只是守夜人的资本主义制度下所引发的对自然环境的破坏性影响,因而是中国特色社会主义制度优越性的一个集中体现。鉴于此,国家在继续推进自然资源产权交易市场建设的同时,还要健全和完善自然资源资产管理体制与用途管制制度。

再次,自然资源的有偿使用制度是生态开发的约束手段。长期以来由于人们生态保护观念的缺乏,生态管理滞后,生态价值被忽略,造成有些城市资源被无偿使用,较低的排污费征收标准不能有效约束企业排污,因而使生态环境受到损害却得不到补偿和赔偿。为此,应通过完善和实施绿色税费制度、生态补偿制度和损害赔偿制度,贯彻"谁开发谁保护,谁破坏谁恢复,谁受益谁补偿"的公平原则,让动态经济发展中的先行者对其所产生的外部性予以补偿。例如,要积极推进环境保护税和资源使用费改革;要建立反映市场供求关系、资源稀缺程度、生态环境损害成本及修复效益的生态补偿制度;要构建责任明确、途径畅通、技术规范、保障有力、赔偿到位、修复有效的生态环境损害赔偿制度。特别需要强调的是,要通过建立生态环境损害赔偿磋商机制,完善相关诉讼规则,加强赔偿和修复的执行与监督,规范鉴定评估,切实有效赔偿因污染环境、破坏生态而导致的生态环境要素及功能的损害。[①]

最后,防治结合的从严治理制度是生态平衡的根本保障。对内面临资源约束下的经济转型和技术升级问题,需要改变因经济快速发展而滥用自然资源的生态

---

① 王尔德:《2018 年全国推行生态环境损害赔偿制度改革》,《21 世纪经济报道》2015 年 9 月 18 日。

稀缺局面,提高企业和居民的资源利用率,减少能源耗费,促进资源循环利用,把民众对生态资源的索取控制在合理范围内。国家则必须以防治结合的从严治理制度为治污之根本保障。具体言之,在预防环境污染方面,应对企业强化节能节地节水、环境、技术、安全等市场准入标准,对一切社会成员的行为设立空气、水、土壤、物种保护的最低环境影响标准。只有把资源损耗和生态成本纳入国民经济核算体系,才能使市场价格真实反映经济活动的环境代价,确定恰当的边际社会成本,刺激企业提高资源产出率。

在治理环境方面,各级政府要承担主要的生态责任,履行生态职能,维护生态安全,转变经济发展方式,协调好经济发展和环境保护的关系。为此,要加大财政资金投入,统筹有关资金,对资源节约和循环利用、新能源和可再生能源开发利用、环境基础设施建设、生态修复与建设、先进适用技术研发示范等给予支持。企业要担任绿色发展的主体性角色,通过技术创新和管理创新节能减排,高效生产,兼顾实现经济效益、社会效益和生态效益,实行企业环境行为评级制度及差别化信贷配套政策,引导企业实行绿色化生产经营模式。生态组织要在生态公益宣传、环境损害评估以及应对环境紧急事件等方面独立发挥积极作用。公民个人则要转变消费观念和生活方式,制度化参与环境保护和环境监督,推动创造整洁、优美、和谐的生态环境和形成绿色、低碳、循环的科学生活方式。

四、开放发展

五中全会提出,坚持开放发展,必须顺应我国经济深度融入世界经济的趋势,奉行互利共赢的开放战略,发展更高层次的开放型经济,积极参与全球经济治理和公共产品供给,提高我国在全球经济治理中的制度性话语权,构建广泛的利益共同体。开创对外开放新局面,必须丰富对外开放内涵,提高对外开放水平,协同推进战略互信、经贸合作、人文交流,努力形成深度融合的互利合作格局。2015年12月,中央经济工作会议指出,要继续抓好优化对外开放区域布局、推进外贸优进优出、积极利用外资、加强国际产能和装备制造合作、加快自贸区及投资协定谈判、积极参与全球经济治理等工作。要抓好"一带一路"建设落实,发挥好亚投行、丝路基金等机构的融资支撑作用,抓好重大标志性工程落地。

目前,贯彻党中央关于"发展更高层次的开放型经济"的关键,是要建立起"低损耗、高效益、双向互动、自主创新"的"精益型"对外开放模式,统筹国内经济发展与对外开放的关系,促进国民经济持续健康发展。[1] 例如,要推进高水平双向开放,首先要以实施自主知识产权战略为重点,加速创新型国家建设,参与国际分工要从较低端向中高端迈进,积极提升对外经济开放的质量。不仅要落实"中国制造2025",而且要参照德国"工业4.0"的精神,超前规划我国产业。自主创新需要长期不间断的投入,长期积累,过去我们在这方面做得不够,科技研发费用投入太低,2014年科技研发经费占比只有2.1%。

其次,要根据每个产业的自主创新能力来具体确定该产业对外开放的程度和速度,从而为该产业提高自主创新能力营造较为宽松的环境。

第三,金融开放发展要确立服务于实体经济和富民强国的思路,这是新常态下经济平稳运行的前提条件。服务于实体经济是金融的基本职能。这一职能正常发挥作用的条件是金融发展的速度和水平与实体经济相适应。金融业开放发展滞后于实体经济,就会阻碍实体经济的发展;金融业开放发展超前于实体经济,则会使金融风险不断积累,在金融监管缺位的情况下最终将导致金融危机和经济危机。

新常态下金融发展服务于实体经济和富民强国,需重点做好以下几方面工作。一是要防止外国资本在中国形成金融垄断。外国资本在中国的金融垄断,不仅会攫取大量的金融垄断利润,而且会使中国失去经济自主权和国家安全的屏障。新常态下防止外资的金融垄断,要求我国在发展混合所有制的过程中,通过法律严格限定外国资本在商业金融机构的参股比例和参股条件。二是要谨慎对待并充分论证资本项目开放的问题。资本项目管制是防止国家资本严重冲击国内经济发展的有效手段。资本项目开放的程度和速度要与国内资本市场的抗风险能力和金融监管部分的监管能力相适应。三是加快金融市场的事先、事中和事后全过程和全方位监管,特别是加强以有效治理股灾的股市监管法制和能力建设。一方面,人大要完善金融市场监管的法律制度体系,使法制建设与金融市场发展实践相适应;另一方面,金融监管部门要在监管人员素质、监管技术、监管机制等方面不断提高监管能力。四是人民币"入篮(SDR)"后,金融改革仍应基于国家安全原则,以加强自主型高层次开放。人民币入篮不等于要立即开放资本项目。基于"三元悖论",资本自由流动与汇率稳定和货币政策存在着"钟摆效应",

---

[1]　程恩富,尹栾玉:《加快转变对外经济发展方式须实现"五个控制和提升"》,《经济学动态》2009年第4期,第63-66页。

就是保证三个宏观经济政策目标中的一个目标实现的同时,另外两个可以实现一定程度的摆动。具体说来,保证货币政策有效性的同时,实现有管理的浮动汇率制度配合有管制的资本流动。

五、共享发展

五中全会公报提出,坚持共享发展,必须坚持发展为了人民、发展依靠人民、发展成果由人民共享,做出更有效的制度安排,使全体人民在共建共享发展中有更多获得感,增强发展动力,增进人民团结,朝着共同富裕方向稳步前进。缩小收入差距,坚持居民收入增长和经济增长同步、劳动报酬提高和劳动生产率提高同步,健全科学的工资水平决定机制、正常增长机制、支付保障机制,完善最低工资增长机制,完善市场评价要素贡献并按贡献分配的机制。

坚持共享发展,主要涉及民生和共同富裕的问题,其中分配问题最为突出。我国现在财产和收入的分配差距比较大,要注意的是,贫富分化的第一指标不是收入。收入只是财富的流量,而关键是财富的存量,即家庭净资产。家庭净资产才是衡量贫富分化的首要指标。据 2015 年 10 月 17 日《参考消息》报道,最新胡润财富报告说,中国亿万富翁人数已经超过美国,中国经济虽然放缓,但是 2015 年亿万富翁人数增加了 242 人,达到 596 人。相比之下,美国亿万富翁人数为 537 人。上述中国亿万富豪人数不包括港澳台地区。

最近十几年来,党中央文件一直强调要"缩小收入差距",但在学界和政界一直有争议,甚至有文章说"富豪是经济引擎,也应是社会楷模"。一种极其流行的错误观点认为,目前贫富差距问题不是首要问题,不是非公经济的大规模发展导致的,而"中等收入陷阱"才是需要担心的问题。这是必须认真辨析的前沿问题。

2007 年,世界银行在其发表的《东亚的复兴:经济增长的观点》报告中,用不到一页的篇幅匆匆提出了"中等收入陷阱"一词,但并未给出明确的概念。报告只是描述了陷入"中等收入陷阱"后的若干表现:缺乏规模经济、经济大幅波动或基本停滞、陷入增长困境等。这就提供了模糊的空间,甚至是有意为之。值得关注的是,也有个别学风严谨的西方人士,通过独立的研究,不认同"中等收入陷阱"概念。例如,有一项研究通过考察 1960 年和 2009 年人均收入长期变化的数据,发现希腊、中国、爱尔兰、日本、波多黎各、韩国、塞舌尔、新加坡、西班牙均不在所谓的"中等收入陷阱"之中,只有葡萄牙和塞浦路斯在 2009 年仍被列入中等收入国家,但并未见到什么进入"陷阱"的迹象,因而他们认为根本不存在什么"中等收入陷阱"。①

首先,拉美地区陷入所谓"中等收入陷阱"的真实原因,是由于新自由主义泛滥造成的恶果。新自由主义是古典自由主义的一个极端发展,主张完全市场化、去国家调控化,在凯恩斯主义失效后得势。

其次,在31个低收入国家中,除了朝鲜,全部实行了资本主义,而且多数是非洲国家。资本主义国家所标榜的自身制度的所谓优越性,并没有在这些国家身上得到体现。相反,却说明了低收入资本主义国家也会存在严重的问题。以非洲国家为例,或多或少都与资本主义制度有关:如整体思想观念落后、政治不稳定、国内外冲突不断、粮食短缺、公共卫生事业缺乏、教育供给严重不足、就业问题突出,等等。

再次,高收入没有进入陷阱吗?以美国为首的西方高收入国家已发生长达8年的金融危机、经济危机、财政危机,发生在前几年的"占领华尔街运动"所提出的"1%与99%人的对立"的贫富分化局面,发生频频向外进行经济政治军事霸权扩张的事件,这些均表明美国、欧盟和日本已进入高收入的陷阱。

当前,要真正落实五中全会强调的共享和共同富裕的新理念,关键之一在于壮大和完善按劳分配为主体的所有制基础,必须毫不动摇地巩固和发展公有制经济,包括国有经济和多种形式的集体经济、合作经济。公有经济是消灭剥削、消除两极分化、实现共同富裕的经济基础,是发展现代社会化生产力的市场主体,也是限制非公经济剥削、提高劳动财富和劳动收入的重要途径。多年来的事实表明,公有制和按劳分配的主体地位日渐削弱,劳动收入的占比不断下降,归根到底是由于公有经济的主体地位被旁落(被卖掉、被吞占)。要重点发展以公有制为主体和公有资本控股的混合所有制,这是具有全局性最重要的意义。

关键之二在于构建国家主导型劳动者维权机制。目前我国大多数劳动者在非公企业就业,加不加工资主要由老板说了算,政府干预的空间很小。西方政府是站在雇主阶级的立场上主要靠事后调节来协调劳资关系。社会主义政府应汲取西方的教训,应当站在雇员阶级的立场上,主要在事前采取主动、积极措施协调劳动关系或劳资关系。过去在西德企业董事会中的雇员比例制和收入共决机制

---

① Ha Minh Nguyen, Maya Eden, David Bulman:《There is No Middle Income Trap》, http://blogs. worldbank. org/futuredevelopment/there – no – middle – income – trap, 2014 – 12 – 05.

下,工会依据企业劳动生产率提高来谈判雇员收入的合理增长;在日本,企业依据职工工龄的增加而提高收入等措施,都可以为我国政府借鉴和利用。如果政府严格检查落实法定劳动时间和劳动合同法,劳动者利益完全可以得到保障。我国政府也可采取向企业派出工厂视察员,对于侵犯职工利益的行为直接进行起诉。这是主动协调劳资关系和维护社会稳定的积极措施。如果各级政府等候劳资冲突了,再事后去协调,那就陷于被动,与全面依法治国的积极进取精神并不吻合。

（原载于《南京财经大学学报》2016 年 01 期）

绿色发展与"十三五"规划[*]

　　五年规划是中国最重要的国家发展治理机制和政策手段,其具有阐明国家战略意图,明确经济社会发展宏伟目标、主要任务和重大举措的重要作用,是市场主体的行为导向,是政府履行职责的重要依据。十二届全国人大四次会议审议通过的《国民经济和社会发展第十三个五年规划纲要》,依据党的十八届五中全会的建议和社会主义现代化"五位一体"(经济建设、政治建设、文化建设、社会建设、生态文明建设)的总体布局,按照"五大发展"(创新发展、协调发展、绿色发展、开放发展、共享发展)新理念,精心设计了中国未来五年的经济社会发展宏伟蓝图和2020年全面建成小康社会的总目标、分目标和主要指标。

　　"十三五"规划最具特色的发展理念之一是绿色发展,最为显著的发展目标是绿色发展目标,即生态环境总体改善;最重大的发展任务是加快改善生态环境,包括加快建设主体功能区、推进资源节约集约利用、加大环境综合治理力度、加强生态保护修复、积极应对全球气候变化、健全生态安全保障机制和发展绿色环保产业;最重要的发展工程是绿色发展工程,共计四类 27 项,预计总投资规模累计将达到数十万亿元。从这个意义上讲,"十三五"规划就是典型的绿色发展规划,是中国绿色发展的重要里程碑,其实施将引领并推动一场前所未有的绿色革命,促使中国成为世界绿色发展的创新者、引领者和先行者。"十三五"规划中绿色发展的主要目标、发展思路对以往规划的承继与创新、发展方法的突破将成为重点被关注的话题。本文将结合当今中国生态文明建设的主要形势,通过政治经济学视角阐释"十三五"规划中绿色发展的目标、思路和方法,以回应相应的关注。

---

　　* 本文作者:唐啸(1987—),男,助理研究员,博士后研究人员,从事国家五年规划和环境治理研究;胡鞍钢(1953—),男,院长,教授,博士生导师,从事中国经济发展与发展政策、五年规划研究。

　　基金项目:清华大学自主科研计划"新一代公共治理:理论、方法与应用"(2014Z04083)。

一、绿色发展的沿革与内涵

绿色发展是指导中国生态文明建设的核心理念,也是实现中国永续发展的必要条件。

1995 年,党的十四届五中全会在提出"九五"计划建议时首次明确实行可持续发展战略,对此江泽民同志专门指出:"可持续发展强调必须切实保护资源和环境,不仅要安排好当前的发展,还要为子孙后代着想,决不能吃祖宗饭,断子孙路,走浪费资源和先污染、后治理的路子。"①此后的"十五"计划、"十一五"规划都实施了可持续发展战略,并专门设置了建设资源节约型、环境友好型社会的专篇。"十二五"规划首次明确了绿色发展的主题,如第六篇《绿色发展:建设资源节约型、环境友好型社会》,同时提出了"树立绿色、低碳发展理念"。而"十三五"规划不仅再次将绿色发展作为五年规划的重要组成部分单独成篇,还把绿色发展作为指导"十三五"时期发展、实现全面建成小康社会新的目标要求的五大发展理念之一,将绿色发展贯穿于整个五年规划经济社会建设始终。这使得绿色发展不仅成为生态文明建设的核心理念,也成为整个国家经济社会发展转型的核心目标。从中国的发展实践来看,绿色发展的内涵包括三个方面。

一是从经济活动层面而言,绿色发展的内涵要求实现资源要素配置的绿色重组,形成新的绿色生产函数。在这一新的绿色生产函数中,函数走向将能够反映生态价值的合理优化配置,同时资源的绿色化配置程度也将不断提升,以此不断推动人类经济生产和消费活动中绿色要素的增加、积累和变迁,最终推动人类的经济活动和生产消费方式迈入绿色时代,而在这一时代中,人类的发展将是永续发展。

二是从发展阶段层面而言,绿色发展的内涵就是要实现绿色跨越式发展。在发展水平相对较低(参照世界人均 GDP 数值比较分析得出)的条件下,想要实现能源资源消耗增长、环境污染损失增长等生态赤字与经济社会发展脱钩,在发展经济学的观点看来,就要实现对环境库兹涅茨曲线的隧穿。②按照传统发展模式,人类在工业社会晚期,即人均收入达到较高水平时将达到生态赤字的高峰。

---

① 中共中央文献编辑委员会:《江泽民文选》第 1 卷,人民出版社 2006 年版,第 464 页。

② 环境库兹涅兹曲线是描述人与自然系统的不同关系的曲线。根据人类发展水平的不同时期,我们将人与自然的关系分为四个阶段,分别是生态赤字缓慢扩大时期、生态赤字快速扩大时期、生态赤字缩小时期和生态赤字盈余期。

其后,人类才能依靠技术进步和生产方式的改变,逐步修正发展模式,使经济发展与资源消耗、污染排放脱钩,从而进入生态赤字的减小期。但事实上,生态赤字的走向不仅受人类社会发展阶段的影响,其更为重要的影响因素是人类对于自身发展模式和道路的选择。自然系统的承受度与容纳度是极为有限的,中国自然系统的承载能力已经逼近极限。如果按照传统的发展模式继续发展,则很有可能超过自然系统的安全阈值,对中国经济社会发展造成重大危机。中国提出绿色发展模式,就是要充分发挥人的主观能动性、国家战略的宏观指导性、地方创新的积极性、企业创新的主体性和全民参与的广泛性,通过政治意愿、制度安排、文化培育、国际合作等多种方式,加快转变经济发展方式,改变原有发展路径,隧穿库兹涅兹曲线,提前实现发展与不可再生资源消耗、污染物排放、温室气体排放脱钩,大幅度减少资源、环境、生态成本,在相对低的经济发展和人类发展阶段上提前进入生态赤字缩小或生态赤字盈余阶段。

三是从发展愿景层面而言,绿色发展的核心内涵是要实现人与自然的"天人合一"和"天人互益",从而实现人类源于自然、顺其自然、益于自然、反哺自然。在以往的发展观念中,虽然对"吃祖宗饭,断子孙路"的黑色发展有所批判,但并没有寻找到一条可以推动人类永续发展的道路,是以一种相对消极的态度对待人与自然的关系。而绿色发展则与之前的发展观不同,其追求的人与自然关系是一种积极的、主动的、互益的关系。绿色发展强调通过对生态环境的有序利用、有序治理和有序投入,实现"前人栽树,后人乘凉",形成天人互益的人与自然关系①。在绿色发展中,人的作用更为积极,人除了要"顺天",还可以"益天",人对自然不仅是源于自然、顺其自然,还要能够益于自然、反哺自然;人与自然不仅共生、共处,还要能够共存、共荣。这从根本上指出了人类未来永续永存的发展之路,也是人类未来的必由之路。

二、"十三五"规划绿色发展目标与背景

"十三五"规划的绿色发展目标与此前的五年规划有了重大区别。"十三五"规划首次明确提出了"生态环境质量总体改善"这一核心目标,要求能源资源开发利用效率大幅度提高,能源和水资源消耗、建设用地、碳排放总量得到有效控制,主要污染物排放总量大幅度减少;主体功能区布局和生态安全屏障基本形成。这

① 饶宗颐:《不仅天人合一,更要天人互益》,《南方日报》2009年11月18日。

与"十二五"规划目标"资源节约环境保护成效显著"相比,最大的不同在于五年规划的核心目标已经由"污染控制"转向"生态系统总体改善"。与此前对中国生态环境"局部好转,总体恶化"①的总体判断相比,"十三五"规划所提出的绿色发展目标有着重大的历史意义,这标志着中国将在"十三五"时期初步实现绿色生产函数的跃迁,生产方式向低消耗、低污染和集约化方式转变;标志着中国预计将在"十三五"时期提前越过环境库兹涅茨曲线的拐点,实现隧穿库兹涅茨曲线,由生态赤字时期进入生态盈余时期;标志着中国在"十三五"时期由消极的生态保护向积极的生态建设转变,实现对生态系统的反哺。

具体而言,本文认为"十三五"规划的绿色发展目标可以分为三个方面,一是对生产方式的更新,包括推进资源能源的节约利用、发展循环经济、发展绿色环保产业等;二是实现经济增长与生态赤字的脱钩,包括加强环境治理力度、控制温室气体排放、健全生态安全保障机制等;三是加强对生态系统的投资,包括加强生态保护修复、实施重大绿色发展工程等。可以这样认为,"十三五"规划的绿色发展目标的制定相比此前的五年规划更加全面、系统和深入。而这一发展目标的变化,也是建立在对环境治理形势的充分认识和对未来经济社会发展预期的科学分析基础之上。

首先,从"十二五"规划实施情况来看,绿色发展成效明显。"十二五"规划8项资源环境指标(实有12项指标)全部超额完成,其中,耕地保有量规划目标为18.18亿亩以上,实际保有18.65亿亩;单位工业增加值用水量规划目标为降低30%,实际降低35%;非化石能源占一次能源消费比重预期目标为11.4%,实际达到12%;单位GDP能耗预期降低16%,实际降低18.2%;单位GDP二氧化碳排放预期降低17%,实际降低20%;主要污染物排放总量中化学需氧量预期下降8%,二氧化硫预期下降8%,氨氮预期下降10%,氮氧化物预期下降10%,实际分别下降12.9%、18.0%、13.0%和18.6%;森林覆盖率预期目标21.66%,森林蓄积量预期目标143亿立方米,实际完成21.66%和151亿立方米。特别值得一提的是,与上述约束性指标不同,作为唯一的一个资源预期性指标,农业灌溉用水有效利用系数规划目标为0.53,实际达到0.532,也实现了超额完成。这在一定程度上显示了中国绿色发展已经开始由中央政府的强力推动向全民全社会的自发自觉行动

---

① 潘岳:《中国环境"局部好转,总体恶化"》,http://www.yicai.com/news/313041.html,2010年02月01日。

过渡。总的来看,中国主要污染物排放总量、煤炭消费、二氧化碳排放出现了负增长,这就为提前到达中国环境库兹涅茨曲线拐点、实现经济增长与生态赤字脱钩、进一步改善生态环境创造了条件。

其次,从"十三五"时期经济社会发展预期来看,中国经济运行将会保持在合理区间,结构调整将取得积极进展。其一,随着经济增长率进入 6.5% ~ 7.0% ,能源消费增长弹性,特别是煤炭消费增长弹性都会呈下降趋势,甚至还会出现负增长弹性;其二,服务业占 GDP 比重不断上升,工业特别是传统工业占 GDP 比重不断下降,意味着中国将进入工业化后期,也进入了服务业发展的黄金期,更加有助于促进经济增长与主要资源消耗总量、主要污染排放总量彻底脱钩;其三,中国的发展新动能将加快成长,从要素驱动向创新驱动转型,从利用模仿创新的后发优势向自主创新的先发优势转变,互联网与各行业加速融合,新经济、新产业、新业态快速增长,中国将启动的能源革命、互联网数字革命、制造革命等都会有利于促进中国跨过环境库兹涅兹曲线拐点,进入生态盈余时期。

最后,从"十三五"规划的核心思想来看,"促进人的全面发展"成为五年规划的核心思想,与人民群众切身利益相关的生态环境情况也得到了空前重视。如果说此前的五年规划(计划)仍然更多的是从国家整体发展的角度进行规划和设计,而此次"十三五"规划的发展目标与人民群众联系的更为紧密,包括空气质量和水质量等与民生问题高度相关的生态环境问题也得到了空前重视,由此为"十三五"规划绿色发展奠定了充分的思想基础和社会基础。

三、"十三五"规划绿色发展思路

"十三五"规划绿色发展目标的变化反映了中国绿色发展正在进入一个新的历史阶段,发展阶段的不同将意味着发展理念、发展战略特别是发展思路的变化。与此前的五年规划相比,"十三五"规划的绿色发展思路有三个方面的重大变化。

一是绿色发展的治理对象更加注重全面性。从资源环境的治理指标来看,"十三五"规划绿色发展指标大幅增加,覆盖面更加广泛。"十三五"规划资源环境的指标数量从"十一五"规划的 7 个(实有 8 个)、"十二五"规划的 8 个(实有 12个)提高至 10 个(实有指标 16 个)(见下表)。新增指标中包括"新增建设用地规模""空气质量""地表水质量"三个指标。"新增建设用地规模"指标显示了治理对象开始由生产单一环节向生产全过程延伸;"空气质量"和"地表水质量"指标显示了治理对象从单一污染控制向质量改善延伸。从绿色发展有关的规划章节来看,已经涉及资源集约、生态保护、气候变化、生态安全和环保产业等各个方面,相比此前的五年规划,"十三五"规划绿色发展所涉及的领域更广,开展的工作更为全面,实施的力度也更强。

表 "十一五""十二五""十三五"规划主要指标分布情况比较

	指标 (个)	比例 (%)	实有指标 (个)	比例 (%)	约束性 指标 (个)	实有约束 性指标 (个)
"十一五"						
经济增长	2	9	2	9	0	0
经济结构	4	18.2	4	18.2	0	0
人口资源环境	8	36.4	8	36.4	6	6
公共服务人民生活	8	36.4	8	36.4	2	2
合计	22	100	22	100	8	8
"十二五"						
经济发展	3	12.5	3	10.5	0	0
科技教育	4	16.7	4	14.3	1	1
资源环境	8	33.3	12	42.9	7	11
人民生活	9	37.5	9	32.1	4	4
合计	24	100	28	100	12	16
"十三五"						
经济发展	4	16	5	15.2	0	0
创新驱动	4	16	5	15.2	0	0
民生福祉	7	28	7	21.2	3	3
资源环境	10	40	16	48.5	10	16
合计	25	100	33	100	13	19

☆数据来源:根据中华人民共和国《"十一五"规划纲要》《"十二五"规划纲要》《"十三五"规划纲要》整理所得

二是绿色发展治理方法更加注重系统性。与此前的五年规划相比,"十三五"规划绿色发展战略更加注重系统性,这体现在两个方面。一方面,更加注重生态系统与经济系统、社会系统之间的联系。"十三五"规划首次单章提出发展绿色环保产业相关规划目标,这标志着五年规划正在从一个更加系统和整体的角度看待生态文明建设和绿色发展。生态文明建设和绿色发展的关键词仍然是建设和发展,因此如果仅仅从生态系统角度来开展和推进绿色发展,必定是狭隘而事倍功半的。只有形成生态系统、经济系统和社会系统的良性互动才能有效地推进绿色发展战略。另一方面,"十三五"规划也更加注重生态系统的内部联系,将生态系统视作一个完整的生命体,这是与之前相比的重大变化。生态系统是一个复杂的联动系统,往往出现"牵一发而动全身"的问题,因此以往"就水治水""就土治土"的效果并不显著。"十三五"规划所提出的"山水林田湖"等综合治理思路是将所面临的看似单一独立的生态问题以一个更加系统的眼光进行综合考虑,并加以应对,从而实现生态系统内部的整体性发展,避免出现顾此失彼的问题。

三是绿色发展治理制度更加注重基础性。与此前的五年规划相比,"十三五"规划显著加强了基础性制度的建设工作。这些建设工作主要包括三个方面。首先是信息基础性制度工作,有效的信息制度可以降低生态文明建设中最为困难的委托代理问题和外部性问题。"十三五"规划提出要建立全国统一、全面覆盖的实时在线环境监测监控系统,初步建立生态价值评估制度,探索编制自然资源资产负债表,建立实物量核算账户,开展生物多样性本底调查和评估,完善观测体系,这些工作将为生态文明建设奠定信息化和公开化的基础。其次是权责基础性制度工作,有效的权责制度有助于实现生态文明建设中的激励相容和工作落实。"十三五"规划明确提出了环境质量目标责任制度和评价考核机制,推行环保督查和"党政同责",建立企业排放许可制,健全排污权和碳排放交易市场,这些权责划分明晰的基础制度的建立将为生态文明建设中进一步发挥市场手段和行政手段建立良好的基础。最后是管理基础性制度工作,有效的管理基础性制度工作有助于目前仍然作为治理主体的政府部门实现管理高效和工作落实。"十三五"规划提出的省以下环保机构监测监察执法垂直管理,全流域、跨区域联防联控和跨区域联合执法等工作制度改革,将为实现生态文明建设全国联动、上下联动奠定良好基础。

四、"十三五"规划绿色发展措施

"十三五"规划绿色发展思路的变化也促使相关发展措施产生重大改变,相比此前颁布的五年规划,"十三五"规划的绿色发展措施有以下六个方面的突出特点。

一是总量控制与质量改善相结合。区域性、行业性总量控制是在"十一五"和"十二五"规划中得以有效运用的绿色发展措施。而在"十三五"规划之中,在坚持将总量控制与地方政府、党政干部责任相结合的基本方法基础之上,针对环境保护涉及人民群众切身关切的水污染和空气污染,进一步提出了质量改善的要求。这一新要求的提出将进一步推动传统总量控制方法的改进,包括改进减排核查核算方式、实现总量质量双线核查、推动环境信息公开等。从总体上看,总量控制和质量改善的两大结果导向性措施将在相当长的时间内并存和互补,成为中国绿色发展的重要工具。

二是生态投资与生态保护相结合。与此前的五年规划相比,"十三五"规划专门提出了绿色发展八类重大工程,共计 39 项。这些重大工程实质是全局性、基础性和公益性的重大工程,针对中国生态环境建设的薄弱环节,实施具有带动性、外溢性的有效投资,这是通过物质资本、科技资本、人力资本对生态系统进行生态投资,换取生态资本,以此推动生态系统的有力发展。与此同时,在生态系统的建设中,仍然坚持了保护优先、自然恢复为主的总体思路。这就将提升生态系统的稳定性和生态服务功能与人类的生态建设有机结合,不仅实现人与自然和谐相处,还将进一步推动人与自然的共益性成长。

三是反向约束与激励引导相结合。"十一五"和"十二五"规划中采用的约束性指标取得良好成就,推动了中国主要污染物总量排放实现持续下降。"十三五"规划进一步加强约束和限制性质的环保目标,设置了耕地底线、新增建设用地底线等生态红线。同时着重加强了此前较为欠缺的以激励和引导为目的的发展措施,包括实施分类考核的绩效评价、建立多元化生态补偿机制、完善财政支持与生态保护成效挂钩机制,以此通过适当的激励推动更多主体加入生态文明建设中,进一步调动相关主体的主动性和积极性。

四是行政管理与市场工具相结合。此前的五年规划更多强调采用监管监控等行政管理手段推动环境保护和生态文明建设,而"十三五"规划则着重强化了行政管理手段中对市场工具的运用,包括健全排污权有偿使用和交易制度、健全温室气体排放交易市场、建立绿色税收体系等。这些产权和税收等市场工具的应用,有助于克服行政管理中资源配置错位等弊端,以推动绿色发展中资源最佳配置。

五是垂直管理与多元共治相结合。"十三五"规划提出实现省级以下环保部门的监管监测执法垂直管理,以克服传统科层制管理中监督困难的弊端。同时,

"十三五"规划所推动的多元共治不仅能够降低监督成本,还将使被动式强迫行政行为变为全社会自发自觉的绿色发展行动,通过突出人民群众和市场主体在绿色发展中的重要作用,推动政府包办发展向政府社会综合作用转变,以此为下一步的生态文明建设奠定更为充分的社会基础。

六是环保建设与经济发展相结合。"十三五"规划提出的建设绿色产业,是充分将环保建设与经济发展相结合的有效路径。这一路径可以避免经济部门与环境部门因在效率上背离而带来资源配置扭曲的不利局面,通过培养绿色产业服务主体、推广节能环保产业、发展环保技术装备等多种措施,将生态系统和经济系统有机结合。一方面,可以通过具有正外部性的经济活动建设生态系统;另一方面,生态系统的需求也将为经济系统的活跃带来更为强劲的动力,从而实现生态系统和经济系统的双赢局面。

五、总结

人类发展的历史过程大体有三种模式:一是黑色发展,形象地讲就是"吃祖宗饭,断子孙路";二是可持续发展,形象地讲就是"不吃祖宗饭,不断子孙路";三是绿色发展,形象地讲就是"前人种树,后人乘凉",这个"树"就是生态资本,"种树"为子孙后代投入生态资本、积累生态资本,功在当代、利在千秋。诚如习近平同志所讲的"两座山论",即"绿水青山就是金山银山"。①

"十三五"时期是全面建成小康社会目标的决胜阶段,习近平同志指出:"良好的生态环境是最公平的公共产品,是最普惠的民生福祉。"全面建成小康社会,不仅取决于经济发展和居民生活水平的提高,同样也取决于生态质量的改善与环境水平的提升。而绿色发展作为"十三五"规划的核心发展理念之一,正是服务于全面建设小康社会这一核心目标,因而其有着丰富的内涵和外延,不仅包括生态保护和环境治理,更包含着节约、低碳、循环、清洁、人与自然和谐等方面的发展思想和理念。绿色发展理念落实成功与否,事关全面建成小康社会的成败。

绿色发展与五年规划这一中国国家治理的核心手段的全面结合,也意味着中国生态文明建设将进入一个采用务实可行的发展手段与工具的新阶段。我们相

---

① 2013年9月7日,习近平同志在哈萨克斯坦纳扎尔巴耶夫大学发表演讲时全面阐释"两座山论"——"我们既要绿水青山,也要金山银山。宁要绿水青山,不要金山银山,而且绿水青山就是金山银山。""两座山论"的第一阶段:绿水青山换金山银山;第二阶段:既要金山银山,又要保住绿水青山;第三阶段:绿水青山就是金山银山。

信通过"十三五"规划的有效引导、规划和发展,中国将进入一个全面绿色发展的时期,为人民提供更多优质生态产品,最终实现以人为本的全面小康社会。

事实上,绿色发展与五年规划的有效结合也恰恰显示了中国的社会主义政治优势。中国社会主义政治优势之一在于可以制定国家长远的发展规划,并保证政策长期的延续性。中国的五年规划发展历史正是"政策长期延续性"的重要体现,虽然历经波折,但是追求现代化与国家长期最优发展战略的目标却是一以贯之的。因此,中国也是能够沿着同一方向,按照自身逻辑,持续地追求国家长期发展战略目标的少数国家之一,而不会出现因立场不同的政党之间的相互轮替和领导人的变更而"推倒重来"。对于实现绿色发展、保护生态环境、推动发展方式转型这样的长时间、全局性战略来说,政策的长期一致性是极其重要的。

建设生态文明是一场涉及生产方式、生活方式、思维方式和价值观念的革命性变革。走绿色发展之路,需要对整个经济发展方式以及人类生活方式进行大规模的调整,需要长期的、不懈的努力。正是在这一点上,中国目前的政策模式充分体现了其优势。中国现有的长期稳定的政治制度和政府组织模式,加上五年规划的政策手段,保证了中国在走绿色发展的道路上既能坚定地保持长期战略的一致性与连续性,同时又能通过五年规划的具体目标来制定灵活的、适应各个时期具体需要的政策。这是中国所独具的优势,五年规划的一致性和灵活性相结合,推动了中国绿色发展取得"一步一台阶"的有效成就,并使得中国成为下一场绿色革命的创新者和引领者。

(原载于《学习与探索》2016 年第 11 期)

从"四个全面"到"五大发展理念"*

　　中国特色社会主义发展的内在逻辑决定了全面的战略思维和综合的发展理念的形成和发展。"四个全面"战略布局是对中国实践、中国经验的高度总结和概括;"五大发展理念"是对中国社会发展进一步的反思和全方位的阐释。这些思想或观点构成了中国理论的重要元素,既反映了社会实践发展的深层逻辑,又蕴含了古今中外的哲学智慧,并带有鲜明中国话语特色。

　　新时代呼唤全面的战略思维和综合的发展理念。当代中国社会发展进入一个新的阶段,全面建成小康社会已进入关键时期,社会发展呈现出经济新常态、政治新生态、文化新样态等特征,社会实践的丰富性、整体性、复杂性,对马克思主义理论发展特别是中国特色社会主义理论发展提出了新的时代课题和创新发展要求,现实比以往更需要用整体性思维破解发展难题,更需要用全面的发展思维分析和对待现代化进程中的各种错综复杂的矛盾关系。"四个全面"战略布局和"五大发展理念"正是对当代中国社会发展问题和经验的全面反思、总结,是对马克思主义辩证法思想的具体运用,是对中国特色社会主义理论关于社会全面进步思想的进一步展开和深化。

　　如果说"四个全面"战略布局确立了新形势下党和国家各项工作的战略目标和战略举措,那么"五大发展理念"则为顺利推进"四个全面"战略布局提供了具体发展思路和方向。"五大发展理念"立足国家整体利益、根本利益、长远利益,以重大问题为导向,聚焦突出问题和明显短板,回应群众的强烈诉求和热切期盼,体现了党和国家战略意图的基本理念,是我国发展思路、发展方向、发展着力点的集中体现,也是改革开放30多年来我国发展经验的集中体现,是对我国发展规律的新认识。"五大发展理念"的重大意义在于能够指导我们"破解发展难题、增强发

---

　　* 本文作者:郝立新,中国人民大学马克思主义学院院长、教授。

展动力、厚植发展优势"。

"四个全面"战略布局和"五大发展理念"是对当代中国社会发展规律和实践逻辑的新阐释,是对中国特色社会主义发展理念的新发展,二者是内在统一的。"四个全面"回答了当代中国发展的战略目标、战略重点和主要矛盾,强调认识和实践的全面性、完整性;"五大发展理念"关注实现全面建成小康社会这一目标的发展过程的内在要求、科学原则和价值诉求,是对"四个全面"战略布局的路径展开,强调发展的综合性、多维度。可以说,"四个全面"是"五大发展理念"的战略统领,"五大发展理念"是"四个全面"的具体展开。"四个全面"战略布局和"五大发展理念"为中国社会发展确立了科学的指南和正确的价值引领,为实现"两个一百年"的奋斗目标和中华民族伟大复兴中国梦奠定了坚实的思想基础。

(原载于《光明日报》2015 年 12 月 7 日第 016 版)

生态文明新政治愿景 2.0 版 *

对于改革开放 30 多年后的当代中国来说,社会主义生态文明建设既是一种新实践,也是一种新理论。相应地,中国共产党要想领导好这场崭新的中国特色社会主义实践,就必须努力学习掌握、还要勇于创新这一新型理论。也就是说,大力推进生态文明建设,绝非仅仅是经济、技术和社会文化层面上的问题,还是一个政治革新问题、党的建设问题,而党的建设的重要方面就是理论建设或创新。

生态文明建设的根本是一种好社会的新政治愿景

中国共产党希望并相信,这种关于未来"好社会"的新政治愿景、新政治规划或蓝图更能够获得全国绝大多数人民群众的政治认同,也更能够做到凝聚和动员起全国绝大多数人民的政治意志与行动。其核心要点:一是未来中国理应成为一个山川秀丽的、永续发展的社会主义生态文明新中国;二是我们必须实质性地改变当前主导性的空间开发格局、经济产业结构、生产生活方式,而这将是一场深刻的社会——生态转型,远不只是经济体制改革的延续与深化;三是中国共产党在这一革命性的全面深化改革中将继续扮演政治领导角色。

这一新政治愿景之所以是"新"的,就在于它与我们过去 30 年作为未来理想或蓝图的初级版本有着明显不同。首先,它更强调的是当代中国社会各方面和社会与自然生态之间的协同共进与平衡。"物质繁荣""社会进步"和"生态环境健康"是同样重要的目标性考量,而且严格来说,后者有着更为根本的决定性意义。因为,如果没有生态健康,人民群众的基本生活质量就难以得到保证。相应地,各

＊ 本文作者:郇庆治,北京大学马克思主义学院教授、博导。
　　基金项目:本文系国家社科基金重点课题"绿色变革视角下的国内外生态文化重大理论研究"阶段性成果(编号 12AZD074)。

种形式的经济福利和物质繁荣也将难以得到辩护。就此而言,十八大报告提出的"五位一体"概念,并非仅仅局限于战略层面。

其次,它更强调的是社会公众主体的生活质量与生活品质提升,而不再是少数地区、群体和阶层的经济体量与消费的快速成长。适度的经济增长仍是必要的,尤其是对于那些相对落后的地区,但国家的首要目标应逐渐转向如何在并不算小的经济规模基础上,构建一套更为有效地、保证社会绝大多数民众基本生活条件的公正制度和社会保障机制。依此而言,十八大报告对于生态文明的"社会主义"意涵的强调,绝非仅是修饰之语。

再次,它更强调新时期中国全面深化改革的社会——生态转型特征或挑战性。我国过去30多年的经济社会发展,更多是建立在充分融入欧美工业化国家经济现代化道路和模式的基础上的。事实已证明,我们是一个优秀的学习者,而且这段学习与模仿的经历对于中国经济总量的增长或追赶是十分必要的。但是,一方面,任何模仿都意味着或多或少地"重复"被模仿者的缺陷或错误,我们也不能例外,社会贫富差距扩大和生态环境破坏就是明证;另一方面,无论是社会公正还是生态环境保护,都是我们不能牺牲的基本目标,并且它们都很难在传统的工业化范式(资本主义体制)之内得到充分实现。日渐清楚的是,在当今世界中我们离成为一名"老师"还有相当长的时间和距离,但我们成为一名自主性"学生"的时刻已经来临。

新的政治愿景意味着不同的政治目标追求或"政治正确性"标准。应该承认,改革开放前一个30年的实践所造就的,并不只是国家经济体量的迅速扩张或膨胀,还有与之相对应的治国理政理念、政治意识形态和社会道德文化。毫无疑问,这些政策举措、政治观念和伦理价值,都是在那时特定的经济社会背景下产生的,而且总的来说大都发挥了一种积极的作用,但从上述新政治愿景的视角及其要求来看,它们就未必一定是像过去那样不容置疑的或"政治正确的"。比如,"先让一部分人富起来"、"发展是硬道理"和"先经济、后环保"等等。这些在很长时期内人们都视为理所当然的政治口号,在大力推进生态文明建设的今天都是必须充分清理的"副遗产"。

新政治愿景的实现依托于一种新政治

从最宽泛的意义上说,生态文明建设不仅有一个如何政治推进的问题,还有一个能否政治推进的问题。因为,就像文明本身是一个包括器物、制度、技术、观念等不同层面的整体一样,文明的演进或变迁更多是一个大时空跨度的、自主性的现象。也就是说,任何一种文明形态或样式一旦形成,我们就很难期望它会在一夜之间发生根本性的变化。强调这一点,不仅有助于使我们避免社会主义制度建设过程中的许多历史教训,也会让我们更加明确生态文明建设的历史长期性和现实复杂性。欧洲人说"罗马不是一天建成的",我们则说"泰山不是垒的",讲的都是同一个道理。文明或社会变革中的政治动力无疑是重要的,但却永远是有限的或有条件的。正因为如此,无论是十八大报告还是三中全会《决定》,正式使用的概念都是推进"生态文明建设",而不是"生态文明"。

然而,生态文明建设的自身特殊性:文明生态化变革的广泛性、深刻性和当代中国的现代化语境,都要求我们引入或孕育一种新政治。首先,需要创建一种生态化或合生态的社会主义新经济制度。真正面向未来的并不是当今世界中占主导地位的、建立在私人所有权基础上的市场经济,而是一种能够同时将社会基本需求和生态健康保障置于绝对优先地位的新经济形式:"生态化"和"社会主义"是其基本特征。前者的基本政治要求是,社会性和个体性的经济活动,不能以其他个体或社会整体的生态环境质量为代价;后者的基本政治要求是,社会性和个体性的经济活动,应着力于个体和社会群体的基本需求的适当满足,尤其是通过各种形式的合作和分享。这意味着,我们当前的经济制度以及"经济主体"必须进行深刻的生态重建或转型,而不简单是一个进一步市场化和扩大开放的问题。

其次,需要创建一种生态化的或合生态的社会主义新社会。过去一段时期,"市场取向"改革的积极面是社会个体或公民主体意识(包括生态意识)的自觉与萌生,但我们也清楚发现,这种严重受到个人主义浸染的个体或公民意识也有着明显的消极一面,即往往体现为对传统集体主义的弃置或拒斥。而在一个"去集体化"或"去政治化"的社会中,我们是很难想象有着真正意义上的"政治变革要求"或"生态团结"力量的,这也可以说是现代资本主义制度的"成功秘诀"。因此,创建一种生态化或合生态的社会主义社会的首要任务,就是实现公众生态意识和集体意识的重新结合,而这种结合是需要社会制度条件的。这其中的一个最重要方面,就是社会公众能够借助于制度渠道和集体组织来民主掌控国家的经济及其运行方向,从而进一步提供社会生态化转型的经济前提。这意味着,我们当前的社会制度及其社会主体同样必须进行深刻的生态重建或转型,而不简单是一个社会管理或组织创新问题。

再次,需要创建一种生态化的或合生态的社会主义新文化。就像资本主义体系绝非只是市场经济和多元民主政治的简单叠加,而是有着远为复杂的人与人、社会与自然关系模式和物质主义、消费主义大众价值文化作为基础性支撑一样,生态文明及其建设也需要一种新型的伦理价值及其文化形态、文化主体。换句话说,社会主义的生态文明建设离不开社会主义的"生态新人"。"生态新人"当然不会是天生的、纯粹的,甚至可以说,任何一个时代的"生态引领者"或"生态创业者",都会多少带有"旧社会"的痕迹。但关键在于,一种健康的生态化的社会主义文化,应该能够做到将社会引领和生态反思精神相结合,从而呈现为一个相互学习、共同进步的文化创造与进步过程。而且我们有理由相信,新型的经济制度和健全的社会,将更容易使这样一种新文化的孕育与萌生成为可能。

当然,真正的难题在于在社会主义现代化发展仍是我国主流性话语的时代语境下,如何能够创造一种实施上述革命性全面变革所需要的、生气勃勃的新政治。生态文明建设是一个长期性的历史过程,相应地,生态化或合生态的社会主义经济、社会与文化的创建也将是一个漫长的历史过程。对此,我们必须有着足够的耐心。我们前进的方向必须是明确的。概括地说,生态文明建设所要求的生态化或合生态的社会主义制度与体制的创建,将既取决于精英阶层的高质量"顶层设计",也需要普通民众的更广泛"民主参与";将既是一种"制度民主"的完善过程,也应是一种"社会民主"的不断扩展;将既是一种"自由民主"的充分实现,更体现为一种"生态民主"的制度化。总之,它将是一个社会主义民主政治的彻底实践和全面创新过程,也是一个社会主义社会通过不断试验与探索而重新赢得认可与尊重的过程。

开启新政治思维需要大力推进党的理论创新

我们如何能够"站得更高"或开启生态文明建设的新政治思维?一个重要路径就是继续大力推进党的绿色理论创新。应该说,无论是 20 世纪 80 年代初的"环境保护基本国策论",还是 90 年代初的"可持续发展战略",以及 21 世纪初的"科学发展观",都是党和政府政治意识形态主动"绿化"的标志性成果。但是,着眼于引领我国新时期改革开放实践的社会主义生态文明建设,作为执政党的中国共产党还需要更大的理论解放与创新勇气。

具体而言,我们应着重在如下三个方面取得突破性的理论进展。其一,更系统地梳理、提炼生态马克思主义、社会主义学派的理论成果。广义的生态马克思主义、社会主义理论,既包括对经典马克思主义生态思想的整理挖掘,也包括对 20

世纪 60 年代末以来历代学院派学者和实践派活动家思想的总结分析；既包括对现行资本主义制度及其文化观念的政治生态学批判，也包括对替代性的社会主义经济政治制度与文化的原则性构建。因此，无论在政治立场还是在方法论上，生态马克思主义、社会主义理论都对我国的社会主义生态文明建设有着更多的借鉴价值。

需要强调的是，生态马克思主义、社会主义已不能再简单理解为一个国外或西方的左翼理论流派。就像马克思主义、科学社会主义理论本身一样，它首先是中国共产党人和理论工作者思考包括生态文明建设在内的社会主义现代化与全面发展的重要理论资源和工具。也就是说，生态马克思主义同时是中国特色社会主义理论与实践创新过程中的一个有机组成部分，因而也有一个不断中国化、时代化与大众化的问题。当然，实现上述这些的前提是，新一代中国共产党人要率先做到了解它、掌握它和运用它。

其二，更深入地学习、吸纳欧美国家绿色环境政治社会理论的积极成果。必须承认，与 20 世纪后半叶欧美国家大规模的环境法治与行政监管体制建设和环境经济技术革新相伴随的，是各种形式的环境政治社会理论的迅速兴起。正是这些始于社会公众的价值与文化层面上的改变，直接导致了欧美国家自 80 年代末起的主流政治与政策的"绿化"——环境运动团体和绿党的先驱作用当然功不可没，但主流政党与政治的及时跟进也非常重要。正因为如此，在当今欧美国家，哪怕再保守的政党或政治，都不会挑战"泛绿"的政治正确性。

应该指出的是，作为执政党的中国共产党既不必讳言"生态主义"和"社会主义"不同视角下的政治考量侧重——"社会公正"或"社会进步"永远是任何左翼政治的更直接目标，但也不必纠结于"红"与"绿"之间的任何僵硬的意识形态分野。严格地说，社会主义生态文明建设的目标本身就意味着，它只能是一种既"红"且"绿"的新政治选择。至于对绿色阵营内部的"深绿"与"浅绿"流派之间的关系，作为一个左翼执政党，最重要的是做到并重共举——努力在激进的伦理价值革新和渐进的具体政策之间保持一种适度的张力与平衡。

其三，更自觉地挖掘、传承中国传统文化与文明中的生态智慧。如今我们足可以大胆地承认，延续了数千年之久的主流中华文明是一种典范式的农业文明，但也同时是一种典范式的生态文明。虽然也存在着某种形式的生态环境退化或破坏，但总的来说，农业文明的经济、社会与文化制度框架保证了一种相对和谐的、更可持续的人与自然、社会与自然关系，至少相对于当今主流性的工业化与城市化文明是如此。但这绝不是说,近代社会以来中国的现代化道路是一个"历史性错误",更不意味着可以否定我们的现代化努力,尤其是改革开放以来取得的巨大成就,而是说,超越工业化的生态化实践需要我们"返璞归真",重新检视中华文化与文明中的生态智慧。

必须强调的是,真正重要的不是复习先人使用过的理论文本或教科书,而是如何能够重新获得和运用对于先人来说也许只是生活常识的生态智慧。相比从前,人类拥有了太多也许引以为自豪、但却因之隔断了作为一种生命存在与自然相联系的东西,如今我们必须学会放弃。道理似乎很简单,但只靠讲道理是远远不够的。对于一个政党和国家来说是如此,对于我们人类来说也是如此。

参考文献:

[1]中国共产党第十八次全国代表大会报告《坚定不移沿着中国特色社会主义道路前进为全面建成小康社会而奋斗》,2012 年 11 月 8 日。

[2]《中共中央关于全面深化改革若干重大问题的决定》,人民出版社 2013 年版。

（原载于《人民论坛》2014 年 10 月上）

我国推进绿色发展的困境与对策[*]

——基于生态文明建设融入经济建设的探究

党的十八大报告提出要把生态文明建设融入经济建设,"着力推进绿色发展、循环发展、低碳发展"①。习近平在中共中央政治局第六次集体学习时强调,要更加自觉地推动绿色发展、循环发展、低碳发展,绝不以牺牲环境为代价去换一时的经济增长②。2013 年习近平在亚太经合组织工商领导人峰会上演讲时指出:"建立在过度资源消耗和环境污染基础上的增长得不偿失。我们既要创新发展思路,也要创新发展手段。要打破旧的思维定式和条条框框,坚持绿色发展、循环发展、低碳发展。"③推进绿色发展是生态文明建设的重要途径。推进绿色发展,才能促进生态文明建设。

一、绿色发展的基本内涵

面对目前生态恶化的发展局面,人类要想走出发展的困境,急需重新确立新

---

* 本文作者:秦书生(1963 ~),男,辽宁宽甸人,哲学博士,教授,博士生导师,主要从事马克思主义生态理论、生态哲学研究;王旭(1988 ~),女,黑龙江哈尔滨人,博士生,主要从事马克思主义生态理论研究;付晗宁(1989 ~),女,辽宁沈阳人,硕士生,主要从事马克思主义生态理论研究。

  基金项目:中央高校基本科研业务费"中国特色社会主义生态文明制度建设研究"(N130314001);中央高校基本科研业务专项资金资助项目"中国共产党生态文明建设思想的演进、实践要求与实现美丽中国梦路径研究"(N141302002)。

① 胡锦涛:《坚定不移沿着中国特色社会主义道路前进为全面建设小康社会而奋斗》,《求是》2012 年第 22 期,第 3 - 25 页。

② 习近平:《坚持节约资源和保护环境基本国策 努力走向社会主义生态文明新时代》,《光明日报》2013 年 5 月 25 日。

③ 习近平:《深化改革开放 共创美好亚太——在亚太经合组织工商领导人峰会上的演讲》,《人民日报》2013 年 10 月 08 日。

的发展目标。这种发展目标的出发点就是对于生态环境的保护,只有把生态文明建设融入经济建设,基于生态文明建设基础上的发展,才能保障经济和社会的可持续发展,才是构建和谐中国的环境基础,这就是绿色发展。

绿色发展是以生态文明为价值取向,以实现经济社会的可持续发展为目标,以绿色经济为基本发展形态,通过开发绿色技术,发展环境友好型产业,降低能耗和物耗,保护和修复生态环境,使经济社会发展与自然相协调的一种经济发展方式。

绿色发展同以往的黑色发展方式不同,其重在实现经济、社会和环境的可持续发展。因此,发展绿色经济是贯彻绿色发展的重要方面。

绿色发展的目标是实现经济社会可持续及人与自然的和谐发展,建设社会主义生态文明。实施绿色发展战略,关系到全面小康社会的建成,关系到中国特色社会主义新胜利的取得,关系到中华民族的永续发展①。绿色发展的目标要求加快经济发展方式的转变,重点发展低碳绿色产业,着重发展现代农业和现代服务业,建立绿色经济发展模式,使人们的生活方式、消费方式走向低碳、环保和健康,实现社会主义生态文明和美丽中国建设的伟大目标。

二、把生态文明建设融入经济建设,推进绿色发展面临的困境

在党的十八大和十八届三中全会的指引下,我国在把生态文明建设融入经济建设,推进绿色发展方面取得一些成就,环境污染和生态破坏问题在一定程度上得到了一些控制。但是,我国企业推进绿色发展处于初步探索和起步阶段,一些企业尚未对绿色发展有深入认识,缺乏推进绿色发展的积极性、主动性。同时还存在绿色发展的政策支持有待强化、法律保障相对滞后等问题。具体表现在:

(1)一些企业没有树立绿色发展理念,没有积极推行绿色生产。企业在生产过程中,如果没有珍惜自然资源的生态意识,就会产生破坏生态环境的行为,就不能实现绿色发展。我国绿色发展模式的提出晚于其他发达国家。一些企业拘泥于传统发展模式,对于绿色发展模式较为陌生,认知还不够明确,对企业推进绿色发展实现经济效益与环境双重效益认识不足,错误地认为绿色发展道路会使自身经济利益受到损害,并没有把环境效应看作潜在的经济动力,没有认识到环境可

---

① 张乐民:《马克思主义生态文明思想与开创生态文明新时代》,《理论学刊》2013 年第 10 期,第 10 - 16 页。

持续发展的重要意义,没有认识到企业推进绿色发展的重要性,没有积极推行绿色生产。只注重本企业经济效益的提高,忽略环境保护,为了降低成本,使用不清洁能源、高能耗的机器设备,污染质量监测设施配套不完备,逃避环保部门的环境监管,超标准排放污染物等现象大量存在。

(2)一些企业缺乏绿色营销意识和手段,绿色营销策略落后。绿色营销是指在企业生产管理的环节中开辟无公害化销售渠道,提供绿色产品和服务,形成绿色消费品市场,从而实现经济社会和资源环境的可持续发展。我国不少企业对实施绿色营销没有深刻认识,对其内涵缺乏真正的理解。一些企业的生产经营仍注重短期、微观效益,对眼前利益考虑得多,对环境保护和社会长远利益考虑得很少。绿色营销本质上是一个从理念到设计、生产、销售、回收的一个完整的经济链条,每一个环节都要求做到绿色无(低)污染,要求各个环节灵活配合运用。目前,我国的一些企业绿色营销策略结构单一,措施简单,忽视了绿色营销策略的组合和调配。比如企业只在绿色产品的选材、加工方面下功夫,而缺乏对产品使用、报废过程的挖掘,很多企业在产品的包装上,依然追求豪华,既提高了产品成本,又造成了资源的浪费。

(3)一些企业缺乏绿色技术创新的积极性、主动性。我国有相当一部分传统企业的工艺设备落后,普遍存在着"高投入—低产出—高消耗"的问题,不仅造成资源浪费,同时,还排放大量的工业"三废",严重污染自然生态环境。由于企业绿色技术创新开发绿色产品难度大、成本高、获利不稳定等因素,致使企业对绿色技术创新缺乏积极性、主动性。企业所能提供的绿色产品品种单一,质量不高,无法满足消费者的绿色需求。同时企业绿色技术创新人才短缺,无法为绿色技术创新提供强大的智力支持,致使绿色技术创新难以延续。对于广大中小企业而言,绿色技术投资所需的资金规模远远超过企业承载能力,影响了绿色技术的应用与推广。

(4)绿色发展的政策支持力度不够。绿色发展模式在我国处于实践初期,需要强有力的国家政策扶持。然而我国针对绿色发展的政策不够完善,主要体现在以下几方面:一是绿色发展税收政策不完善。我国的经济体制是由计划经济逐步转入市场经济,出现一些税收体制不完善、税收种类不健全等不良现象,有些可以优化资源配置和保护环境的税种并未纳入税收体系之中。尽管我国对部分化石燃料和木材已经征收了一定的税,但是总体看来,我国绿色税收种类较少,并且监督机制不完善,监管力度不够,缺少相关的监督跟踪体系,部分企业偷税漏税现象严重,未完全达到节约资源和保护环境的目的。二是缺乏对绿色技术创新的政策激励,财政投入不够。企业绿色技术创新需要强大的经济支撑。我国绿色技术创新投资机制没有建立起来,没有形成绿色财政投入体系,严重影响了企业绿色技术创新的针对性及长久性。企业在绿色技术创新过程中往往由于资金短缺,造成了半途而废的后果。三是生态保护补偿机制不够完善。生态保护补偿机制就是谁污染,谁买单,要为消耗的环境利益付出经济代价。我国在生态保护补偿的实践中,经常出现破坏环境者补偿遗漏、企业打生态保护补偿擦边球的状况。同时,由于生态破坏的衡量标准具有不定性,只凭借生态保护补偿机制判断环境污染过于单一,政府必须发挥积极的调控作用。然而,我国政府在生态保护补偿过程中没有形成有针对性的间接引导和强有力的直接调控机制。

(5)绿色发展的法律建设相对滞后。我国绿色发展相关法律法规建设的不完善影响了绿色发展在我国的实践进程,主要体现在以下两方面。一是生态立法内容具有片面性、迟滞性。我国政府生态环境保护责任划归不明确,缺乏有效的生态环境的责任保障制度,导致政府生态责任建设进度严重滞后。目前我国环境的立法是基于计划经济体制下建立的,实行的是单一的经济发展原则,采取的是工业文明中简单地以 GDP 衡量经济发展水平的评价机制。在坚持"谁污染、谁治理"的原则要求下,表面上为环境污染提供了解决方案,但在实践中,却频频失效,未将环境保护落到实处。一些法律法规停留在计划经济和经济转型初期的思维模式中,法律条款与社会现状的矛盾使环境保护法律的效力大打折扣,满足不了现今社会对于环境保护的法律诉求。二是生态法律执行力薄弱。法律制定意义的实现关键在于执法环节,在于把法律规定真正实践在社会活动中。然而我国生态立法环节与生态执法环节存在着严重的脱节现象。一方面,在执法过程中,行政占据主导。隶属关系、等级关系严重影响执法效果。地方保护主义盛行,执法主观性过重,影响了法律的客观与公正。另一方面,法律监管不到位,执法部门在维护生态环境保护中执法力度不够。当生态环境保护中一旦存在违背绿色发展问题,有的得不到及时解决,有的在出现问题时只是单纯的解决,没有相关的监管体制,并未对问题采取责任分析制度,相关人员也得不到应有的处罚,企业、官员等对生态环境恶化责任不明,影响了生态环境保护工作。这种法律监管的不定性,导致了企业等相关责任人存在逃避生态法律惩罚的侥幸心理,严重影响了绿色发展战略的实施。

三、把生态文明建设融入经济建设,大力推进绿色发展的对策

把生态文明建设融入经济建设,推进绿色发展是一项涉及政府、企业、市场等

方方面面的系统工程,为了顺利推进其实现,我们必须正确认识我国在推进绿色发展过程中面临的困难,找准制约绿色发展的原因,在其基础上制定实施绿色发展的具体战略。

(一)加强企业领导人绿色教育,创建环境友好型企业,推行绿色生产

绿色发展道路是我国经济发展的新型模式。企业是我国走绿色发展道路的主力军,企业领导人的生态素养直接决定了企业走绿色发展道路的成败。为了更好地推进绿色发展,必须加强企业领导人的绿色教育,培育企业绿色意识,强化企业绿色责任。企业领导人要认识到自身在建设生态文明中的社会责任,在企业内部建立适合企业发展的生态文化,并将这种文化贯穿于企业生产经营的全过程,以增强企业员工的社会责任感和生态文明意识。可以通过多媒体进行全方位绿色宣传,营造绿色发展的文化氛围。在电视、广播、报纸等传统媒体的基础上,加大网络、交通宣传板、公交车、手机通信等新型媒体平台的宣传力度,让人们在日常生活中时刻为绿色意识所笼罩。还应通过教育培训的方式让企业领导人获取绿色发展知识,明确绿色发展内涵。积极引进国外企业绿色发展的先进理念,让企业领导人接纳绿色发展思想,强化企业绿色责任,为企业的绿色发展实践奠定理论基础、提供智力支持。

创建环境友好型企业是推进绿色发展的必然选择。创建环境友好型企业就是引导企业进行生态化转型,它是以树立生态价值观为灵魂,以使用绿色技术为核心,创立无污染、着重于避免废物的生产系统,在产品的生产过程当中尽量采用无毒无害或毒性较低的原材料,采用无污染、少污染的高新技术设备,对废弃物要采取一系列合理的处置,最大限度地减少乃至消除由生产所产生的废弃物对环境造成的污染。

党的十八大报告指出,"要实施重大生态修复工程,增强生态产品生产能力。"[①]创建环境友好型企业,推行绿色生产,才能增强绿色产品生产的能力。绿色生产是一种绿色化的生产模式,它在生产过程中注重资源节约和环境保护,对排出的废物进行回收利用或无污染处理,要求生产出的产品不威胁人类的健康。绿色产品本身具有节约资源能源、低污染、低毒、可再生、可回收、不威胁人类健康的特点。推进绿色发展,企业责无旁贷。只有创建环境友好型企业,推行绿色生产,才能生产出更多的"绿色产品",才能满足消费者的绿色消费需求。

---

① 胡锦涛:《坚定不移沿着中国特色社会主义道路前进为全面建设小康社会而奋斗》,《求是》2012 年第 22 期,第 3 - 25 页。

(二)企业加强绿色管理,实施绿色营销策略

企业绿色管理是在企业管理基础上,运用生态学知识,对企业进行生态化改造的管理方式。具体的企业绿色管理制度可概括为"5R"原则:研究(Research):把环保纳入企业的决策要素中,重视研究本企业的环境对策;减消(Reduce):采用新技术、新工艺,减少或消除对环保有害废物的排放,搞好废弃物治理;循环(Recycle):对使用过的废旧产品进行回收处理,循环利用;再开发(Rediscover):变普通产品为绿色产品,积极争取"绿色标志";保护(Reserve):加强对员工与公众的环境保护宣传,积极参与社区的环境整治,树立企业良好的绿色形象。此外,产品是企业的核心,也是企业生存和发展的根本保证。所以我们构建绿色企业管理制度必须有完备的绿色营销策略。绿色营销是每一个企业涵盖了多个操作细节的系统工程,只有在优化合理、运行得力的管理运营机制的协调配合下才能使有关绿色营销的每一项指令能落到实处,保证绿色营销措施的顺利实施。企业要按照绿色营销的经济链条制定一套完备的实施细则,每一环节要做到自身以绿色、环保为旨趣,同时与上下环节的环保思想相衔接,最后形成一条从信息收集到产品生产到废物回收的整个绿色营销供应链组合。

(三)加大绿色发展的技术支撑

绿色技术是提高资源利用率、解决环境污染的根本手段,是实现绿色发展的重要途径。利用绿色技术,才能不断解决人类面临的资源和能源日益短缺的问题,才能预防、控制和有效地治理环境污染。推进绿色发展需要能源综合利用技术、清洁生产技术、废物回收和再循环技术、资源重复利用和替代技术、污染治理技术、环境监测技术以及预防污染的工艺技术等绿色技术支持,这些绿色技术是构筑绿色经济的物质基础,是绿色发展的技术依托。

首先,应大力宣传绿色技术的重大意义,提高全社会对绿色技术的认知度,提高企业开发绿色技术的积极性,以绿色消费带动绿色技术研发。企业绿色技术的开发很大程度决定于市场需求度,提高国民对绿色产品的认可度可以反过来促进企业绿色技术的推广和研发。"只有社会公众绿色意识的觉醒才能促进绿色市场的形成,才能实现企业发展绿色技术的源动力。"①

其次,应加强国际交流合作,创立提高绿色技术水平的实践平台。发达国家绿色技术发展时间较长,技术较为先进,只有加强与国外先进企业的交流,学习先进的

---

① 刘昌勇:《关于我国企业开发绿色产品的思考》,《经济师》2002 年第 9 期,第 51 - 52 页。

绿色技术,才能提高我国绿色技术的研发水准。企业自身应突破本土局限,政府应提高对绿色技术国际交流的关注度,不断创造契机促成我国企业与各国先进企业的联系,鼓励企业对国外绿色企业进行实地考察,进行长期的业务洽谈及合作。

最后,国家政府应加大对绿色技术的资金投入和政策扶植,更重要的是要帮助企业建立长期有效绿色技术创新机制。国家应制定相关扶持政策,提供绿色创新研发资金帮助企业建立绿色技术创新机制,保障企业绿色技术创新的长足发展、有效发展。

(四)加强绿色发展的政策支持

首先,应完善税收政策和财政政策。税收政策和财政政策的支持是推进绿色发展的有效手段。目前我国应建立完善的能源使用税收机制,限制化石燃料等不可再生资源使用;开征环境保护税收、环境污染税收。对严重破坏生态环境、高污染、高能耗的企业提高收税标准,对新型环保企业减轻税收压力。还要利用税收有效调节市场价格,引导企业对于开发环保产品的,引领企业走上绿色发展之路。同时还要加大财政投入,提高绿色技术、绿色产业的财政资金投入率,加强财政投入的针对性和有效性,对积极探寻绿色发展道路的企业能够及时给予资金帮助。

其次,应建立责任追究制度,健全生态规范条例,完善生态环境保护补偿机制。习近平指出:"对那些不顾生态环境盲目决策、造成严重后果的人,必须追究其责任,而且应该终身追究。"①时任环境保护部部长周生贤也强调:"健全环评、评估、审批责任追究机制和部门协调联动机制,强化建设项目环评管理。"②可见,责任追究制度是履行绿色责任的重要制度保障。我国应建立科学的责任追究制度,坚决杜绝以生态为代价盲目追求经济利益的行为,对上述行为的企业法人及相关负责人追究其责任,进行经济、行政等相关处罚。应制定明确的生态规范条例,让企业在生产过程中有章可循,明确企业的绿色生产标准,确保绿色实践的顺利进行。制定生态环境保护补偿机制管理条例,明确管理人员及被管理对象,明确补偿形式。制定生态保护评估机制,对难以量化的生态环境问题采取特定审核制度,提高评估人员综合审评能力,以年度为单位进行生态资源存量的调查与统计,全方位检测掌控生态资源存量的历史基础和现今状况。

---

① 习近平:《坚持节约资源和保护环境基本国策 努力走向社会主义生态文明新时代》,《光明日报》2013年5月25日。

② 钟晖,王建锋:《建立绿色技术创新机制》,《生态经济》2000年第3期,第41-44页。

最后,应加大绿色产业政策扶持力度。在坚持运用经济政策的同时,政府部门应制定详尽的绿色项目规划,对绿色项目、绿色产业给予政策上的倾斜。可以简化审批程序,建立绿色项目审批绿色通道;制定特惠绿色政策,对绿色项目、绿色企业给予科技及人员支持;同时,可以制定相关政策鼓励银行等金融领域对绿色企业及绿色项目进行低利息放贷。

(五)推进绿色发展的法律建设

党的十八大以来,以习近平同志为总书记的党中央突出强点生态文明的制度建设,提出要建立系统完整的生态文明制度体系,用制度保护生态环境。2013 年 5 月,习近平总书记在中央政治局第六次集体学习时的讲话中强调指出:"只有实行最严格的制度、最严密的法治,才能为生态文明建设提供可靠保障。"①因此,必须大力推进我国绿色发展法律体系建设。首先,要完善绿色发展的相关立法。在环境立法中,应转变环境立法重心,由"经济优先"原则调整至绿色发展原则,根据绿色发展方式的要求,保留和完善适应绿色发展的生态法律条款,修正和改进与绿色发展方式相背离的法律条款,使法律条款不断适应绿色发展方式的需要。应丰富我国生态法律内容,增加资源合理利用法、环境监测法等预防性法律。同时,应不断加强生态法律法规的与时俱进性,其次,应增强提高环境法律执行能力。应加强对生态执法人员的培训,增加生态知识、明确国家绿色发展战略,掌握生态法律内容,明确生态保护意义,从而提高执法人员对生态法律保护的使命感和责任感,提升其在执法过程中的客观性、公正性及科学性,提升执法人员生态保护综合水平,确保生态法律的有效执行。应加强生态执法力度,提高环境破坏处罚额度,从生态法律源头抑制生态环境污染。加强生态法律监管,形成长期有效的执法体系,将"被动执法"转化为"主动执法",把生态环境破坏活动扼杀在萌芽中。同时,对不法企业及对生态环境造成严重损害的经济团体可采取重点处罚的特殊机制,改变环境处罚力度较小、不受重视的现状。

(原载于《生态经济》2015 年第 7 期)

---

① 习近平:《坚持节约资源和保护环境基本国策 努力走向社会主义生态文明新时代》,《光明日报》2013 年 5 月 25 日。

习近平的绿色发展理念探析[*]

随着经济发展,人类社会的进步,"绿色发展"已从单纯的经济学名词转化成人类社会发展的基本共识,由此引申出的绿色发展思想也得到了各国政要及学术界的高度关注。习近平总书记十分关注绿色发展问题,在多个场合就绿色发展问题发表了重要讲话,阐明了其绿色发展思想,认为推进绿色发展是生态文明建设的必由之路,必须大力推进绿色发展。正如党的十八大报告所指出,要"着力推进绿色发展、循环发展、低碳发展"[①]。中共中央国务院发布的《关于加快推进生态文明建设的意见》(以下简称《意见》)也明确提出:"坚持把绿色发展、循环发展、低碳发展作为基本途径"[②]。"从根本上缓解经济发展与资源环境之间的矛盾,必须构建科技含量高、资源消耗低、环境污染少的产业结构,加快推动生产方式绿色化,大幅提高经济绿色化程度,有效降低发展的资源环境代价"[③]。深入研究习近平总书记绿色发展思想,对于大力推进生态文明建设,促进经济社会发展的生态化具有重大现实意义和深远的历史意义。

---

[*] 本文作者:秦书生,男,东北大学马克思主义学院教授、博士生导师,研究方向为马克思主义生态理论、生态哲学;杨硕,男,东北大学马克思主义基本原理专业博士生,研究方向为马克思主义生态理论。

基金项目:本文系国家社科基金项目"中国共产党生态文明建设思想的演进、实践要求与实现美丽中国梦路径研究"(项目编号:14BKS056)、中央高校基本科研业务专项资金资助项目"中国共产党生态文明建设思想的演进、实践要求与实现美丽中国梦路径研究"(项目编号:N141302002)、辽宁经济社会发展资助项目"习近平总书记生态文明建设思想研究"(项目编号:2015lslkzimks - 05)的阶段性成果。

① 胡锦涛:《坚定不移沿着中国特色社会主义道路前进　为全面建设小康社会而奋斗——在中国共产党第十八次全国代表大会上的讲话》,人民出版社 2012 年版,第 39 页。

② 《中共中央国务院关于加快推进生态文明建设的意见》,《人民日报》2015 年 5 月 6 日。

③ 《中共中央国务院关于加快推进生态文明建设的意见》,《人民日报》2015 年 5 月 6 日。

一、习近平绿色发展思想产生的现实背景

习近平的绿色发展思想是基于世界范围内的绿色经济发展潮流、我国资源危机与环境恶化日趋严峻以及我国坚持走可持续发展道路的背景下提出的。

（一）习近平的绿色发展思想是在全球化背景下应对环境危机、解决经济发展与资源环境的矛盾的基础上提出的

气候变化、资源危机、环境恶化是 21 世纪人类发展面临的巨大挑战之一。2002 年联合国开发计划署在一份题为《2002 年中国人类发展报告：让绿色发展成为一种选择》的报告中阐述了中国生态环境发展状况及面临的机遇与挑战，明确指出了中国应选择绿色发展之路。2008 年国际金融危机发生后，人们深切地意识到，环境危机、能源危机归根到底是人类社会发展模式的问题。2008 年 10 月，联合国环境规划署提出了"全球绿色新政"和"发展绿色经济"的倡议。2009 年 9 月，联合国环境规划署发布的绿色新政的政策简报再次强调了经济的"绿色化"转型，并提出了一系列促进环境与经济共赢的相关措施。2011 年 2 月 21 日，联合国环境规划署在第 26 届理事会暨全球部长级环境论坛上发布了《绿色经济报告》，强调了绿色经济在推动就业、促进经济增长、推进生态环境保护的积极作用，为各国有效应对金融危机提供了新办法。同时，该报告指出，发展绿色经济将成为实现可持续发展和消除长期贫困的重要战略。可见，国际社会已经充分认识到发展绿色经济的重要意义。美国总统奥巴马明确提出"绿色新政"，积极调整环境和能源政策，力图通过科技进步提高能源利用效率，开发新能源，缓解经济危机带来的社会矛盾，在新一轮世界竞争中抢占先机。欧盟也积极倡导发展绿色经济，2009 年 3 月，欧盟宣布在 2013 年前出资 1050 亿欧元支持"绿色经济"发展，促进就业和经济增长，保持欧盟在低碳产业的世界领先地位。由此可见，绿色发展是当今世界的时代潮流，是国际大趋势。正如习近平在博鳌亚洲论坛 2010 年年会开幕式上的演讲所说，绿色发展和可持续发展是当今世界的时代潮流，为了实现绿色发展和可持续发展，为了使人类赖以生存的大气、淡水、海洋、土地和森林等资源环境得到永续发展，应该统筹经济增长、社会发展、环境保护①。

（二）习近平的绿色发展思想是基于我国资源危机日趋严峻的状况下提出的

绿色发展是我国应对资源瓶颈制约的必然选择。作为一个发展中大国，我国

---

① 《携手推进亚洲绿色发展和可持续发展》，《人民日报》2010 年 4 月 11 日。

经济发展中面临的很大问题是来自日趋严峻的资源问题。我国高速的经济发展对资源能源的需求量日益攀升,对资源能源的过度开发利用,特别是煤、石油等不可再生资源过度开发与粗放使用造成资源能源供需紧张,经济发展与资源短缺的矛盾凸显。在如此严峻的资源能源问题面前,我党不断探索新型发展理念,总结过去发展经验,从新时期的新任务出发,在"十二五"规划中明确提出走绿色发展道路,建设资源节约型、环境友好型社会,并把绿色发展和建设节约型社会纳入下阶段国家发展的重点。由此可见,中国摒弃"先污染、后治理"的"黑色发展"道路,走"节资源、保生态"的"绿色发展"道路是应对资源危机、解决经济发展与资源环境的矛盾,推进生态文明建设的必然选择。2009 年 6 月 17 日的国务院常务会议明确提出大力发展环境产业、循环经济和绿色经济;2009 年 8 月 12 日的国务院常务会议又提出大力发展绿色经济。这是我国首次把发展绿色经济纳入国务院日常工作,使绿色经济成为中国政府治国理政的新发展理念①。随后,中国共产党领导人多次在国内外重大会议上强调发展绿色经济的必要性。

(三)习近平的绿色发展思想是基于我国环境恶化日趋严峻的状况下提出的

改革开放至今,我国国内生产总值大幅度提高,综合实力大幅提升,国民生活显著改善。但是,经济发展过程采取粗放的生产模式,忽视对污染的控制和治理,以牺牲生态环境为代价换取眼前和局部利益,从而带来了生态退化、环境污染(水、空气、城市废弃物)等问题。我国的生态环境总体在恶化,局部在改善,治理能力远远赶不上破坏速度,越来越多的耕地、草原、森林及植被遭到破坏,环境污染呈现出愈来愈严重的趋势;工业垃圾、生活垃圾与日俱增;碳排放量增多,大气污染严重等。环境问题已经成为我们不容忽视的难题。环境和生态问题的凸显要求必须实现转变发展模式,寻求环境和经济利益的平衡点,实现绿色发展,在促进经济增长的同时,能够确保生态环境提供人类福祉所需要的环境服务。

(四)习近平的绿色发展思想是基于我国坚持走可持续发展道路的背景下提出的

1987 年世界环境与发展委员会在《我们共同的未来》的报告中首次阐述了可持续发展的概念。随后这一概念在全球范围内达成共识。中国政府积极、认真、严肃、全面地履行其签署有关可持续发展的国际条约,坚持走可持续发展道路。中国可持续发展之路深植于中国的国情。如果继续采取高投入、高污染、低产出、

---

① 方时姣:《绿色经济思想的历史与现实纵深论》,《马克思主义研究》2010 年第 6 期。

低效率的经济增长,那么资源浪费和环境破坏的恶化趋势就不会得到根本的遏止和扭转,环境和生态系统破坏会依旧存在。中国可持续发展之路怎么走? 世界的目光聚焦在中国。习近平指出:"中国改革开放 30 多年来,充分发挥比较优势,实现了年均9.8%的持续快速增长,与此同时资源和环境对发展的瓶颈制约也日益突出,我们以实事求是的科学态度及时总结经验,创新发展理念,推动中国发展道路和发展模式在实践中不断完善"①。习近平在博鳌亚洲论坛年会开幕式的演讲中表示,中国愿意同亚洲各国一道,转变发展方式,"走出一条符合时代潮流、具有亚洲特色的绿色发展和可持续发展之路"②。

二、习近平绿色发展思想的主要内容

面对目前生态恶化的发展局面,我国要想走出发展的困境,急需重新确立新的发展目标。这种发展目标的出发点就是对于生态环境的保护。只有大力推进绿色发展,才能保障经济和社会的可持续发展,才能筑牢和谐发展的环境基础。绿色发展得到了中国共产党领导人的高度关注。习近平高度重视绿色发展问题。他在中共中央政治局第六次集体学习时强调,要更加自觉地推动绿色发展、循环发展、低碳发展,决不以牺牲环境为代价去换一时的经济增长③。可以说,习近平的绿色发展思想集中体现在他发表的多次重要讲话中,其主要内容有以下几方面。

(一)转变经济发展方式是实现绿色发展的重要前提

当今世界粗放型的发展模式不仅浪费资源,而且造成了环境污染和生态破坏,导致全球资源、能源枯竭,环境污染严重,给全球带来了巨大灾难。所以必须转变经济发展方式。习近平指出:"建立在过度资源消耗和环境污染基础上的增长得不偿失。我们既要创新发展思路,也要创新发展手段。要打破旧的思维定式和条条框框,坚持绿色发展、循环发展、低碳发展"④。"加快经济发展方式转变和经济结构调整,是积极应对气候变化,实现绿色发展和人口、资源、环境可持续发

---

① 《携手推进亚洲绿色发展和可持续发展》,《人民日报》2010 年 4 月 11 日。
② 《携手推进亚洲绿色发展和可持续发展》,《人民日报》2010 年 4 月 11 日。
③ 《坚持节约资源和保护环境基本国策努力走向社会主义生态文明新时代》,《人民日报》2013 年 5 月 25 日。
④ 《深化改革开放　共创美好亚太——在亚太经合组织工商领导人峰会上的演讲》,《人民日报》2013 年 10 月 8 日。

展的重要前提"①。转变经济发展方式,不仅要在资源配置方式即资源利用方式上有所转变,更强调要在经济结构发展模式上有所调整。在资源利用方式上,转变传统粗放型资源利用方式,从根本上摒除传统发展中一味地追求经济的增长、自我需求的满足,弃生态、社会和子孙后代的利益于不顾的资源利用模式,树立整体发展理念,走人与自然、资源和社会协调发展的道路。

转变经济发展方式重点是以调整资源利用方式为核心,以转变经济发展结构为推手,其目的是加快形成支撑我国生态文明建设的新型经济发展方式。经济发展方式转变推进了绿色发展理念的贯彻实施,绿色发展理念有助于实现经济发展方式的彻底转变。

(二) 发展循环经济是推进绿色发展的重要手段

习近平反复强调发展循环经济,节约资源、保护环境的重要性、紧迫性和重大意义。他指出:"要把节约资源作为基本国策,发展循环经济,保护生态环境;要呵护人类赖以生存的地球家园,建设生态文明,形成节约能源资源和保护生态环境的产业结构、增长方式、消费模式"②。习近平 2013 年 7 月 22 日在湖北武汉考察时指出,节约资源、保护环境是我国发展的必然要求,全社会都要提高认识,坚持走可持续发展道路。他还指出,变废为宝、循环利用是朝阳产业,希望企业再接再厉③。习近平总书记在中央政治局第六次集体学习时强调要大力发展循环经济,促进生产、流通、消费过程的减量化、再利用、资源化④。中共中央国务院发布的《关于加快推进生态文明建设的意见》也明确提出:"发展循环经济。按照减量化、再利用、资源化的原则,加快建立循环型工业、农业、服务业体系,提高全社会资源产出率"⑤。《意见》还提到"调整优化产业结构""发展绿色产业"⑥。推进绿色发展,企业责无旁贷。企业领导人应当建立起生态生产力优先的价值原则,将生态环境成本纳入到企业生产成本中去,制定有效的企业生态化战略和目标,大力推动企业生态化改造,把传统企业改造成环境友好型企业。

①《携手推进亚洲绿色发展和可持续发展》,《人民日报》2010 年 4 月 11 日。
②《携手推进亚洲绿色发展和可持续发展》,《人民日报》2010 年 4 月 11 日。
③《坚定不移全面深化改革开放 脚踏实地推动经济社会发展》,《人民日报》2013 年 7 月 24 日。
④《坚持节约资源和保护环境基本国策 努力走向社会主义生态文明新时代》,《人民日报》2013 年 5 月 25 日。
⑤《中共中央国务院关于加快推进生态文明建设的意见》,《人民日报》2015 年 5 月 6 日。
⑥《中共中央国务院关于加快推进生态文明建设的意见》,《人民日报》2015 年 5 月 6 日。

创建环境友好型企业是发展循环经济,实现节约资源、保护环境的重要手段。创建环境友好型企业是节约资源的必然选择。环境友好型企业的生产是绿色生产,是一种绿色化的生产模式,它在生产过程中注重资源节约和环境保护,对排出的废物进行回收利用或无污染处理,要求生产出的产品是不威胁人类的健康。绿色生产要求按照减量化、再利用、资源化原则,通过运用绿色技术多层次地循环利用自然资源。创建环境友好型企业是正确处理好经济发展同生态环境保护的关系,保护生态环境的必然选择。创建环境友好型企业就是引导企业进行生态化转型,在产品的生产过程当中采用无污染、少污染的高新技术设备,对废弃物采取一系列合理的处置,最大限度地减少乃至消除由生产所产生的废弃物对环境造成的污染。创建环境友好型企业就是推动绿色发展、循环发展、低碳发展的具体表现。创建环境友好型企业是企业自身可持续发展的需要。加强企业生态化建设,转变企业的粗放型发展方式,走绿色发展道路,也是企业自身可持续发展的必然选择。

(三)大力发展绿色技术是绿色发展的重要技术支撑

绿色技术是提高资源利用率、解决环境污染的根本手段,是实现绿色发展的重要途径。利用绿色技术,才能不断解决人类面临的资源和能源日益短缺的问题,才能预防、控制和有效地治理环境污染。推进绿色发展需要能源综合利用技术、清洁生产技术、废物回收和再循环技术、资源重复利用和替代技术、污染治理技术、环境监测技术以及预防污染的工艺技术等绿色技术支持,这些绿色技术是构筑绿色经济的物质基础,是绿色发展的技术依托。习近平对发展绿色技术极为重视。他指出:"要加快开发低碳技术,推广高效节能技术,提高新能源和可再生能源比重,为亚洲各国绿色发展和可持续发展提供坚强的科技支撑"①。习近平强调,改革开放以来,我国经济规模很大、但依然大而不强,我国经济增速很快、但依然快而不优。主要依靠资源等要素投入推动经济增长和规模扩张的粗放型发展方式是不可持续的。老路走不通,新路在哪里?就在科技创新上,就在加快从要素驱动、投资规模驱动发展为主向以创新驱动发展为主的转变上②。习近平所说的科技创新实质就是绿色技术创新。绿色技术创新是符合绿色发展需要的一种技术创新。通过推进绿色技术创新,大力发展绿色技术,提高资源利用率,减少

---

① 《携手推进亚洲绿色发展和可持续发展》,《人民日报》2010 年 4 月 11 日。
② 习近平:《在中国科学院第十七次院士大会、中国工程院第十二次院士大会上的讲话》,《人民日报》2014 年 6 月 10 日。

废弃物排放,才能实现绿色发展。绿色技术创新"引领整个产业体系走向健康、环保、安全和低碳",引领人类走向生态文明新时代①。

(四)正确处理经济发展同生态环境保护关系是推进绿色发展的基本要求

随着我国经济持续高速发展,经济社会发展与环境承载能力严重失衡。我国经济发展过程中存在资源消耗量过大、资源未充分有效利用和生态环境遭受破坏较为严重的现象。以牺牲环境代价的经济发展方式,对人民群众的生存环境带来了极大损害。发达国家上百年工业化过程中分阶段出现的环境问题,在我国20多年的时间内集中出现。所以,必须处理好经济发展同生态环境保护的关系。2013年9月7日,习近平总书记在哈萨克斯坦纳扎尔巴耶夫大学发表演讲并回答学生们提出的问题,在谈到经济发展与环境保护的关系问题时他指出:"我们既要绿水青山,也要金山银山。宁要绿水青山,不要金山银山,而且绿水青山就是金山银山"②。在参加河北省委常委班子专题民主生活会时,习近平指出,要给你们去掉紧箍咒,生产总值即便滑到第七、第八位了,但在绿色发展方面搞上去了,在治理大气污染、解决雾霾方面作出贡献了,那就可以挂红花、当英雄。反过来,如果就是简单为了生产总值,但生态环境问题越演越烈,或者说面貌依旧,即便搞上去了,那也是另一种评价了③。发展绝不等同于单纯的经济增长,不能单纯追求GDP的增长。中共中央国务院发布的《关于加快推进生态文明建设的意见》明确指出:"在环境保护与发展中,把保护放在优先位置,在发展中保护、在保护中发展"④。发展是要在经济增长的基础上促进社会全面进步,真正提高人民群众的生活质量。经济发展必须顾及人民群众的生存环境,发展不能以牺牲生态环境为代价换取经济的一时发展。绿水青山意味着优美的人居环境、干净的水源和清洁的空气。"宁要绿水青山,不要金山银山","绿水青山就是金山银山"的环境价值理念,反映了习近平总书记对加强环境保护,走绿色发展道路的高度重视。

习近平指出,要正确处理好经济发展同生态环境保护的关系,牢固树立保护生态环境就是保护生产力、改善生态环境就是发展生产力的理念,更加自觉地推

---

① 苏玉娟:《从财富梦走向生态文明梦——基于人类六次科技革命的思考》,《理论探索》2014第3期。

② 《绿水青山就是金山银山》,《人民日报》2014年7月11日。

③ 《习近平关于全面深化改革论述摘编》,中央文献出版社2014年版,第105页。

④ 《中共中央国务院关于加快推进生态文明建设的意见》,《人民日报》2015年5月6日。

动绿色发展、循环发展、低碳发展,决不以牺牲环境为代价去换取一时的经济增长①。习近平总书记指出了正确处理经济发展同生态环境保护的有效途径,就是正确处理人与自然关系,保护自然生产力,发展绿色生产力,走绿色发展、循环发展、低碳发展的道路。

保护生态环境就是保护自然生产力。大自然在长期演化过程中,形成了一个具有完整的生产者、消费者和分解者的结构的自然生态系统,这个自然生态系统是一个能够实现物质循环、能量转化和信息传递的自组织系统,能够对其自身的状态进行有效的自调控,形成地球的生物圈,为人类和其他生物的生存提供了巨大的资源财富。自然生态系统所体现的巨大生产能力,就是自然生产力。自然生态系统自调控能力是有限的,人类不合理开发自然,就会使自然生态系统失去恢复和调节能力,导致生态平衡破坏,不能为人类创造自然资本和社会经济财富,就是损害了自然生产力。所以,习总书记说,保护生态环境就是保护自然生产力。这就要求我们必须合理运用技术,正确处理人与自然关系,尊重自然,顺应自然,保护自然,维护自然生态系统满足未来世代人需求和期望的潜力,促进人与自然的协调发展,使经济与社会可持续发展。传统生产力是一种"财富至上"观,人类以大自然"主人"的身份自居,在利用和改造自然的实践中,盲目追求经济增长,无节制地向自然索取,造成了严重的环境污染和资源危机。人们在反思传统发展方式的基础上认识到采用绿色技术,开发绿色产品,推行清洁生产,发展绿色生产力,发展绿色经济才更适合新经济时代的发展。于是,绿色生产力便应运而生。绿色生产力是实现人与自然的和谐发展的有效途径,是实现绿色发展的必然选择。

习总书记所说的改善生态环境就是发展生产力,这种生产力实质就是绿色生产力。改善生态环境就是优化生态系统,实现生态环境的可持续性。绿色生产力强调人与自然的和谐发展,以开发和保护并行为原则,使经济增长幅度在生态的承载区间内,不仅要求经济社会的发展,也强调生态环境的可持续发展。绿色生产力不是牺牲生态环境和侵占下代人的利益为代价的,而是遵守自然规律的,适度的发展,是一种可持续的生产力。绿色生产力倡导保护生态环境。改善生态环境,推动绿色发展、循环发展、低碳发展就是发展绿色生产力。

---

① 《坚持节约资源和保护环境基本国策 努力走向社会主义生态文明新时代》,《人民日报》2013 年 5 月 25 日。

（五）发展绿色消费是推进绿色发展的重要途径

消费是人类社会的永恒主题，任何一个社会的生产最终目的都是为了消费，而科学的消费模式对于推进绿色发展和实施可持续发展战略具有重要推动作用。推行绿色消费是推进绿色发展的必然选择。绿色消费是一种生态化消费方式，体现了尊重自然、保护生态，实现了消费的可持续性，体现了绿色发展观。习近平对推行绿色消费极为重视，他指出，"要大力弘扬生态文明理念和环保意识，坚持绿色发展、绿色消费和绿色生活方式，呵护人类共有的地球家园，成为每个社会成员的自觉行动"①。2013 年 4 月 25 日，习近平主持中共中央政治局常务委员会会议，研究当前经济形势和经济工作。会议明确提出要大力发展绿色消费②。习近平在中共中央政治局第六次集体学习时强调，要增强生态产品生产能力③。生态产品本身具有节约资源能源、低污染、低毒、可再生、可回收、不威胁人类健康的特点。有了足够的生态产品，才能促进绿色消费。绿色消费是顺应绿色发展的时代形势而产生的兼顾人类和生态环境整体利益的可持续性消费模式，涵盖了人类的衣、食、住、行、用等方方面面，是一种理性消费方式，是解决经济发展与环境保护的矛盾的必然选择。推行绿色消费有利于解决资源危机和环境污染问题，是推进生态文明建设的重要手段。我国人口众多、人均资源稀少的特殊国情，决定了我们必须大力推行绿色消费。

推进绿色消费需要政府、企业、社会各方面共同努力。为此，我国应加强培育公民绿色消费意识和企业绿色营销观念，强化政府职责，建立独立的绿色服务部门，在规范绿色市场秩序和加强宏观管理等方面采取有效措施，为绿色消费提供行政保障；对企业而言，要强化企业绿色管理，实施绿色生产，为消费者提供绿色产品，营造良好的绿色消费支持环境；社会公众在消费时要尽量选择那些具有绿色产品标识，提供绿色服务，其生产营销过程体现环保原则的绿色商品，要拒绝那些以浪费资源、污染破坏环境为代价的非绿色商品④，从而促进绿色消费的发展。除此之外，还要强化民间社团及消费者协会在推行绿色消费过程中的作用，推进绿色消费。

---

① 《携手推进亚洲绿色发展和可持续发展》，《人民日报》2010 年 4 月 11 日。
② 《研究当前经济形势和经济工作》，《人民日报》2013 年 4 月 26 日。
③ 《坚持节约资源和保护环境基本国策　努力走向社会主义生态文明新时代》，《人民日报》2013 年 5 月 25 日。
④ 秦书生、张泓：《公众参与生态文明建设探析》，《中州学刊》2014 年第 4 期。

(六)改善人民群众的生存环境是我国走绿色发展道路的根本目标

近年来,我国加强生态环境保护,大力推进生态文明建设,取得了显著成绩。但是经过改革开放三十多年的快速发展,我国积累下来的环境问题日益显现,进入高发、频发阶段。水污染、大气污染、土壤污染以及资源枯竭的现象日益突出。随着社会发展和人民生活水平不断提高,人民群众对干净的水、清新的空气、安全的食品、优美的环境等的要求越来越高,生态环境在群众生活幸福指数中的地位不断凸显,环境问题日益成为重要的民生问题①。"如果不能有效保护生态环境,不仅无法实现经济社会可持续发展,人民群众也无法喝上干净的水,呼吸上清洁的空气,吃上放心的食物,由此必然引发严重的社会问题"②。"绿色发展和可持续发展的根本目的是改善人民生存环境和生活水平,推动人的全面发展"③。我们"要以极其认真负责的历史责任感对待环境与发展问题,坚持走可持续发展道路"④,"我们将继续实施可持续发展战略,优化国土空间开发格局,全面促进资源节约,加大自然生态系统和环境保护力度,着力解决雾霾等一系列问题,努力建设天蓝地绿水净的美丽中国"⑤。

保护生态环境,就是要还大地以绿水青山,还老百姓以绿色家园,关系最广大人民的根本利益,是关乎民族未来的长远大计,是功在当代、利在千秋的事业。在这个问题上,我们没有别的选择。只有坚持绿色发展道路,继续实施可持续发展战略,全面推进生态文明建设,才能还大地以绿水青山,改善人民生存环境和生活水平,实现中华民族永续发展。坚持绿色发展,实施可持续发展,就是要加快经济发展方式的转变,重点发展低碳绿色产业,建立绿色经济发展模式,促进人们的生活方式、消费方式走向低碳、环保和健康,在实现生态可持续的同时保障人全面而自由的发展。

三、习近平绿色发展思想的理论意义和现实意义

习近平的绿色发展思想是中国共产党执政理念生态化的具体体现,既具有历史继承性,又兼顾与时俱进性,既具有理论指导性,又兼顾实践操作性,具有重要

---

① 《绿水青山就是金山银山》,《人民日报》2014 年 7 月 11 日。
② 《十六大以来重要文献选编》(中),中央文献出版社 2006 年版,第 715~716 页。
③ 《携手推进亚洲绿色发展和可持续发展》,《人民日报》2010 年 4 月 11 日。
④ 《携手推进亚洲绿色发展和可持续发展》,《人民日报》2010 年 4 月 11 日。
⑤ 《携手推进亚洲绿色发展和可持续发展》,《人民日报》2010 年 4 月 11 日。

的理论意义和现实意义。

(一)习近平的绿色发展思想丰富和发展了马克思主义生态思想

马克思在《资本论》中列举了大量的生产实例论述了工业废物资源化等生态经济思想。马克思认为,科学技术是减少工业废物并使工业废物资源化的有效手段。生活于19世纪的马克思由于当时的特殊历史实践所限制,没有也不可能使用"绿色发展"这样的术语。但是,他的工业废物资源化思想体现了绿色发展思想的实质,可以说,习近平的绿色发展思想与马克思工业废物资源化思想是一脉相承,与时俱进的。习近平的绿色发展思想丰富和发展了马克思主义生态思想。

(二)习近平的绿色发展思想深化和发展了科学发展观理论

20世纪中叶以来,资源环境污染日趋严重,已经从局部上升到全球范围,给人类带来了极大的挑战。人们在反思传统发展模式的过程中,提出了可持续发展思想和战略。面对世界范围可持续发展浪潮,以胡锦涛为总书记的党中央领导集体,提出了坚持以人为本、全面协调可持续的科学发展观。习近平的绿色发展思想强调要实现资源环境可持续发展、经济可持续发展,丰富和发展了中国共产党的可持续发展理论,将可持续发展理论提高到了新的高度,丰富和发展了科学发展观理论。

(三)习近平的绿色发展思想深化和发展了中国特色社会主义生态文明理论

中国共产党是一个具有强烈使命意识、勇于担当的马克思主义政党[1]。党的十七大报告正式提出建设生态文明的思想,将生态文明作为小康社会的奋斗目标之一。党的十八大报告提出要大力推进生态文明建设,首次将生态文明建设与经济建设、文化建设、政治建设和社会建设一起列入中国特色社会主义事业的总布局当中,提出要努力走向社会主义生态文明新时代。推进绿色发展是生态文明建设的重要组成部分,生态文明建设背景下的经济发展要求走绿色发展道路。习近平的绿色发展思想是中国共产党人在新的历史时期,面对新的历史要求,提出的关于正确处理经济发展与环境保护关系的思想内容,为我国生态文明建设奠定了理论基础。习近平的绿色发展思想是中国特色社会主义生态文明理论的重要组成部分,丰富和发展了中国特色社会主义生态文明观。

---

[1] 魏磊:《社会稳定与社会控制的科学化》,《江西社会科学》2013年第3期。

（四）习近平的绿色发展思想为我国实现绿色发展和可持续发展指明了方向

我国虽然在推进绿色发展方面取得一些成就,环境污染和生态破坏问题在一定程度上得到了一些控制。但是,我国资源危机、环境污染和生态破坏问题仍然很严峻。我国推进绿色发展处于初步探索和起步阶段,一些企业缺乏推进绿色发展的积极性、主动性,同时还存在绿色发展的政策支持有待强化、法律保障相对滞后等问题。习近平的绿色发展思想符合我国经济社会发展趋势和规律,为我国发展绿色经济、循环经济、低碳经济提供了思想保障,为我国解决资源危机、环境恶化问题提供重要的思想方法和工作方法,为我国推进绿色发展和可持续发展指明道路。

（五）习近平的绿色发展思想是我国正确处理好经济发展同生态环境保护关系的重要指导思想

近年来,随着中国工业化、城镇化步伐加快,不可再生能源的开采已经严重超过自然承载能力,同时伴随着水污染、大气污染,垃圾处理压力日益增大,绿地减少及生态风险的增加、能源短缺等,可以看到中国的高速经济增长是有相当大的代价的,这个代价就是所谓的生态赤字。随着"雾霾"一词在生活中出现频率的提升,大气污染已经严重影响了中国居民日常生活。我国的经济发展与资源环境保护存在的矛盾,必须给予足够重视。习近平发表多次讲话强调要在实现经济发展的同时注意节约资源和保护环境,实现绿色发展。其绿色发展思想为我国正确处理经济发展与生态环境保护的关系指明了方向,阐明了绿色发展是我国经济发展道路的必然选择。

（六）习近平的绿色发展思想为我国生态文明建设指明了道路

生态文明作为人类文明发展史上的一个新阶段,强调的是人与自然的和谐相处,其所对应的经济发展方式就是绿色发展。建设生态文明是当代与未来经济社会发展的主旋律。绿色发展是生态文明建设的重要内容,是生态文明建设的必然选择。党中央高度重视中国经济的绿色转型,"十二五"规划将绿色发展提升到国家战略计划中,为经济发展模式的转型提供了正确的指导方向。"十二五"规划纲要中明确指出:"面对日趋强化的资源环境约束,必须增强危机意识,树立绿色、低碳发展理念,以节能减排为重点,健全激励与约束机制,加快构建资源节约、环境友好的生产方式和消费模式,增强可持续发展能力,提高生态文明水平"①。可见,习近平的绿色发展思想不仅体现在十二五规划纲要中,而且为正确处理好人与自然、经济发展与环境保护的关系,建设生态文明指明了道路。

（原载于《理论学刊》2015 年第 6 期）

---

① 《国民经济和社会发展第十二个五年规划纲要(草案)》(摘编),《人民日报》2011 年 3 月 6 日。

论习近平的绿色发展观*

党的十八大以来,习近平直面传统工业化发展模式带来的生态环境新问题,在国内外重要会议、考察调研、访问交流等各种场合,强调建设生态文明、走绿色发展道路。尤其是十八届五中全会公报将绿色发展正式上升为党和国家的执政理念,将生态文明建设纳入"十三五"规划的任务目标,表明中国在"经济新常态"下传统发展观的绿色转向,为全面建成小康社会提供了科学的理念指导和政策支持。

一、习近平生态文明思想的产生背景

习近平生态文明思想的提出具有鲜明的破解当代中国发展难题的性质,立足当下中国严峻的生态环境治理困境,在学习借鉴世界绿色发展经验和我国生态文明建设实践的基础上,提出了符合我国实际国情的生态文明建设战略。

(一)传统发展观难以为继

改革开放 30 多年的传统工业化发展模式,导致环境问题呈现压缩型、复合型特点,旧瘴未除,新疾又生。当前,中国在保护生态环境方面正面临着前所未有的严峻挑战,生态恶化的范围在扩大、程度在加剧、危害在加重。据《全国生态保护与建设规划(2013 – 2020)》统计,目前全国水土流失面积 295 万平方公里,沙化土地面积 173 万平方公里,人均森林面积只有世界平均水平的 23%,90% 以上的天

* 本文作者:康沛竹,北京大学马克思主义学院教授、博士生导师;段蕾,北京大学马克思主义学院博士研究生。

基金项目:本文系国家社科基金重大项目"习近平总书记系列重要讲话的理论创新研究"(14ZDA002)的阶段性成果。

然草场存在不同程度退化,野生动植物种类受威胁比例达 15% - 20%①。党的十七大报告指出"经济增长的资源环境代价过大",党的十八大报告提到前进道路上的困难和问题时,再次警示"资源环境约束加剧",可见,在只注重经济增长的"黑色发展"理念指导下,资源环境的承载能力已接近极限。

传统工业资源消耗高、污染排放高,引发的环境问题导致群体性事件频发,呈现与其他社会问题相互叠加的态势。近年来,公众对改善生态环境质量的要求不断高涨,媒体舆论对此空前关注。"我们在生态环境方面欠账太多了,如果不从现在起就把这项工作紧紧抓起来,将来付出的代价会更大"②。传统发展观的功利主义导致经济增长超越生态边界,产生社会矛盾,是一种不可持续的模式,绿色发展是中国特色社会主义生态文明的必然选择。

(二)国家治理能力现代化的应然之义

党的十八届三中全会提出,全面深化改革的总目标是完善和发展中国特色社会主义制度、推进国家治理体系和治理能力现代化。随着中国生态环境危机的出现,应对环境问题的能力逐渐成为执政能力的重要组成部分。虽然近年来,党中央、国务院把环境保护摆上更加突出的战略位置,我国生态环境治理体系不断完善,治理能力不断提高,治理效果不断显现。但也要看到,前述改革开放以来的中国生态环境危机及其相关社会问题,凸显了生态治理能力还存在与新形势、新任务、新要求不适应的问题,中国迫切需要实现绿色转型,提升生态环境的绿色治理能力。

"面对人民群众对环境保护的期待和诉求,必须把生态文明建设作为增强党的执政能力、巩固党的执政基础的一项战略任务,持之以恒地推进,不断抓出成效。"③因此,绿色治理能力是国家治理体系和治理能力现代化的题中应有之义。把绿色能力纳入党的执政能力体系、推进国家生态治理能力现代化,对于建立"资源节约型、环境友好型"社会、实现美丽"中国梦"具有重要意义,体现了中国共产党执政理念的与时俱进和生态文明建设上高度的自觉自省。

---

① 国家发展改革委、科技部、财政部、国土资源部、环保部、住建部、水利部、农业部、国家统计局、国家林业局、中国气象局、国家海洋局:《全国生态保护与建设规划(2013 - 2020 年)》,2013 年 10 月。

② 中共中央宣传部:《习近平总书记系列重要讲话读本》,学习出版社、人民出版社 2014 年版,第 124 页。

③ 周生贤:《走向生态文明新时代》,《求是》2013 年第 17 期。

（三）国际社会的战略角逐

随着全球环境保护意识的觉醒,国际社会给予绿色发展和生态文明建设高度的关注,绿色竞争力已经取代单纯的经济指标成为国家综合国力角逐的重要指标。1972 年以来,《人类环境宣言》《地球宪章》《二十一世纪议程》等有关可持续发展的国际公约是绿色发展的铺垫,进入 21 世纪,以气候谈判为契机,联合国提出的"绿色经济"得到了世界各国的高度认同,绿色发展日益成为国际社会的主流思潮。中国作为世界上最大的发展中国家之一,在经济迅速崛起的同时,二氧化碳、二氧化硫等排放量居世界前列,发达国家要求我国减排的压力不断加大,国际社会出现了"中国生态环境不负责任"的论调。2014 年 1 月 9 日,中国社科院发布首部《全球环境竞争力报告(2013)》(下称《报告》),《报告》对 2012 年 133 个国家的环境竞争力进行了排名,中国名列第 87 位;如果单独看生态环境竞争力,中国在全球 133 个国家中排名倒数第九,为第 124 位①。耶鲁大学和哥伦比亚大学自2006 年开始,每两年发布一次的《全球环境绩效指数(EPI)评估报告》排名中,中国分别位居第 94 位(共 133 个国家和地区参评)、105 位(共 149 个国家和地区参评)、121 位(共 163 个国家和地区参评)、116 位(共 132 个国家和地区参评)、118位(共 178 个国家和地区参评)。这些排名反映了中国资源环境状况位列世界排名靠后,我国的生态问题面临的形势十分严峻。

我国只有积极进行生态文明建设,实现绿色发展,才能积极应对国际压力,赢得战略话语权。习近平在博鳌亚洲论坛年会的开幕式上中指出,"绿色发展和可持续发展是当今世界的时代潮流","加快经济发展方式转变和经济结构调整,是积极应对气候变化,实现绿色发展和人口、资源、环境可持续发展的重要前提",中国将"走出一条符合时代潮流、具有亚洲特色的绿色发展和可持续发展之路"②。中国积极响应国际社会的绿色发展思潮,显示了中国对自身环境问题在国际格局中的觉醒,释放了中国积极参与可持续发展全球治理,自觉对全球生态文明建设

---

① 环境绩效指数(Environmental Performance Index,EPI)是一套针对全球各国应对空气质量、水资源管理和气候变迁等敏感环境问题能力的评估体系。1999 年开始,耶鲁大学和哥伦比亚大学联合开展了可持续发展指数(ESI)研究,并于 2000 年发布了第一份全球 ESI 评估报告。该项研究的初衷在于定量地衡量各个经济体(国家、地区)在实现环境更可持续发展方面所做的努力。为了更有针对性地突出环境绩效,在 ESI 的基础上,2006 年开始又发布 EPI 报告。从先前的 ESI 到现在的 EPI,每一期都在达沃斯世界经济论坛上发布,引起了广泛关注。

② 《携手推进亚洲绿色发展和可持续发展》,《人民日报》2010 年 4 月 11 日。

有担当的负责任大国的强烈信号,有利于塑造国际环境与发展领域负责任的大国形象。

(四)经济新常态的倒逼使然

我国经济在经过30多年快速增长之后,粗放型增长方式带来的资源环境承载压力越来越大,资源紧缺与环境脆弱成为制约我国经济社会可持续发展的重要因素。美国经济学家对环境质量和经济增长之间的关系进行研究,于1995年提出"环境库兹涅茨曲线",认为一国经济发展水平较低时,环境污染的程度较轻,但随着以人均收入为指标的经济增长,环境污染由低趋高;当经济增长到达某个临界点后,主要排放物会达到峰值,之后经济增长与环境污染之间的关系呈现负相关性。这条曲线形状是倒U型的,因而也被称为环境的"倒U型曲线"。

目前,我国环境污染仍很严重、生态危机日益严峻,我国仍处于倒U型曲线的左侧。同时,我国经济正在进入"新常态",增长速度由高速转向中高速,经济结构从增量扩能为主转向调整存量、做优增量并存的深度调整,发展方式由粗放的规模速度型转向集约的质量效率型,发展动力从传统增长点转向新的增长点,呈现增长速度换挡期、结构调整阵痛期和前期刺激政策消化期的"三期叠加"态势。这就决定我国必须抛弃之前粗放的经济增长方式,注重经济增长的"质"而非仅仅是"量",使得环境质量趋于好转和经济增长之间呈现正相关性的临界点早日到来,因此,绿色发展成为中国经济成功转型的必然途径。

二、习近平绿色发展观思想的理论内涵

从传统发展观到绿色发展理念,中国共产党对环境保护和经济增长之间的关系突破了非此即彼的对立性,将两者统一在"生态文明"和"绿色发展"的范畴内,将生态环境看作是经济增长重要的驱动力,构建了从绿色发展的经济、社会和自然角度出发的当代中国社会主义生态文明建设体系,明确了"要什么样的发展、依靠什么发展、为谁发展"的理论问题。

(一)阐明了绿色发展的生态生产力理念:生态环境也是生产力

长期以来,受苏联学术界的影响,我国把生产力单向度地解释为征服、利用、改造自然,并从自然界无偿获取物质财富的能力。"征服论"将人与自然相对立,将对自然的破坏视为发展生产力的必要条件,并完全忽视了破坏环境带来的负面后果,导致当下生态退化、环境污染的现状。这种理论是对马克思思想的误读。马克思在《资本论》中把生产力划分为"劳动的自然生产力"和"劳动的社会生产

力"。"劳动的自然生产力,即劳动在无机界发现的生产力"①,可见,马克思在研究生产力概念的时候,并没有将自然生态环境从生产力的范畴中排除出去,认为自然界本身蕴藏着有助于物质财富生产的能力。

习近平继承了马克思"自然界本身的生产力",并将马克思主义生产力理论同我国实际情况相结合,形象深刻地通过深入阐发"绿水青山"与"金山银山"的辩证统一来说明社会、经济发展与生态文明之间的内在关系,强调"保护生态环境就是保护生产力、改善生态环境就是发展生产力"的绿色生产力理念,对待人与自然关系要"尊重自然、顺应自然、保护自然"。"两山"论述观点,表明了生态环境与生产力之间的相互促进、协调发展关系,彰显了绿色发展的生态生产力理念。

早在浙江工作期间,习近平就对"两山论"进行了阶段性分析。他认为,第一个阶段是用绿水青山去换金山银山,不考虑或者很少考虑环境的承载能力,一味索取资源。第二个阶段是既要金山银山,但是也要保住绿水青山,这时候经济发展和资源匮乏、环境恶化之间的矛盾开始凸显出来,人们意识到环境是我们生存发展的根本。第三个阶段是认识到绿水青山本身就是金山银山,生态优势变成经济优势,形成了浑然一体、和谐统一的关系,这一阶段是一种更高的境界,体现了科学发展观的要求,体现了发展循环经济、建设资源节约型和环境友好型社会的理念。可以看出以上这三个阶段是由传统工业化的发展观念把环境作为内在生产力的绿色发展理念不断进步的过程。

(二)阐明了绿色发展的绿色福利理念:最普惠的民生福祉

人的自由而全面的发展是马克思主义的最高命题和终极目标,而良好的自然环境是其实现的条件和基础。中国共产党作为马克思主义政党,根本宗旨和价值追求就是"全心全意为人民服务"。在面对生态环境和人的自由全面发展出现严重冲突的现阶段,习近平将生态环境作为民生的重要内容来强调,突出绿色发展中生态环境的绿色福利理念。

老百姓过去"盼温饱"现在"盼环保",过去"求生存"现在"求生态"②。我国在《2012 年中国人权事业的进展》白皮书中首次将生态文明建设写入人权保障,提出要保障和提高公民享有清洁生活环境及良好生态环境的权益。2013 年,习近

---

① 《马克思恩格斯全集》第 26 卷(第三册),人民出版社 1972 年版,第 122 页。
② 中共中央宣传部:《习近平总书记系列重要讲话读本》,学习出版社、人民出版社 2014 年版,第 123 页。

平在海南考察时强调:"良好生态环境是最公平的公共产品,是最普惠的民生福祉。"①这一科学论断从中国共产党作为马克思主义政党的性质出发,明确了"为了谁"的价值追求,阐明了生态环境在改善民生中的重要地位。2015 年两会期间,在参加江西代表团审议时,习近平又强调指出:"环境就是民生,青山就是美丽,蓝天也是幸福。"②将公平享受良好生态环境视为民生的重要内容之一,这充分体现了习近平立党为公、执政为民的执政观以及绿色发展的根本指向所在。

良好的生态环境符合全体中国人民的核心利益,生态文明的公平原则包括人与自然之间的公平、当代人之间的公平、当代人与后代人之间的公平。2013 年 4 月 25 日,习近平在十八届中央政治局常委会会议上发表讲话时谈到,"生态环境保护是功在当代、利在千秋的事业。要清醒认识保护生态环境、治理环境污染的紧迫性和艰巨性,清醒认识加强生态文明建设的重要性和必要性,以对人民群众、对子孙后代高度负责的态度,真正下决心把环境污染治理好、把生态环境建设好,努力走向社会主义生态文明建设新时代,为人民创造良好生产生活环境。"可见,生态文明的绿色福利不仅包含当代人类生活的适宜性福利,还涉及代际公平的可持续福利,充分体现了生态文明的民生本质。

(三)阐明了绿色发展与文明发展的辩证关系:生态兴则文明兴,生态衰则文明衰

根据马尔萨斯的相关研究,人口增长是按照几何级数增长,生存资料仅按照算术级数增长,因此从长期来看,文明并不会随时间演进而呈现线性繁荣状态。因此,生态环境是文明发展的重要前提。习近平生态文明思想从生态环境和文明之间的辩证关系这一角度出发,阐述了对人与自然关系、人与社会和谐共生关系的思考,阐述了生态与文明之间的辩证关系,阐述了建设"'天蓝、地绿、水净'的美丽中国"的宏伟目标和"走向社会主义生态文明新时代,实现中华民族永续发展"的历史使命。

2013 年 5 月 24 日,习近平在中央政治局第六次集体学习时指出,"生态兴则

---

① 中共中央宣传部:《习近平总书记系列重要讲话读本》,学习出版社、人民出版社 2014 年版,第 123 页。
② 孙秀艳、寇江泽、卞民德:《中央治理环境污染决心空前 代表委员期待政策措施落实》,《人民日报》2015 年 3 月 9 日。

文明兴,生态衰则文明衰。"①他引用恩格斯《自然辩证法》中的一段话:"美索不达米亚、希腊、小亚细亚以及其他各地的居民,为了得到耕地,毁灭了森林,但是他们做梦也想不到,这些地方今天竟因此而成为不毛之地。"这一论述,科学回答了生态与人类文明之间的关系,丰富和发展了马克思主义生态观,揭示了生态决定文明兴衰的客观规律。古埃及、古巴比伦、中美洲玛雅文明等古文明都发源于生态平衡、物阜民丰的地区,之所以失去昔日的光辉或者消失在历史的遗迹中,其根本原因是破坏了生态环境。

习近平在 2013 年 7 月 18 日致生态文明贵阳国际论坛的贺信中指出:"走向生态文明新时代、建设美丽中国,是实现中华民族伟大复兴的中国梦的重要内容"②。走绿色发展道路,就是倡导生态、绿色、低碳、循环的理念,实现"生产发展、生活富裕、生态良好"的美丽中国建设愿景,最终归宿就是实现中华民族永续发展。

三、习近平生态文明思想的理论价值和实践意义

改革开放 30 多年的实践,从正反两个方面论证了"发展模式"对于中国未来走向的决定意义,实现"黑色发展"道路到"绿色发展"道路的转型是建设社会主义生态文明的必然选择。习近平生态文明思想从执政党意识形态的高度协调经济增长和环境保护之间的矛盾,提出了绿色发展理念,具有重要的历史地位和深远的现实意义。

(一)马克思主义生态观的回归和发展:人与自然是相互依存、相互联系的整体

习近平生态文明思想是对马克思的生态生产力理论和人的全面自由解放发展理论的继承和发展,绿色发展提出了经济社会发展的基础是人与自然伦理关系的正确界定,是对马克思主义生态观的回归和发展。

马克思主义生态观的核心是对人与自然关系的看法。马克思主义认为,人是自然的一部分,自然界"是我们人类(本身就是自然界的产物)赖以生长的基

---

① 中共中央宣传部:《习近平总书记系列重要讲话读本》,学习出版社、人民出版社 2014 年版,第 121 页。

② 李伟红、汪志球、黄娴:《生态文明贵阳国际论坛二〇一三年年会开幕》,《人民日报》2013 年 7 月 21 日。

础"①。人的解放面临的两大基本问题,是如何处理人与自然以及人与人之间的矛盾:"我们这个世界面临的两大变革,即人同自然的和解以及人同本身的和解。"②新中国成立以来,我国对人与自然关系的认识有一个变化发展的过程。社会主义建设初期,我国在人与自然关系上更侧重对立和斗争的一面,因此在"向自然开战""改天换地""人定胜天"等激进思想的影响下,我国的自然资源和生态环境都遭到不同程度的破坏,造成十分严重的负面影响。改革开放以来,我国意识到生态环境对社会经济发展具有反作用,生态环境保护不力,社会经济发展将会受到影响。习近平在深刻总结过去发展中经验教训的基础上,超越了生态中心主义和人类中心主义,将被动应对、修补式的生态观变为主动变革、预防式的生态观,重新回归到马克思主义生态观,认为自然生态本身就蕴含物质力量,提出"人与自然是相互依存、相互联系的整体,对自然界不能只讲索取不讲投入、只讲利用不讲建设。"③

从征服自然到尊重自然、顺应自然、保护自然反映了中国共产党对人与自然关系认识的重大转变,强调了人与自然统一和谐的一面,厘清了绿色发展对自然生态内在价值的承认,深化了人、自然、社会之间关系的认识,是对中国发展方式的明确校正。

(二)中国特色社会主义理论的丰富:把生态文明置于"五位一体"的战略布局中

习近平将生态文明纳入"五位一体"的中国特色社会主义事业的总布局建设,将"绿色发展"理念上升到治国理政方略的空前高度,强调要把生态文明建设的价值理念方法贯彻到中国特色社会主义建设的全过程,将绿色发展理念贯穿到经济社会生活的各个方面。这种地位的升格,表明生态文明建设和绿色发展理念具有特殊意义和引领作用。

中国共产党对中国特色社会主义建设的内容有一个探索的历程。党的十二届六中全会首次提出了以经济建设为中心的"两手抓",十六大提出经济建设、政治建设、文化建设"三位一体"的总体布局,十六届六中全会将"三位一体"扩展为政治建设、经济建设、文化建设、社会建设的"四位一体"。党的十七大在提出推进

---

① 《马克思恩格斯全集》第4卷,人民出版社1995年版,第222页。

② 《马克思恩格斯全集》第1卷,人民出版社1956年版,第603页。

③ 中共中央宣传部:《习近平总书记系列重要讲话读本》,学习出版社、人民出版社2014年版,第121页。

四大建设的同时,提出建设生态文明的目标,这已经蕴含着"五位一体"的格局的肇始。党的十七届五中全会指出,把建设资源节约型、环境友好型社会作为加快转变经济发展方式的重要着力点,提高生态文明水平。党的十八大又进一步扩展为包括生态文明建设在内的"五位一体"的总体布局,使生态文明建设在中国特色社会主义建设总体布局中的战略地位发生了根本性和历史性的变化,形成了推动当代中国社会全面建设、整体发展和整体文明进步的有机系统和总格局。

绿色发展作为实现社会主义生态文明的重要途径,改变了以往只注重经济增长、忽略生态环境的片面发展模式。生态文明建设与其他四大建设是辩证统一的关系。2013 年 4 月 25 日,习近平在十八届中央政治局常委会会议上发表讲话时谈道:"如果仍是粗放发展,即使实现了国内生产总值翻一番的目标,那污染又会是一种什么情况? 届时资源环境恐怕完全承载不了。经济上去了,老百姓的幸福感大打折扣,甚至强烈的不满情绪上来了,那是什么形势? 所以,我们不能把加强生态文明建设、加强生态环境保护、提倡绿色低碳生活方式等仅仅作为经济问题。这里面有很大的政治。"可见,一个生态遭到严重破坏的国家,民众生产生活必然受到影响,不能实现政治和谐发展,不能实现经济可持续发展,不能实现社会稳定有序,不能实现生态文明。绿色发展已经内化为中国共产党的指导思想,并成为绿色新政的行动指南。

(三)现实指导意义:形成人与自然和谐发展的现代化建设新格局

在习近平生态文明建设思想的指导下,绿色发展从思想层面到制度层面再到实践层面进行了强有力的推进,强化了可操作性和可检验性,确保生态文明建设落在实处。

在政策法规方面,2013 年 12 月 13 日,国家发改委等六部委联合发布的《国家生态文明先行示范区建设方案(试行)》称,把资源消耗、环境损害、生态效益等体现生态文明建设的指标纳入地区经济社会发展综合评价体系,建立领导干部任期生态文明建设问责制和终身追究制。2015 年 5 月 5 日,中共中央国务院发布《关于加快推进生态文明建设的意见》,《意见》包括 9 个部分共 35 条,通篇贯穿了"尊重自然、顺应自然、保护自然""绿水青山就是金山银山"的基本理念,确立了人与自然和谐发展、经济社会发展活动要符合自然规律的导向。2015 年 4 月 24 日,十二届全国人大常委会第八次会议以高票赞成通过了新修订的《环境保护法》,其严格程度之甚被称为"史上最严环保法",它将"推进生态文明建设、促进经济社会可持续发展"列入理念目的,并改变过去强调环境保护与经济发展相协调的思维模式,在新中国历史上第一次明确提出"经济社会发展要与环境保护相协调",实现从消极的"经济发展兼顾环境保护"向积极的"以环境保护促进经济社会发展"的升级,促进实际问题的解决。

在实际工作方面,国家查处了以宁夏中卫明盛染化有限公司污染环境案为代表的一些环境污染案件,并对涉事方进行了法律制裁,对社会各界起到很大的震慑作用。同时,党和国家以极大的决心和壮士断腕的勇气对华北地区尤其是北京地区的雾霾等一些严重的环境问题进行了大力度的治理,并初见成效。

习近平的生态文明建设思想是一种崭新的可持续文明观,凝聚着新一届中共中央领导人对人类几千年发展历程和我国发展道路的审慎思考,体现了马克思主义生态观的思想精髓和中国共产党高度的历史自觉和生态自觉,是马克思主义中国化的最新理论成果,标志着中国共产党对人类社会发展规律、社会主义建设规律、执政规律的认识达到了一个新高度。

（原载于《新疆师范大学学报》哲学社会科学版2016年第4期）

习近平生态理念及其时代意蕴*

平衡经济建设和环境保护之间的张力,一直是人们必须面对和解决的现实难题。过去一段时期,我国经济建设取得了跨越式发展,但是,这种以牺牲资源和环境为代价的经济增长是不可持续的,致使国家每年都要投入大量的人力、物力和财力去治理因这种发展方式带来的环境破坏和生态失衡,由此导致的自然灾害和环境治理成本每年占国民经济总产值的6%左右。面对日益恶化的国际国内生态环境,习近平作为新一届党和国家的领导核心,重新审视经济建设与环境保护之间的关系,秉承中国传统文化生态理念,发展马克思主义生态理论,从不同层面提出了关于生态环境保护的新理念、新观点和新论述,形成了十分丰富的生态思想,成为进一步深化改革、全面建成小康社会的理论指南。

一、习近平生态思想形成的历史渊源

时代背景、社会条件是人类思想产生和理论形成的土壤。习近平生态思想的形成是在探索中国特色社会主义现代化建设征程中各种社会因素协同作用的结果:即习近平生态思想秉承和弘扬了中华民族传统文化的生态理念,借鉴和吸收了马克思主义的生态理论,总结和反思了国际国内经济发展中的生态教训。

(一)中国传统文化生态理念是习近平生态思想形成的历史文化渊源

中华传统文化中蕴含着极其丰富的生态理念,这是习近平生态思想形成的沃土。中华民族很早就认识到人与自然的共生关系:自然界为万物产生之根源,人

* 本文作者:盛辉(1975 -),男,河南信阳人,中国人民大学马克思主义学院博士研究生,河南科技大学马克思主义学院副教授,主要从事马克思主义中国化研究。

基金项目:教育部人文社会科学研究专项任务项目"建国初期提高执政成效的历史考察与经验研究"(15JD71008);河南省哲学社会科学规划项目"国家治理现代化视域下党的执政成效研究"(2015BDJ002)。

类本身也源于自然界,是自然界长期进化的产物。《周易》记载"有天地,然后有万物;有万物,然后有男女……"(《易经·序卦》);老子讲到"人法地,地法天,天法道,道法自然"(《老子》第二十五章),"道之尊,德之贵,夫莫之命而常自然"(《道德经》第五十一章)。同时也进一步认识到人与自然是不可分离的统一体。庄子倡导"天地者,万物之父母也"(《庄子·达生》),同时追求"天地与我共生、万物和我为一体"(《庄子·齐物论》)。而人们的生产活动要顺应自然,因时制宜,因此,要"因时""顺时""以时禁发"。如孟子强调农业生产"不违农时",对资源的利用要取用有节,"数罟不入洿池""斧斤以时入山林"(《孟子·梁惠王上》),周文王曾告诫臣民"川泽非时不入网罟,以成鱼鳖之长"(《逸周书·文传》)。这就启示人们,生产活动要遵循自然规律,荀子强调"天行有常,不为尧存,不为桀亡"(《荀子·天伦》)。不仅如此,先贤者还提出了有利于农业持续发展的休耕生态思想,先秦时代采取"两年休一年、三年一周期"的轮作制来保护土地,恢复地力。另外,我国古代王朝的执政者也非常重视生态保护,设立了相当于今天的环保机构,颁布相关法律,规范指导人们的生产活动。《尚书·尧典》记载,舜在位时,设立了一种机构叫"虞",其职能主要负责山、林、川、泽的保护与治理,可谓是世界上最早的"环保部";秦国的《田律》记录了我国最早的环保条款。由此可见,我国古代传统文化中有着丰富的生态思想和生态理念,这成为习近平生态思想产生的历史文化渊源。

(二)马克思主义生态理论是习近平生态思想形成的理论来源

马克思主义生态理论主要体现在马克思恩格斯的经典著作中,诸如《1844 年经济学哲学手稿》《英国工人阶级状况》《关于费尔巴哈的提纲》《资本论》以及《自然辩证法》等。在这些著作中,马克思恩格斯一方面揭露了资本主义大工业生产所带来的环境恶化问题,另一方面,提出和阐述了人与自然和谐的生态思想。首先,人是大自然自组织的产物。"人本身是自然界的产物,是在自己所处的环境中并且和这个环境一起发展起来的。"①而且,马克思强调"自然界,就它自身不是人的身体而言,是人的无机的身体。人靠自然界生活"②。恩格斯在《自然辩证法》中运用进化论思想阐述自然创造了人类,"我们连同我们的肉、血和头脑都是属于

---

① 《马克思恩格斯选集》第 3 卷,人民出版社 1995 年版,第 374 – 375 页。
② 马克思:《1844 年经济学 – 哲学手稿》,人民出版社 2000 年版,第 55 页。

自然界和存在自然界的"①。其次,大自然是人类生存和发展的前提和基础。人类赖以生产生活的劳动资料和劳动对象等物质资料皆来源于自然界,因此,人类离不开自然界,"没有自然界,没有感性的外部世界,工人就什么也不能创造"②。再次,人类的生产活动不断变革自然,改造自然。人类是有意识、有思想的高级动物,通过自己的实践活动,变革自然,使"自在自然"向"人化自然"转化,为人类生存和发展提供更好的场所。但是人类的活动不能违背自然,否则,就会遭到自然界惩罚,"我们不要过分陶醉于我们人类对自然的胜利。对于每一次这样的胜利,自然界都对我们进行了报复","我们必须时时记住,我们统治自然界绝不像统治异民族一样"③。马克思恩格斯所期待的未来理想社会是"人与自然和解"的共产主义社会,是自然主义和人道主义的高度统一。从中可以看出,在马克思恩格斯系列经典著作中,都彰显和蕴含着深刻而又丰富的生态理论,习近平的生态思想正是在继承马克思主义生态理论的基础上形成的。

(三)国际国内生态保护的经验教训是习近平生态思想形成的实践基础

经验需要总结,教训需要反思。习近平生态思想,是对当今国际国内经济发展中出现的生态保护偏差的深刻反思和智慧选择。

习近平生态思想是对国际生态环境日益恶化的深刻反思。18 世纪中期以来,主要资本主义国家工业化和城市化迅猛发展,一方面给社会创造了丰厚物质财富,促进了社会经济发展,但几乎同时,由于人们对自然界的不合理行动,导致了生态环境的破坏,人与自然关系的恶化,相继出现了能源问题、人口问题、粮食问题、环境问题等生态危机。这些问题如果得不到解决,将严重威胁人类生存和发展,人类社会经济活动也终将失去活力而步履艰难,其"'终极衰退'随时都可能来临"④。如果任由环境继续恶化,人类终将被开除球籍、甚至走向灭亡。为此,世界各国政府开始警觉并重新审视人与自然的关系、正视环境问题,开始纠正过去经济社会实践活动的非理性行为。习近平指出:"西方传统工业的迅猛发展,在创造巨大物质财富的同时,也付出了十分沉重的生态环境代价,教训极为深刻。"⑤

---

① 《马克思恩格斯选集》第 4 卷,人民出版社 1995 年版,第 384 页。
② 马克思:《1844 年经济学 – 哲学手稿》,人民出版社 2000 年版,第 53 页。
③ 《马克思恩格斯选集》第 4 卷,人民出版社 1995 年版,第 383 页。
④ 莱斯特・R・布朗:《崩溃边缘的世界———如何拯救我们的生态和经济环境》,林自新,胡晓梅,李康民译,上海科技教育出版社 2011 年版,第 10 页。
⑤ 中共中央宣传部:《习近平总书记系列重要讲话读本》,学习出版社、人民出版社 2016 年版,第 235 页。

正是这种国际经济社会发展的深刻教训,深深启迪着习近平生态思想的形成。

习近平生态思想是对我国经济社会发展中难题的破解。新中国成立以来,特别是改革开放以后,我国经济社会发展呈现出前所未有的局面,取得了举世瞩目的成就。然而,一些地方没有处理好经济发展同环境保护的关系,搞"唯 GDP"是从,采取简单粗放的经济增长方式,引发了始料未及的诸多新问题、新矛盾:大气污染、水质污染、土壤污染等各种环境污染频发,能源、资源耗费枯竭,水土流失、植被破坏、土地沙化、草原退化日益严重等,所有这些环境问题相互交织、接踵而至,严重影响着人们的生产生活,制约着经济社会的可持续发展,甚至威胁着人们的生命财产安全。习近平指出:"各类环境污染呈高发态势,这种状况不改变,生态环境不堪重负,反过来必然对经济可持续发展带来严重影响,我国发展的空间和后劲将越来越小。"①正是基于我国经济社会发展实践与环境保护的现实矛盾,习近平对此进行缜密思考和细致总结,形成了具有鲜明时代特色的生态思想。

二、习近平生态思想的四重维度

习近平秉承中国传统文化生态思想,发展马克思主义生态理论,放眼社会整体发展,倡导生态思想,从多维角度,就经济发展、生态环境保护等提出了一系列具有创造性、启发性的新理念、新观点和新论述。

(一)重塑人与自然和人与人二维和谐的生态文明观

过去一段时间里,我国大力发展经济,一定程度上取得了丰硕的物质利益。但是,在一些地方、一些领域,由于人们在经济发展过程中的狭隘视野,采取了许多功利性的过激举措,导致了能源枯竭、资源匮乏、环境恶化、生态失衡等一系列环境问题,严重阻碍了今天经济、社会和环境的和谐发展。如果任其继续,最终将会导致人类文明衰退、甚至地球的毁灭。习近平指出:"我们在生态环境方面欠账太多了,如果不从现在起就把这项工作紧紧抓起来,将来会付出更大的代价。"②要想扭转由于不合理的经济发展方式所带来的生态困境,突破制约当前经济发展的生态瓶颈,唯一切实可行的就是正确协调人与自然和人与人的关系,纠正过去二者相互关系的错位及混乱局面,尊重自然、爱护自然,构建人与自然和人与人的

---

① 中共中央宣传部:《习近平总书记系列重要讲话读本》,学习出版社、人民出版社 2016 年版,第 234 页。

② 中共中央宣传部:《习近平总书记系列重要讲话读本》,学习出版社、人民出版社 2016 年版,第 234 – 235 页。

二维和谐。

　　人是自然界长期发展的产物,自然界为人类提供了生活场所和生产资源,人类通过自己的生产实践活动去影响自然、改造自然,从自然界获取了赖以生存的生产和生活资料。然而"大自然不是一个取之不尽的宝库,而是一个需要我们精心保护的家园"①。不恰当的行为必然破坏自然、危害人类,人类的行为应该遵循自然、顺应自然,而不应该违背自然、凌驾自然。习近平继承和发展马克思主义生态理论,站在人类生态的战略高度,重新审视人和自然的关系,明确指出:"对自然界不能只讲索取不讲投入、只讲利用不讲建设。保护生态环境就是保护人类。"②人类为了自身的生存发展,就要时刻保护生态环境,不断增强生态意识。从本质上讲,"人对自然的关系直接就是人对人的关系"③,就是我们人通过生产劳动在与自然界交往过程中所形成的关系所折射出的人类自身之间的相互关系。正如马克思所言:"为了进行生产,人们相互之间便发生一定的联系和关系;只有在这些社会联系和社会关系的范围内,才会有他们对自然界的关系,才会有生产。"④今天,人们之间相互协作日益加强,人与人之间的关系日趋紧密,不断影响和制约着人与自然的关系。我们在改造自然从事生产活动中,要注重协调和促进马克思恩格斯所强调的"两个和解"生态思想及其关系,从而全面推进人类文明进程。习近平指出,"生态兴则文明兴,生态衰则文明衰","生态文明是人类社会进步的重大成果"⑤。因此,我们的经济建设和社会发展应"坚持保护优先,把生态文明建设融入经济建设、政治建设、文化建设、社会建设各方面和全过程"⑥,全面实现"人与自然和解"和"人与自身和解",重塑人与自然和人与人关系的二维和谐统一,开创生态文明建设新时代。

---

① 孙民:《回到马克思主义的生态哲学理论——当代生态文明建设的哲学基础探微》,《兰州学刊》2014 年第 6 期,第 26 – 33 页。

② 中共中央宣传部:《习近平总书记系列重要讲话读本》,学习出版社、人民出版社 2016 年版,第 231 页。

③ 《马克思恩格斯全集》第 3 卷,人民出版社 2002 年版,第 296 页。

④ 《马克思恩格斯选集》第 1 卷,人民出版社 1995 年版,第 334 页。

⑤ 中共中央宣传部:《习近平总书记系列重要讲话读本》,学习出版社、人民出版社 2016 年版,第 230 – 231 页。

⑥ 中共中央宣传部:《习近平总书记系列重要讲话读本》,学习出版社、人民出版社 2016 年版,第 230 页。

（二）谱写普惠民生福祉的生态民生观

我国改革开放历经30余载,经济建设和社会发展成就显著,与此同时也带来了众多的生态环境问题,这些问题今天已经严重影响和阻碍了我国经济的进一步发展。特别是近年来,各类环境污染日趋恶化,已成为民生之患、民心之痛,严重影响了人们的生活质量,降低了人们的幸福指数,损害了人们的身心健康。人民对此有看法、有意见,甚至不满,在一些地方因此而导致的矛盾时常被激化,群体性冲突也时有发生。因此,环境问题日益成为国家、社会非常重要的民生问题,社会越发展,人民生活水平越高,对环境质量要求也就越高。恰如习近平所说:"环境问题日益成为重要的民生问题。老百姓过去'盼温饱'现在'盼环保',过去'求生存'现在'求生态'。"①

日益加剧的生态民生问题不仅影响了人民群众的利益,而且也影响了党和政府同人民群众的关系,影响了社会的进步与稳定。对此,中国共产党一直高度重视生态民生问题。江泽民认为环境保护很重要,必须抓紧治理,"如果环境保护搞不好,人民群众的生活条件就会受到影响,甚至会造成一些疾病流传"②,这将会威胁到人民群众的身心健康。胡锦涛强调科学发展,认为要"从源头上扭转生态环境恶化的趋势,为人民创造良好的生产生活环境"③。习近平立足新时代,弘扬生态民生理念,认为生态环境关系到人民根本利益,环境就是民生,"良好的生态环境是最公平的公共产品,是最普惠的民生福祉"④。同时,习近平还在不同场合多次强调,治理污染、保护环境和建设生态文明是我们当前面临的一项十分紧张而又艰巨的任务,必须认真对待,丝毫不能松懈。他强调要"像保护眼睛一样保护生态环境,像对待生命一样对待环境,把不损害环境作为发展的底线",认为"生态环境没有替代品,用之不觉,失之难存。保护生态环境,功在当代,利在千秋"⑤。从中可以看出,习近平是以高度的社会使命感和对人民群众极端负责的态度,坚守生态民生理念,维护人民群众的生态权益,谱写普惠民生福祉的生态民生观,努

① 中共中央宣传部:《习近平总书记系列重要讲话读本》,学习出版社、人民出版社2016年版,第233页。
② 《江泽民文选》第1卷,人民出版社2006年版,第535页。
③ 《胡锦涛文选》第3卷,人民出版社2016年版,第610页。
④ 中共中央宣传部:《习近平总书记系列重要讲话读本》,学习出版社、人民出版社2016年版,第230页。
⑤ 中共中央宣传部:《习近平总书记系列重要讲话读本》,学习出版社、人民出版社2016年版,第233页。

力营造无愧于当代、无愧于子孙的"天蓝、地绿、水清"的优美生产、生活环境。

（三）倡导绿色发展的生态新理念

理念是行动的先导。人类社会的任何实践、行动皆由理念、思想来指导和引领，而理念正确与否将直接决定实践行动最终成功与否和所取得成效的大小。我国经济社会发展在过去片面畸形发展理念驱使下，出现了经济发展与环境保护的严重失衡，要破解当前我国面临的经济增长和环境保护的二难悖论，就必须坚持绿色发展理念，正确处理好经济发展与环境保护问题。绿色发展，就是立足当下，协调和解决人类与自然的和谐共生问题。人类社会的生产实践活动必须以不违背自然规律为前提，爱护自然、尊重自然，这是人与自然关系最基本的要求，否则就会得不偿失，遭到大自然的报复，连最初的索取也会荡然无存。江泽民曾深刻告诫："千万要注意，在加快发展中决不能以浪费资源和牺牲环境为代价。""如果在发展中不注意环境保护，等到环境破坏以后，再来治理和恢复，那就要付出更沉重的代价，甚至造成不可弥补的损失。"①毋庸置疑，目前我国所遭遇的一系列环境恶化、生态失衡等问题，与以前那种片面"唯经济论"发展理念不无关系。十八大以来，以习近平为核心的党中央高瞻远瞩，坚持科学发展，大力倡导绿色发展理念。习近平进一步强调绿色发展是破解当前经济增长和生态保护难题的金钥匙，并把经济增长和生态保护关系形象地类比为"金山银山"与"绿水青山"的关系，"宁要绿水青山，不要金山银山，而且绿水青山就是金山银山"②，这是对经济发展和环境保护二者关系最好的诠释。破坏生态的发展是片面畸形的发展，那就不是真正的发展；真正的发展是实现经济增长和生态环境保护双赢的绿色发展。因此，中国的发展不能再搞"唯 GDP 论"，既要看到经济发展又要看到环境优化；既要看到经济效益又要看到社会效益。习近平指出："要克服把保护生态与发展生产力对立起来的冲突思维，……更加自觉地推动绿色发展，决不以牺牲环境、浪费资源为代价，换取一时的经济增长，为子孙后代留下可持续发展的'绿色银行'"③。党的十八届五中全会将绿色发展作为五大发展理念之一，习近平在"十三五"规划建议中强调："坚持绿色富国、绿色富民，为人民提供更多的优质生态产

① 《江泽民文选》第 1 卷，人民出版社 2006 年版，第 532－533 页。
② 中共中央宣传部：《习近平总书记系列重要讲话读本》，学习出版社、人民出版社 2016 年版，第 230 页。
③ 中共中央宣传部：《习近平总书记系列重要讲话读本》，学习出版社、人民出版社 2016 年版，第 126 页。

品,推动形成绿色发展方式和生活方式。"①因此,绿色发展理念是我国人民在解决当前经济发展与环境保护矛盾过程中的正确认知,是指引我国人民全面建成小康社会的睿智抉择,是实现我国经济、社会永续发展的基本指导思想,符合我国国情,顺应时代发展要求。坚信在绿色发展理念指引下,自然和人类社会将协调发展,经济发展和环境保护将互利共赢。

(四)提出红线思维与法治意识的生态安全观

时至今日,我国经济迅猛发展,成就巨大,令人欣慰。然而,伴随而来的是人们心中不时泛起的生态环境依然受到威胁的阵阵隐痛,"生态安全依然是高悬在国人头顶上达摩克利斯之剑"②。美国生物学家卡森强调:"不是魔法,也不是敌人的活动使这个受损害的世界的生命无法复生,而是人们自己使自己受害。"③导致生态环境问题的罪魁祸首不是别人,而是我们人类自身,而探究人类这一破坏环境行为背后最重要的原因,就在于环境保护体制、制度的缺失。保护生态环境,必须树立法治理念和法治思维,加强生态法治建设。江泽民指出,"人口、资源、环境工作要切实纳入依法治理的轨道"④,"各级党委和政府要把环境保护工作摆上重要议事日程,建立健全行之有效的环保监督管理体制"⑤。胡锦涛在党的十八大报告中指出:"保护生态环境必须依靠制度。"⑥而目前,我国环境保护和生态文明建设等方面依然存在体制不健全、机制不完善、法制不完备等问题,成为影响和制约生态环境保护的主要因素。习近平传承并弘扬了党的生态法制思想和法治思维,强调"把生态环境保护和生态文明建设纳入法制化、制度化轨道"⑦,"只有实行最严格的制度、最严密的法治,才能为生态文明建设提供可靠的保障"⑧。因此,在环境保护、生态文明建设中也必须做到"有法可依、有法必依、执法必严、违法必究"。党的十八届三中全会着重强调环境保护的主体意识、责任意识和担当

---

① 习近平:《中共中央关于制定国民经济和社会发展第十三个五年规划的建议》,人民出版社 2015 年版,第 23 页。
② 刘新如:《生态文明与国家安全》,《解放军报》2013 年 10 月 28 日。
③ 蕾切尔·卡森:《寂静的春天》,吕瑞兰,李长生译,上海译文出版社 2011 年版,第 3 页。
④ 《江泽民文选》第 3 卷,人民出版社 2006 年版,第 468 页。
⑤ 《江泽民文选》第 1 卷,人民出版社 2006 年版,第 535 页。
⑥ 《十八大以来重要文献选编(上)》,中央文献出版社 2014 年版,第 32 页。
⑦ 中共中央宣传部:《习近平总书记系列重要讲话读本》,学习出版社、人民出版社 2016 年版,第 240 页。
⑧ 习近平:《习近平谈治国理政》,外文出版社 2014 年版,第 210 页。

意识,对在环境保护中出现失误或造成重大损失的,要依法进行责权追究。党的十八届四中全会全面推进依法治国,极大地推动了环境保护和生态文明建设的制度化与法治化。党的十八届五中全会强调实行最严格的环境保护制度,建立完善的环境治理体系。习近平在建党95周年的七一讲话和党的十八届六中全会上再次重申和强调协调推进包括依法治国在内的"四个全面"战略布局的重要性,这为全面树立和践行依法保护生态环境的治国理念夯实了政治思想基础。

社会发展实践证明,生态安全重于泰山,它是政治安全、经济安全、国防安全和军事安全的基石和保障。为了确保人民群众有一个良好的生态环境,必须保障生态安全,提高生态服务功能。为此,国家设立生态红线,作为生态环境开发利用及其保护的临界线和警戒线,人们的生产活动必须以此为界,否则就会超出生态环境的自身承载能力。因此,"要牢固树立生态红线观念。在生态环境保护问题上,就是要不能越雷池一步,否则就应该受到惩罚"①。为了筑牢红线思维、保证生态环境安全,习近平进一步明确了生态红线要求:树立并严守"资源消耗上线思维"和"环境质量底线思维",以确保生态红线不触及、不碰撞、不逾越。唯有如此,我们才能打赢一场生态安全保护的胜仗,还人民群众一个安全和谐的生态环境。

三、习近平生态思想的时代意蕴

习近平的生态思想放眼世界经济发展,立足我国社会主义现代化建设实际,是对人与自然生态关系的深刻反思和全面提升,是马克思主义生态思想中国化的最新成果,必将对中国特色社会主义建设和实现国家富强、民族复兴发挥重要作用。

(一)构建社会主义和谐社会的必然要求

和谐社会是人类孜孜以求的一种美好愿望,也是中国共产党不懈追求和奋斗的目标,而社会和谐的前提是人与自然、人与人、人与社会关系的和谐。只有人与自然和谐相待,才能协调好人与自然、人与人的相互关系,才能实现生产与生态的良性循环。然而,在过去的经济和社会发展过程中,不断出现人与自然关系恶化的现象。这些问题的解决没有现成答案可循,这就需要立足中国实际、借鉴马克思主义生态理论,寻求解决生态问题的新方案和新举措。习近平的生态思想立足

① 中共中央宣传部:《习近平总书记系列重要讲话读本》,学习出版社、人民出版社2016年版,第209页。

于中国经济建设和生态环境保护实践,无疑是马克思主义中国化的最新理论成果。习近平认为,"保护环境就是保护生产力,改善环境就是发展生产力"①,同时强调社会发展、和谐社会建设要"走出一条经济发展和生态文明相辅相成、相得益彰的新发展道路"②。人与自然和谐是构建和谐社会的重要内容和必要保障。一方面,保护生态环境,正确处理人与自然的关系,能有力地推动和谐社会的建立;另一方面,要想建立和谐社会,就必须加强生态保护,协调好人与自然之间的关系。社会主义和谐社会是人们追求的目标,在构建和谐社会的过程中,必然对生态环境提出更高更严格的要求。所以,习近平的生态思想是构建社会主义和谐社会的必然要求,反映出以习近平为核心的党中央对社会主义和谐社会的认识的再次升华。

(二)建设美丽中国的行动指南

建设美丽中国,实现生态文明,是我们党在新时期做出的又一庄严承诺。而美丽中国建设既需要快速的经济发展作为物质基础,也需要良好的生态环境作为根本前提。"山清水秀但贫穷落后不是美丽中国,强大富裕而环境污染同样不是美丽中国。"因此,科学合理的生态环境保护是我国当下经济飞速发展条件下建设美丽中国的强力支撑。习近平的生态思想为人们建设美丽中国提供了理论指导。习近平指出,"科学布局生产空间,生活空间、生态空间,给自然留下更多生存空间,给子孙后代留下天蓝、地绿、水净的美好家园"③。可见,习近平的生态思想蕴含着自然环境和社会环境的和谐统一,体现了践行美丽中国的精神实质和内在要求,是马克思恩格斯"两个和解"的具体解答,它有利于激发出人们的生态情怀,自觉投身生态保护,为美丽中国建设尽心尽力。

(三)实现中华民族伟大复兴

"中国梦"的重要途径"中国梦"是中华民族为之奋斗、不懈追求的梦想,承载了几代中国人的夙愿。中国梦既包括中华民族复兴之梦、国家富强之梦,也包括人民幸福之梦和环境生态之梦。而人与自然和谐的环境"生态梦"是实现"中国

---

① 中共中央宣传部:《习近平总书记系列重要讲话读本》,学习出版社、人民出版社 2016 年版,第 233 页。

② 中共中央宣传部:《习近平总书记系列重要讲话读本》,学习出版社、人民出版社 2016 年版,第 236 页。

③ 中共中央宣传部:《习近平总书记系列重要讲话读本》,学习出版社、人民出版社 2016 年版,第 237 页。

梦"的前提和重要保障,也是我们党在追寻"中国梦"过程中,对我国经济建设、环境保护和社会协调发展的经验总结。"建设生态文明是关系人民福祉,关系民族未来大计,是实现中华民族伟大复兴中国梦的重要内容。"①习近平的生态思想,既体现了民族复兴"中国梦",也体现了绿色"生态梦"。"生态梦"是通向"中国梦"的必由之路,要想实现"中国梦",必须先圆"生态梦"。开启"中国梦"的生态路径需要凝聚中国生态力量,弘扬中国生态理念,从而为"中国梦"的实现打造出良好的生态环境。"中国梦"说到底是人民之梦,只有尊重人民的愿望,遵循习近平生态思想,建设良好生态环境,才能实现人与自然的和谐,最终实现国家富强、民族复兴、人民幸福的"中国梦"。

(四)推进供给侧结构性改革的必然选择

供给侧结构性改革,是引领和适应经济发展新常态的重大创新和重要举措。伴随着经济的快速发展,我国经济发展中的结构性、体制性矛盾和问题日渐显露,越积越多。突出表现为:生态环境相当脆弱,承载能力极为有限;能源资源耗费严重,处于相对不足。供给侧结构性改革就是从供给侧入手,在源头、生产端上减少和降低资源、能源的消耗和对自然环境的污染,倡导绿色发展,促使政府和企业主体消除浪费资源和破坏环境的制度根源,从而达到市场公平竞争、能源损耗降低和资源配置优化。党的十八大以来,我们党不断加强生态文明建设、倡导绿色发展理念和积极推行绿色发展。习近平强调,"中国是一个发展中国家,建设现代化国家,走欧美'先污染后治理'的老路行不通,而应探索一条环境保护新路"②。习近平的生态思想不断催生供给侧结构性改革,并且在实践上不断引领和推动着供给侧结构性改革的顺利实施。因此,要深入贯彻习近平的生态思想,加快绿色低碳技术运用,大力推进生产要素改革,提高全要素生产率,减少能源消耗,遏制环境污染,只有这样才能促进经济社会的持续健康发展。

(原载于《求是》2017 年第 9 期)

---

① 中共中央宣传部:《习近平总书记系列重要讲话读本》,学习出版社、人民出版社 2016 年版,第 230 页。

② 中共中央宣传部:《习近平总书记系列重要讲话读本》,学习出版社、人民出版社 2016 年版,第 235－236 页。

论新发展理念的内在逻辑[*]

习近平总书记在党的十八届五中全会上提出创新、协调、绿色、开放、共享的发展理念,集中体现了"十三五"乃至更长时期我国的发展思路、发展方向、发展着力点,是管全局、管根本、管长远的导向。创新、协调、绿色、开放、共享的新发展理念,是习近平治国理政战略思想的重要组成内容。系统梳理新发展理念的内在逻辑,对破解发展难题、增强发展动力、厚植发展优势具有重要意义,也有利于助推新发展理念成为引领中国经济社会发展行动的"科学指南和指挥棒"。

一、新发展理念的历史逻辑

马克思曾指出,比较简单的范畴和比较发达的整体是一种从属关系,在整体的范畴呈现出来以前,其组成部分和要素在历史上是已经存在过的,因此每一个简单范畴上升为复杂的抽象整体时,需要符合现实历史发展进程。① 对于"新发展理念",只有从先于整体存在的每一个"发展理念"各自的历史发展进程予以考察,厘清它们思想演进的来龙去脉,才能更加科学地把握其复杂整体范畴的内涵。

第一,关于创新发展理念。十一届三中全会以后,中国步入改革开放的新时期,邓小平以极大的"理论勇气"和"政治智慧"在发展问题上解放思想。他认为:"过去,只讲在社会主义条件下发展生产力,没有讲还要通过改革解放生产力,不完全。应该把解放生产力和发展生产力两个讲全了。"②他视改革为中国经济社

---

* 本文作者:张乾元,男,武汉大学马克思主义理论与中国实践协同创新中心研究员,武汉大学马克思主义学院教授、博士生导师;谢文娟,女,武汉大学马克思主义学院博士生。

基金项目:国家社会科学基金重大项目"实现中华民族伟大复兴中国梦的基本问题研究"(13&ZD006)、湖北省社会科学规划项目"习近平总书记治国理政战略思想研究"(ZD2015WT001)。

① 《马克思恩格斯选集》第2卷,人民出版社2012年版,第703页。

② 《邓小平文选》第3卷,人民出版社1993年版,第370页。

会发展的动力之源,提出"发展是硬道理"的观点,在此基础上形成"改革动力论",实现时代发展观的重大转变,并借此提出"科学技术是第一生产力"。十三届四中全会以后,中国进入加快改革开放的新阶段,江泽民顺应时代潮流大势,提出"创新动力论",强调创新是一个民族进步的灵魂,是国家兴旺发达的不竭动力,也是一个政党永葆生机的源泉,把创新提升到治党治国、民族振兴根本之道的高度。党的十六大以后,中国处于改革开放的深化期,胡锦涛在党的十七大报告中明确提出自主创新能力是国家竞争力的核心,是我国应对未来挑战的重大选择,是统领我国未来科技发展的战略主线,是实现建设创新型国家目标的根本途径,把提高自主创新能力、建设创新型国家首次提升到国家发展战略的核心地位。这意味着创新已被嵌入我国治国理政的思想体系之中。党的十八大以来,从我国全面深化改革新实践出发,习近平倡导以全球视野谋划和推动创新,实施创新驱动发展战略。在党的十八届五中全会上,习近平明确要求把创新摆在国家发展全局的核心位置,不断推进理论创新、制度创新、科技创新、文化创新,让创新贯穿于党和国家的一切工作,让创新在全社会蔚然成风。创新理念地位的凸显和提升是对发展动力的突破。从"改革动力论"到"创新动力论",从提高"自主创新能力"到提出"创新发展理念",反映出党对我国经济社会发展动力规律认识的深化和发展。

第二,关于协调发展理念。改革开放初始,邓小平针对新情况曾指出:"现代化建设的任务是多方面的,各个方面需要综合平衡,不能单打一。"①提出物质文明和精神文明都要抓、先富带动后富、区域发展坚持"两个大局"等重要思想,体现出党对经济内部各要素之间协调发展重要性的洞察。20世纪90年代,江泽民重点论述了12个涉及全局性发展的重大关系,将社会发展总体布局由"二位一体"扩展为物质文明、政治文明、精神文明建设协调发展的"三位一体"。我国开始重视"经济—社会—资源环境"的持续发展。21世纪之初,胡锦涛提出全面协调可持续发展的科学发展观,提出要统筹城乡发展、统筹区域发展、统筹经济社会发展、统筹人与自然和谐发展、统筹国内发展和对外开放,全面推进经济建设、政治建设、文化建设和社会建设"四位一体"宏观布局,更加注重整体性内在协调发展。党的十八大将"四位一体"总体布局继续扩展为经济建设、政治建设、文化建设、社会建设、生态文明建设"五位一体",丰富了协调的时代内涵。党的十八届五中全会更是从战略高度强调要着眼于全面推进经济建设、政治建设、文化建设、社会建

---

① 《邓小平文选》第2卷,人民出版社1994年版,第250页。

设、生态文明建设、对外开放、国防建设和党的建设，要突出薄弱环节和滞后领域，使党关于协调发展的理念更为系统化。随着经济社会的发展变化，我国战略布局从单一片面到综合全面，协调内容从经济单一目标到"五位一体"复合目标，协调发展的整体性在不断增强，反映出党对社会主义发展战略规律认识的深化和发展。

第三，关于绿色发展理念。早在改革开放实施初期，邓小平就正视粗放型经济增长模式带来的环境污染问题，认识到自然环境对经济发展具有制约作用。我国开始集中力量制定了一批保护生态环境的相关法律，比如森林法、草原法、环境保护法等，并在1984年把环境保护作为一项基本国策写入我国宪法，开启了环境保护的法制化建设。伴随着环境状况日益恶化，江泽民尽管没有明确使用"生态文明"的说法，但提出把控制人口、节约资源、保护环境放到重要战略位置，强调决不走西方国家"先污染、后治理"的老路，"更不能吃祖宗饭、断子孙路"。我国从战略上将环境保护提升为可持续发展的一个重要组成部分。党的十七大首次阐释了绿色发展的内涵，提出要发展环境友好型产业，降低能耗和物耗，保护和修复生态环境，发展循环经济和低碳技术，使经济社会发展与自然相协调。党的十八大正式将"生态文明建设"列入"五位一体"总布局，大力推进资源节约型、环境友好型社会建设。十八届五中全会上，习近平以破解资源和生态约束发展问题为导向，首次将"绿色发展"提升为新发展理念之一，要求必须坚持绿色发展，坚定走生产发展、生活富裕、生态良好的文明发展道路，形成人与自然和谐发展的现代化建设新局面。人与自然的关系从对立走向和谐统一，发展理念由人定胜天走向可持续绿色发展的演变，反映出党对社会主义发展质量规律认识的深化和发展。

第四，关于开放发展理念。开放发展理念雏形最早出现于20世纪七八十年代邓小平的系列重要论述。邓小平洞察到和平与发展已成为时代发展的主题，他针对我国科学技术落后的现实，以"引进来"为特色，大胆提出主动学习外国先进科技，初步形成相对独立的开放发展理论体系。2001年我国加入WTO后，江泽民强调必须实施"引进来"和"走出去"相结合的对外开放新战略，以更加积极的姿态拓展发展空间，形成全方位、多层次、宽领域双向开放。2008年全球金融危机引发世界经济步入低谷，胡锦涛在党的十八大报告中强调，必须完善互利共赢、多元平衡、安全高效的开放型经济体系，拓展对外开放的广度和深度。党的十八届五中全会上，习近平审时度势总结我国对外开放的实践经验，从完善对外开放战略布局、形成对外开放新体制、推进"一带一路"建设、深化内地和港澳以及大陆和台湾地区合作发展、积极参与全球经济治理、积极承担国际责任和义务等六个方面提出更高的开放发展要求，以更大范围、更宽领域、更高层次上的对外开放赢取发展新优势，切实提高我国在全球经济治理中的制度性话语权。中国与外部世界从单纯引进来的低层次开放到互利共赢的高层次发展，反映出党对社会主义发展策略规律认识的深化和发展。

第五，关于共享发展理念。共享发展理念直接源于党始终在实践中坚持改善和发展人民生活的基本思想。改革开放初期，邓小平提出"三步走"发展战略、"三个有利于"判断标准，将发展生产力与改善人民生活紧密联系起来。他认为"社会主义最大的优越性就是共同富裕，这是体现社会主义本质的一个东西"①。党的十四届五中全会通过的《中共中央关于制定第九个五年计划和2010年远景目标的建议》提出，要积极发展各类卫生保健事业，实现人人享有初级卫生保健的目标，加强重大疾病防治，重点改善农村医疗卫生条件，把"人人享有"作为经济社会发展的主要任务。江泽民在党的十五大报告中从经济层面阐述共享思想，强调要保证国民经济持续快速健康发展，人民共享经济繁荣成果。面对改革开放20多年不均衡发展导致贫富差距的逐渐拉大，胡锦涛明确了以人为本的发展理念。从党的十六届四中全会提出的"让发展成果惠及全体人民"，到2005年提出的"保证人民群众共享改革发展成果"，再到党的十六届五中全会首次以党的文件形式明确提出共享发展的执政理念，共享的内涵日趋丰富，涵盖经济、政治、文化、社会等领域。党的十八大以来，习近平赋予发展新内涵，把人民对美好生活的向往作为党的奋斗目标。党的十八届五中全会强调把增进人民福祉、促进人民的发展作为发展的出发点和落脚点，进一步回答了发展为什么人、发展成果由谁享有的归宿问题，在共享发展理念形成过程中具有标志性、里程碑意义，反映出党对社会主义发展目的认识的深化和发展。

二、新发展理念的实践逻辑

新发展理念作为人的思维在一定历史阶段的产物，源于对中国和世界经济社会发展的深切把握，是对中国特色社会主义实践经验的总结升华，并对未来中国的发展具有重要指导意义。

第一，新发展理念是对改革开放以来我国经济社会发展新实践规律的经验总

---

① 《邓小平文选》第3卷，人民出版社1993年版，第364页。

结。改革开放伊始,以邓小平同志为核心的第二代领导集体,及时纠正以往从生产关系角度简单定义社会主义制度的错误倾向,将中心工作由"以阶级斗争为纲"转移到经济建设上来,深刻认识社会主义本质,初步形成了包括中国特色社会主义发展阶段、发展战略、发展动力、发展条件、发展保障等重要思想在内的较为系统的发展理论,实现了党对社会主义发展理论认识的新突破。党的十三届四中全会以后,以江泽民同志为核心的第三代领导集体,突出"发展是党执政兴国的第一要务",不仅强调发展是社会主义事业成败的决定性因素,而且明确发展对解决现实实践问题的方法论意义,进一步丰富了改革开放的发展理论。党的十六大以后,以胡锦涛同志为核心的党中央,针对国内外发生的诸多变化,坚持以人为本,着眼广义发展。科学发展观创造性地回答了"什么是发展、为什么发展、怎样发展"的重大课题,进一步拓展了对中国特色社会主义发展问题的认识。党的十八大以后,以习近平同志为核心的党中央植根新的发展实践。党的十八届五中全会上首次以整体概念面世的"新发展理念",正是党对新实践感性认识的凝练升华。从"以经济建设为中心""发展是硬道理",到"发展是党执政兴国的第一要务",到全面协调可持续的"科学发展观",再到"五位一体"总体布局和"新发展理念",中国改革开放迈出的每一步,不仅在讲述一个经济实践发展的过程,更体现出一场发展理念的接续嬗变。正如习近平所言,新发展理念当属"改革开放三十多年来我国发展经验的集中体现,反映出我们党对我国发展规律的新认识"①。

　　第二,新发展理念是对改革开放以来我国诸多矛盾问题风险隐患的现实回应。改革开放以来,中国作为发展速度最快的超大型经济体,创造了第二次世界大战结束后国家经济高速增长持续时间最长的奇迹。"有人估算,中国的经济发展使1/5的世界人口、1/4的发展中国家人口和近3/5的下中等收入国家人口从中直接受益。"②但作为世界上最大的发展中国家,发展仍是中国社会最紧要的头等要务。中国还面临诸多矛盾叠加、风险隐患增多的严峻挑战,发展不平衡、不协调、不可持续问题仍然突出,主要表现是:发展方式粗放,创新能力不强,部分行业产能过剩严重,企业效益下滑,重大安全事故频发;城乡区域发展不平衡;资源约束趋紧,生态环境恶化趋势尚未得到根本扭转;基本公共服务供给不足,收入差距

---

①　习近平:《关于〈中共中央关于制定国民经济和社会发展第十三个五年规划的建议〉的说明》,《人民日报》2015年11月4日。

②　任仲平:《关系发展全局的深刻变革——论贯彻和落实五大发展理念》,《人民日报》2015年12月18日。

较大,人口老龄化加快,消除贫困任务艰巨。其中,某些新矛盾新挑战的形势相当紧迫。如收入分配制度不公问题。我国的基尼系数持续高位运行,群体收入、城乡收入、地区收入、行业收入的差距越拉越大。还有发展代价过高问题。在遭遇"成长烦恼"的时代,改革开放"问题倒逼"的进程也正是我国在"挑战—应战"模式中思路升级、理念更新的过程。新发展理念就是为解决我国发展中的突出矛盾和问题应运而生的,具有很强的实践性和现实针对性。

第三,新发展理念是引领我国经济新常态的战略抉择。经济新常态是对我国经济发展新阶段特征的形象描述,最早是2014年5月10日习近平在河南考察时提出的。他指出,一个国家经济的增长,不能唯GDP论英雄,不能唯速度论成败,否则不符合经济发展规律。放眼国际舞台,经济增速的适度回落是很多达到中等收入水平国家和地区的普遍经验。一方面,我国经历30多年高强度大规模的社会建设后,面临着经济下行、资源短缺、环境污染、生态恶化、产业升级受阻、传统优势削弱、人民期望日盛等困境;另一方面,我国也面临着人口红利消失的刘易斯拐点、人均GDP4000美元之后的"中等收入陷阱"发展中程风险。"认识新常态,适应新常态,引领新常态,是当前和今后一个时期我国经济发展的大逻辑,这是我们综合分析世界经济长周期和我国发展阶段性特征及其相互作用作出的重大判断。"①在面对"增长速度换挡、结构调整阵痛、前期刺激政策消化"三期叠加新斗争的推动下,我国经济高度依赖粗放式发展的路径已被锁死,既往的发展方式已难以为继,增长速度必须从高速转向中高速,发展模式必须从规模速度型转向质量效益型,经济结构调整必须从增量扩能为主转向调整存量、做优增量并举,发展动力必须从主要依靠资源和低成本劳动力等要素投入转向创新驱动。适应、把握、引领经济新常态、呼吁发展理念的变革,已成为时代刻不容缓的命题。新发展理念契合发展实际,对应发展难题,从发展方位的战略判断、发展理念的战略创新、发展路径的战略支撑、发展挑战的战略跨越等方面对当代中国发展战略进行了科学构建,是针对我国经济发展进入新常态、世界经济复苏低迷开出的药方。

第四,新发展理念是决胜全面建成小康社会的必然选择。建设小康社会是改革开放以来我们党的不懈追求。从党的十六大提出"全面建设小康社会",到党的十八大明确2020年"全面建成小康社会",再到党的十八届五中全会绘制了"全面建成小康社会决胜期"的宏伟蓝图,小康社会建设的内涵不断有了新的目标要求

---

① 《中央经济工作会议在北京举行》,《人民日报》2015年12月22日。

和指标体系。"十三五"规划是全面建成小康社会的决定性阶段,小康社会的重点在于"全面",发展经济的根本目的就是让各族群众过上好日子。因此,我国"必须紧紧扭住实现全面小康的短板,在补齐短板上多用力。比如,农村贫困人口脱贫,就是一个突出短板。我们不能一边宣布全面建成了小康社会,另一边还有几千万人口的生活水平处在扶贫标准线下。再比如,在社会事业发展、生态环境保护、民生保障方面也存在着一些明显的短板"①。补齐短板是确保向全面建成小康社会目标冲刺不摔跤、不掉速、不跑偏的唯一举措。党亟待以新理念破除新障碍,用新观念催生新状态,全力缩小差距,确保 2020 年国内生产总值翻一番。新发展理念顺应了这一潮流趋势,切合"十三五"规划的重点任务,是保障小康社会奋斗目标实现的精神条件,是实现中华民族伟大复兴的中国梦的重要理论根基。

第五,新发展理念是应对世界发展重要战略机遇期的治本之策。从目前国际格局的变迁来看,一方面,受国际金融危机余波未平的影响,世界经济处于深度调整期,复苏迹象缓慢,增长势头乏力。世界范围内的竞争日渐加剧,国际秩序变革中的"修昔底德困境"大有愈演愈烈之势。那些忌惮于中国发展壮大的国际势力,联手出台遏制、防范我国发展的政策,以美日为代表的跨太平洋伙伴关系协定和以美欧为主体的跨大西洋贸易与投资伙伴协议即是明证。这极大提高了中国参与国际经贸投资的成本。另一方面,世界经济大变革催生各国原有增长模式步入死胡同,科技创新孕育着发展方式新的突破。全球经济中心向新兴市场和亚太地区的逐渐转移,为中国吸引国际高端生产要素创造了时不我待的历史性机遇。面对世界经济亟待一种新的整体发展方案终结"亚健康"状态的诉求,习近平特别强调务必"立足国内和全球视野相统筹,既以新理念新思路新举措主动适应和积极引领经济发展新常态,又从全球经济联系中进行谋划"②,共同走出一条公平、开放、全面、创新的发展之路,努力实现各国共同发展。经济发展步入新常态、全面建成小康社会决胜期、世界发展重要战略机遇期构成了中国厘定和践行新发展理念"新"的三大现实基点,我们必须以新理念、新战略赢得发展主动。

三、新发展理念的理论逻辑

发展理念是发展行动的先导。发展理念科学不科学,从根本上决定着发展的

---

① 《奋力夺取全面建成小康社会的伟大胜利》,《人民日报》2015 年 10 月 30 日。
② 《中共中央召开党外人士座谈会征求对"十三五"规划建议的意见习近平主持并发表重要讲话》,《人民日报》2015 年 10 月 31 日。

成败。只有充分把握新发展理念的基本内涵和理论逻辑,才能立足当下实际,破解发展难题,突破发展瓶颈,厚植发展优势,促进"双百目标"的实现。

第一,创新发展着眼发展的动力,解决发展的革命性问题。"创新"居于新发展理念之首,是引领发展的第一动力。放眼寰宇,新一轮高层次产业博弈蓄势待发。习近平指出:"综合国力竞争说到底是创新的竞争。要深入实施创新驱动发展战略,推动科技创新、产业创新、企业创新、市场创新、产品创新、业态创新、管理创新等,加快形成以创新为主要引领和支撑的经济体系和发展模式。"①未来五年我国的根本出路在于从过度依赖土地、资本等传统要素为主导的发展转变为创新驱动发展。一要稳执科技创新"牛鼻子",充分激活它在全面创新中的引领位势。时至今日,发展初期单纯依靠模仿、引进、"山寨"的路径,已严重制约战略性新兴产业的崛起。要大力倡导跨领域跨行业协同创新,强化原始创新、集成创新和引进消化吸收再创新,其中理论创新是"元创新",科技创新是"源创新",文化创新是"根创新",制度创新是"顶层设计"的制度保障。二要力推"大众创业、万众创新",充分激活人民"创业""创新"的双创热情。要在高端要素培育、高端产业研发、创新高地抢占方面,运筹帷幄,统筹规划,紧握"互联网+"行动计划、国家大数据战略等重点抓手,拓展创新发展的新空间。三要架构创新人才体制机制,充分激发科技人员的无限智慧。创新驱动说到底即为人才驱动。要坚持开放创新,瞄准国际科技前沿,解密重大核心技术,造就一批专业精、科研强、品质优、影响大的世界级科技领军人才,实现重点领域弯道超车。抓协同创新、万众创新、人才创新就是促发展,谋划创新就是谋划未来。

第二,协调发展着眼发展的方式,解决发展的系统性问题。"协调"位于新发展理念的第二位,要从决战制胜要诀的新高度来考量。协调发展关乎发展的平衡性、整体性、健康性,是我国经济社会蹄疾步稳、行稳致远的内在要求。全面建成小康社会,并非仅强调"小康",更为重点的是"全面"。一要促进区域协调发展,统筹东中西,协调南北方。要以西部开发、东北振兴、中部崛起、东部率先的区域发展总体战略为基石,重点实施"一带一路"、京津冀协同发展、长江经济带三大战略,培育若干区域协同发展增长极,消弭地区间发展隐性壁垒。生产要素跨区域自由流动是推动区域发展的关键一环。二要推动城乡协调发展,完善城乡发展一

---

① 《习近平在华东七省市党委主要负责同志座谈会上强调———抓住机遇立足优势积极作为系统谋划"十三五"经济社会发展》,《人民日报》2015年5月29日。

体化机制。要着力改善老少边穷地区民生,加快人口自由化流动,支持农业发展、农民增收、农村建设,缩小城乡差距。三要促使物质文明和精神文明协调发展,坚持"两手都要硬"。这"两只手"没有哪只手多余,本质是"硬实力"和"软实力"的协调问题。

第三,绿色发展着眼发展的方向,解决发展的永续性问题。"绿色"发展首次列入新发展理念,是保障永续发展的必要条件。小康社会建设全面与否,生态环境至为关键。一要建设绿色生态,促进人与自然和谐共生。要推进资源节约型、环境友好型社会建设,打好大气、水、土壤污染防治"三大战役",构建城市化、农业发展、生态安全、自然岸线"四大格局"。二要发展绿色经济,促进资源配置高效节能。一手抓"开源"高效利用,一手抓"节流"全面节约。建设绿色低碳循环发展产业体系、绿色清洁低碳高效能源体系是践行绿色经济的核心路径。三要推行绿色生活,从源头上扭转生态恶化。要建设新一代智能化、网络化、低碳化绿色智慧城市,遏制城市能源低效浪费。创新绿色低碳建筑技术,降低建筑能源单位消耗。鼓励绿色交通出行,减轻生态环境承载压力。"绿水青山就是金山银山;保护环境就是保护生产力,改善环境就是发展生产力。"[①]抓绿色生态、绿色经济、绿色生活,就是推动绿色富国、绿色惠民,为中国经济转型升级添加永续的"绿色动力"。

第四,开放发展着眼发展的环境,解决发展内外的联动性问题。"开放"是国家繁荣发展的必由之路。中国近代百年屈辱史昭示一个真理,闭关锁国、自绝于世界潮流,不仅和进步绝缘,更会导致落后挨打。三十多年改革开放经验更以无可争辩的事实证明,封闭只会限制自己的活力,开放才是"落一子而活全局"的联动关键。处于全球化洪流中的中国,在全球范围谋篇布局,扩大开放的力度、广度、深度,是发展的必然选择。一要提高开放水平,扩大国际竞争新优势。要创新开放模式,以全方位、宽领域、多层次格局为基准,致力发展高层次的开放型经济。强调双向开放,从依靠引资和出口低层次开放转变为强调资本和企业输出高层次开放;从"中国制造"产品走出去转变为"中国劳务"服务走出去;从"制造强国"转变为"贸易强国"。二要增强开放能力,提升国际制度性话语权。要坚持统筹国内国际两个市场、两种资源,扩大我国在全球产业链、价值链、物流链中的优势,将其优势转化为全球经济治理中的话语权优势,主动参与世界经济规则的顶层设计。

---

① 习近平:《在省部级主要领导干部学习贯彻党的十八届五中全会精神专题研讨班上的讲话》,《人民日报》2016 年 5 月 10 日。

三要挖掘开放深度,构建广泛利益共同体。要找准"一带一路"建设突破口,打造陆海内外联动、东西双向开放的深度开放格局,走出一条惠本国、利天下的合作共赢之路。抓开放倒逼国内改革,又以开放从全球经济联动中筹划发展,为创新注入新动力,为发展拓展新空间。

第五,共享发展着眼发展的目的,解决发展的公平性问题。"共享"首次写入新发展理念,是中国特色社会主义的本质要求。千百年来,中国人对"共享"的追求源远流长,从孔子的"不患寡而患不均"到孙中山的"民有、民治、民享"等思想,都饱含着国人对美好社会的向往。唯有中国共产党将"共享"从良好期许提升为治国理政的发展战略。发展"蛋糕"不仅要不断做大,更要合理分好,它关乎国民对小康社会全面与否的满意度,也事关国际对中国形象的认可度。一要完善公共服务体制,保障民生普惠性。"共享"从来都不是抽象的概念,而是落实在人民最关心最直接最现实的利益问题上。要下大力气解决百姓看病难、看病贵问题;推进教育均衡发展,避免"寒门难出贵子"现象;推动就业充分,以创业带动就业,以就业助推创新;重视食品安全,实现从"田园"到"餐桌"监管的无缝对接;完善社会保障体制,兜牢群众生活底线。二要补齐"贫困"短板,打赢脱贫攻坚战。小康不小康,关键看老乡。要力保因人、因地精准扶贫,推广"扶志""扶智"两结合,强化贫困区域自身"造血"能力。加大对贫困地区的转移支付,解决好"最后一公里"问题,阻止贫困代际传递。三要调节收入分配,缩小贫富差距。收入分配既是民生之源,又是确保发展成果由人民共享的最直接最重要的手段。深化收入分配制度改革,力争形成两头小、中间大的橄榄型收入分配格局。抓共享,即是在共享的覆盖面、内容、路径、进程方面下苦功,达到全民共享、全面共享、共建共享、渐进共享的发展目的,让人民幸福更有质感,让发展更有温度。

四、新发展理念的整体性和关联性

"创新、协调、绿色、开放、共享的发展理念,相互贯通、相互促进,是具有内在联系的集合体"①。只有从整体上、从内在联系中把握新发展理念,依照新发展理念的整体性和关联性进行系统设计,才能开拓发展新境界。在我们看来,其整体性和关联性集中体现在以下五个方面。

---

① 中共中央宣传部:《习近平总书记系列重要讲话读本》,学习出版社、人民出版社2016年版,第136页。

第一，问题指向一致性。问题是时代的先声，人心是最大的政治。新发展理念以重大问题为导向，立足国家的整体利益、根本利益、长远利益，聚焦阻滞我国发展进程的突出问题、明显短板，就"中国要实现什么样的发展、中国未来将如何发展、中国发展终极目标为了谁"等事关当代中国经济社会发展命运的问题予以深入解答，为本质上破解新常态发展难题做出了有益探索。坚持创新发展，破解动力缺乏难题，避免走低水平的"平庸之路"；坚持协调发展，破解不均衡"木桶"效应难题，避免走顾此失彼的"失衡之路"；坚持绿色发展，破解资源约束难题，避免走生态恶化的"透支之路"；坚持开放发展，破解闭门造车难题，避免走自我设限的"封闭之路"；坚持共享发展，破解贫富分化难题，避免走社会动荡的"风险之路"。五大发展理念共同为破解诸多发展问题划定质量底线、结构底线、生态底线、开放底线和公正底线，成为厚植中国发展优势的基本遵循。

第二，目的方向一致性。五大发展理念各自所处地位有别，但目标指向具有高度一致性，以人民为中心是它们共同的出发点和落脚点。创新发展指明发展动力的转变方向，目的是通过创新提升经济全要素生产率，推动中国社会经济顺利转型，以创造新供给满足人民对更高生活品质的需求；协调发展指明发展矛盾的解决方向，目的是缩小城乡差距、区域差距、贫富差距，确保2020年全面建成人民满意的小康社会；绿色发展指明发展生态的保持方向，目的是为人民改善环境质量，建设一个生态良好的美丽中国；开放发展指明发展空间的拓展方向，目的是联通国内国际市场，让人民享受改革成果，在开放发展中拥有更大发展空间；共享发展指明发展成果的分配方向，目的是发展成果惠及每一位建设参与者，让人民有更多获得感。新发展理念以人民群众的诉求和期待为中心导向，处处体现党的宗旨和价值。其中"创新、协调、绿色、开放"为手段，服从服务于共享，"共享"是目的，共同体现发展为了人民、发展依靠人民、发展成果由人民共享的人民发展观，借此扩大执政根基，获取发展力量源泉。

第三，实施路径关联性。新发展理念在实施路径方面既可以分为三个层次，同时又是一个具备内生关联的有机体。第一层次是创新发展，居于实施路径的主导核心地位。创新发展本身就具有较大驱动性，在实践中通过自身发展，整体驱动其他四方面向着更加均衡、环保、绿色、优化的高效益方向发展。第二层次是协调发展、绿色发展和开放发展，属于创新发展的内化要求和实现途径。协调发展主要以供给侧结构性改革为抓手，关注产业联动发展的方法，是推动发展创新的重要手段。绿色发展主要侧重人与自然的和谐关系，路径上以创新为基本前提，以协调为重要途径,以最广大人民群众的根本利益为根本目的,是未来发展的"主脉"和新路径。开放发展主要解决中国与世界的联动关系,对外开放新体制的构建既对创新发展提出更高要求,又强调路径上协调、绿色、共享的高质量发展,是中国开放发展的"敲门砖"。第三层次是共享发展,在路径上为其他四方面的实施提供归宿依据,建构以发展目标与发展途径相统一的有机整体。在三个层次中,第一层次是根本动力,提供发展路径的"源动力";第二层次是"骨骼"和"肌肉",提供发展路径的"毛细血管"网络;第三层次是目标根基,提供发展路径的方向。三个层次互为支撑,彰显新发展理念、路径、实施的关联互动。

第四,思维方法论关联性。单个发展理念貌似独立,但方法论却具有关联性。创新发展居于新发展理念之首,侧重对发展本体性问题的探索,在哲学价值上具有"本体论"逻辑,解答"何为发展"的根源之惑。协调发展、绿色发展与开放发展,提供发展的"方法论"逻辑,解决"如何发展"的方法论难题。三者本质都在围绕"人、自然、社会"探究,强调统筹兼顾,但探索视域又各有侧重。协调发展侧重探求"人与社会",强调发展的内部机制,追求生产关系与生产力、上层建筑与经济基础相适应。绿色发展侧重探究"人与自然",强调发展的和谐持续,力争以人为本、以生态为本的内在统一。开放发展侧重探讨"人类命运共同体",强调发展的外部环境,寻找最佳利益支点,实现全人类共同发展共享未来的美好愿景。共享发展位于新发展理念之尾,明确发展的价值取向,担当"价值论"逻辑,回答"发展为谁"的指归问题。新发展理念从本体论、方法论、价值论层面,勾勒出哲学价值内在结构的关联性。

第五,功能逻辑整体性。新发展理念内涵丰富、体系严密,五者辩证统一。创新发展是核心,体现从追求速度到追求质量的发展动力的转变,是对社会主义发展动力规律的拓展提升;协调发展是前提,体现从关注"一域"到更重"全局"的发展格局的转变,是对社会主义发展战略规律的拓展提升;绿色发展是基础,体现从片面"求生存"到重视"求生态"的发展品质的转变,是对社会主义发展质量规律的拓展提升;开放发展是关键,体现中国从"积极接受方"到"主动塑造方"的发展空间的转变,是对社会主义发展策略规律的拓展提升;共享发展是根本,体现从价值坚守到制度安排的发展伦理的转变,是对社会主义发展目的规律的拓展提升。从逻辑维度讲,五者剑指发展难题,各具针对性,分别解决发展的革命性问题、系统性问题、永续性问题、联动性问题、公平性问题,逻辑清晰,层层递进。五者既有共同的出发点,坚持发展中国特色社会主义事业,全力推进全面小康社会早日到来；又有共同的落脚点，着力破解发展难题，增强发展动力，厚植发展优势。从功能维度讲，五者主体定位准确，各司其职，分别呼应发展的动能、基调、底色、大势、目标，紧密相连，交相辉映。

毋庸置疑，创新、协调、绿色、开放、共享新发展理念，各自单独看都不是新提法，但作为整体概念范式，则体现出党不断开拓发展新境界的智慧、勇气和担当。以邓小平为代表的党中央在立志改革时期，主要侧重于从"量"方面阐析发展理念。以江泽民为代表的党中央在改革提速时期，主要侧重于从"质"方面丰富发展理念。以胡锦涛为代表的党中央在深化改革时期，主要侧重于从"度"方面发展治国理念。以习近平为核心的党中央在全面深化改革新时期，主要侧重于从"性"方面完善定型新发展理念。中国社会经济发展宛若一棵苗壮成长的大树，发展恰如一条金线横贯其间，创新确保根深，协调保证叶茂，绿色保持健康，开放保证空间，共享保障成果，人民至上是其坚实的内核枢纽。新发展理念是一个整体，"要统一贯彻，不能顾此失彼，也不能相互替代。哪一个发展理念贯彻不到位，发展进程都会受到影响"①。新发展理念是马克思主义关于发展理论中国化的最新成果，彰显出我们党对共产党执政规律、社会主义建设规律、人类社会发展规律认识的拓展、深化。

（原载于《中州学刊》2017 年第 1 期）

---

① 中共中央宣传部：《习近平总书记系列重要讲话读本》，学习出版社、人民出版社 2016 年版，第 136 页。

领悟绿色发展理念亟待拓展五大视野 *

党的十八届五中全会将绿色发展理念作为"十三五"规划的五大发展理念之一,以生态环境质量总体,改善、保障人民环境权益作为全面建成小康社会的重大目标和重大价值追求,标志着以生态文明建设落实以人民为中心的发展思想被提高到前所未有的高度,表明了中国未来的发展将通过绿色发展理念引领走向人民幸福的可持续发展的美丽中国。目前国内外学术界对绿色发展的研究,揭示了绿色发展产生的深刻时代背景,概括了绿色发展包含的基本内容和要素,梳理了绿色发展理念产生和形成的脉络,阐述了如何从绿色经济、绿色产业、低碳经济、循环经济等角度推进绿色发展的基本路径,指出了推进绿色发展对于全球生态安全和可持续发展的深远意义,为社会各界进一步深化对绿色发展的理论研究和实践运作提供了重要的理论基础、思想养料和方法论指导。但是,从总体上看,由于对绿色发展的认识尚缺乏马克思主义绿色发展理论的学理性分析,缺乏绿色政治学、绿色发展系统论、绿色发展价值论以及绿色发展国际比较研究的视野,绿色发展的理论研究还存在着需要进一步深化的空间。简言之,现有的研究还需要从以下五大视野中深入阐述和认真领悟绿色发展理念。

一、拓展将绿色发展理念与马克思主义绿色发展理论结合起来的视野

绿色发展理念源自马克思主义绿色发展理论,特别是源自马克思恩格斯的绿色发展理论。对绿色发展理念的诠释和领悟,必须从马克思恩格斯绿色发展理论中寻找智慧,以奠定绿色发展理念的马克思主义理论的学理性支撑。这对于推进

* 本文作者:方世南(1954—),男,江苏张家港人,苏州大学马克思主义研究院副院长,苏州基层党建研究所副所长,苏州大学马克思主义学院教授、博士生导师,享受国务院政府特殊津贴专家。

以马克思主义理论为指导的当代中国绿色发展事业而言,显得尤为重要。

按照列宁的看法,马克思主义是最深刻完整严密而无任何片面性弊病的理论学说。这种完整严密性建立在唯物论与辩证法的统一以及唯物辩证的自然观与唯物辩证的历史观统一的基础上,马克思主义理论是将红色(社会革命)与绿色(生态文明)紧密地结合起来的理论,这种结合体现了自然主义的人道主义与人道主义的自然主义的交融。马克思恩格斯的绿色发展理论对于今天分析和应对生态危机、协调和解决生态矛盾、保障人民群众的环境权益、构建生态安全保障型社会,具有十分重大的价值。

在马克思主义创始人所处的时代,虽然生态问题还没有作为威胁人类命运的重大问题凸显出来,对于生态环境污染等问题的关注并不是马克思恩格斯研究的重点问题,马克思恩格斯不是生态环境领域方面的学者专家,也没有单独就绿色发展写出专门的著作。但是,这并不意味着绿色发展理论是马克思恩格斯理论研究中的空场,并不意味着绿色发展理论与马克思主义绝缘。马克思恩格斯大部分时间生活在当时处于世界工业革命发源地和全球环境污染最严重的英国,马克思早期的关于林木盗窃法的辩论和 18 岁的恩格斯的第一篇关于伍培河谷(又译乌培河谷)来信的文章,都涉及绿色发展和人民环境权益问题。在马克思的《资本论》、马克思和恩格斯合著的《德意志意识形态》、马克思的《1844 年经济学哲学手稿》、恩格斯的《英国工人阶级状况》《自然辩证法》等著作中,都有着内容丰富且极其富有现实意义的绿色发展理论。

在马克思恩格斯那里,就有了生态文明的概念。他们所说的"……感性世界的一切部分的和谐,特别是人与自然界的和谐"①的思想就是现代意义上的生态文明概念。马克思恩格斯的绿色发展理论,包括关于社会有机体通过物质变换新陈代谢而发展的理论、社会有机体和社会全面生产理论、人与自然具有内在统一性的复合系统理论、自然生产力和绿色生产力理论、对人与自然关系进行合理调节的理论、自然异化、劳动异化、商品异化、资本异化与人的异化理论、生态系统与社会系统关联性理论、绿色人口理论、绿色经济学理论、绿色政治学理论、绿色教育学理论、环境权益理论、人类社会发展过程中的"两大和解"即"人同自然的和解以及人同自身的和解"理论、两大主义"自然主义的人道主义和人道主义的自然主义"理论、"三大解放有机联系理论"即自然解放、社会解放与人的解放有机联系理

---

① 《马克思恩格斯文集》第 1 卷,人民出版社 2009 年版,第 528 页。

论、生态文明与人的自由而全面发展紧密联系的理论等。马克思恩格斯的绿色发展理论,对于我国建设资源节约型、环境友好型、人口均衡型社会和生态安全保障型社会,保证人们在优美的生态环境中工作和生活,都具有十分重大的理论意义和现实意义,都需要在推进马克思主义中国化过程中加以传承和弘扬。无论是绿色经济、绿色产业、绿色文化、绿色制度创新、绿色生产方式、绿色生活方式和绿色消费方式的构建都不能离开马克思主义绿色发展理论的指导。

遗憾的是,至今国内外众多解读绿色发展理念的学说,能够站在马克思主义绿色发展理论立场上,以马克思主义绿色发展理论为指导推进绿色发展理论研究的并不多见,有的甚至在片面抬高绿色发展理念的做法中,采取了让马克思主义绿色发展理论边缘化、消解化、虚无化的态度。事实上,绿色发展理念的理论源头来自马克思恩格斯的绿色发展理论,绿色发展理念是马克思主义绿色发展理论中国化的具体体现。认真研究绿色发展理念是对马克思主义绿色发展理论的继承和发展,是当前解读好、领悟好绿色发展理念不可轻视或忽视的重要环节。

二、拓展将绿色发展理念与绿色政治学结合起来的视野

在众多解读绿色发展理念的学说和许多基层干部对绿色发展的理解中存在着一种误区,就是将绿色发展当作经济领域的问题,局限于节能减排和环境保护,尚缺乏从环境政治学的高度领悟绿色发展理念,将绿色发展理念与绿色政治学结合起来的视野。

绿色发展不仅仅是简单的经济发展,也不仅仅只是涉及节能减排和环境保护。从根本上说,绿色发展问题既指向人与自然关系问题,又指向人与社会关系问题,既是经济领域的问题,又是政治领域的问题,是经济和政治交融的复合问题。

从绿色政治学的视野看,绿色发展问题是基于环境领域但又超越于环境领域而与政治理念、政治决策、政治行为等关联的重大政治问题。绿色发展之所以成为亟待牢固确立和践行的新颖发展理念和新颖发展方式,特别是成为影响国计民生和政治稳定与政治发展的重大战略,是与执政党的政治理念、政治路线、政治方针以及在此指导下的政治实践和政治行为分不开的。绿色发展理念实质上是一种绿色执政理念。"绿色执政理念就是将生态问题与政治问题结合起来考量的一种生态执政观,是将生态问题上升到政治问题,将政治问题衍生到生态问题上的生态政治化和政治生态化的执政观"①。按照孙中山的形象说法："政治,政是众人之事,治是治理,政治就是治理众人之事。"②他在1894年《上李鸿章书》中阐述了"国以民为本"的民本思想。绿色发展作为一种新的发展理念和发展方式,充分体现以人民为中心的发展思想和推动经济社会可持续发展的发展理念和发展方式。绿色发展以认识自然、尊重自然、顺应自然和保护自然为前提,以人与人、人与自然、人与社会和谐共生为宗旨,以建立可持续的生产方式、生活方式和消费方式为方略,以引导人们走上可持续发展、和谐发展以及创造诗意般的幸福生活为着眼点。绿色发展的所有内容都与政治密切有关,本质上都归结为政治问题,与执政党的执政文明水平相关联,体现了环境政治学的基本要求。在人类共同体和全球生态共同体的态势下,生态环境问题是全球共同面对的问题,不管是资本主义国家,还是社会主义国家,只要从事工业化和现代化,只要大力发展市场经济,都会引起人与自然关系的紧张,从而产生生态环境问题。推进绿色发展是资本主义国家和社会主义国家都面临的共同任务。因此,坚持绿色发展,是超越阶级、国家、社会制度和意识形态的共性问题。绿色发展是超越意识形态的最具有普适性的发展方式,不存在"姓社"和"姓资"的区分。但是,中国共产党作为中国工人阶级的先锋队,同时作为中国人民和中华民族的先锋队以及作为中国特色社会主义事业的领导核心,代表中国先进生产力的发展要求,代表中国先进文化的前进方向,代表中国最广大人民的根本利益,更要将维护好实现好发展好人民的环境权益,坚持绿色发展作为巩固党执政的群众基础和生态基础的重要内容。绿色发展理念体现了执政党的一种政治自觉、政治责任、政治使命和政治担当。显然,执政党和政府只有从讲政治的高度坚持绿色发展的理念,推进绿色发展的实践,将其作为新时期社会主义国家的重大政治任务,作为彰显社会主义制度和社会主义道路优越性的重要表现,牢固确立绿色执政和绿色行政观,将经济发展建立在生态环境优良的基础上,才能协调好执政党与人民群众的关系,促进政治稳定和政治发展,推进中国特色社会主义事业发展。

　　如果对绿色发展理念的解读和领悟还只是局限于就绿色发展谈论经济发展的层面,缺乏从绿色政治学的高度解读和领悟绿色发展的视野,就无法自觉地从民心是最大的政治的高度,从以人民为中心的发展思想的高度和切实保障人民权

①　方世南:《以绿色执政理念推进绿色发展》,《理论视野》2014年第3期,第26－30页。
②　《孙中山选集》下册,人民出版社1980年版,第661页。

益的高度推进绿色发展的理论研究和实践运作。

三、拓展将绿色发展理念与绿色发展系统论结合起来的视野

目前国内外对绿色发展理念的解读和领悟存在着局部性有余而系统性不足的特点。有的将绿色发展理解为绿色经济,主要从产业和企业的绿色发展角度阐述绿色发展问题;有的注意到绿色发展与绿色体制机制的内在关系,主要从变革绿色体制机制的角度阐述绿色发展;有的看到了绿色文化、绿色教育对于绿色发展的价值,专门从绿色文化和绿色教育的角度理解绿色发展。而从绿色经济、绿色政治、绿色文化、绿色社会管理、绿色制度创新等系统整体的高度探寻绿色发展主要路径的视野还需要拓展。

绿色发展是一个系统工程,既需要政党和政府坚持绿色执政和绿色行政,也需要企业承担社会责任,坚持清洁生产、循环发展、低碳发展和安全发展等绿色生产方式,更需要全社会倡导生态文化和生态理性,坚持绿色生活方式、绿色消费方式和绿色行为方式。

绿色发展需要政党和政府的绿色转型。政党绿色执政和政府绿色行政在绿色发展中起着根本性作用。绿色执政和绿色行政是将科学执政和行政、民主执政和行政、依法执政和行政置于环境基础上考量,切实保障人民环境权益的一种新颖绿色政治观和绿色行政观。环境问题并不是环境本身的问题,从深层次看,是与执政和行政的宗旨理念、方针政策、制度安排、价值导向等密切相关的政治问题。只有从政治的高度认识环境问题,将环境问题当作重大的政治问题、民生问题、社会问题和文化问题,把绿色发展理念与绿色发展实践紧密地结合起来,并将其作为落实人民主体地位和坚持以人民为中心发展思想的切实举措,作为体现党和国家的政治意志和价值导向的重大政治实践活动,才能使政党和政府增强生态环境理性,提高生态环境自觉,从而自觉将经济发展、人民环境权益保障和民生幸福、生态环境优化和社会和谐作为执政和行政的重大价值追求,作为促进政治进步和社会发展的重要标志,以绿色发展推动经济社会持续健康发展。

企业是绿色发展的主力军。绿色发展也是企业主动地承担社会责任,以绿色生产夯实可持续发展根基的重大举措和强大动力。企业必须纠正唯利润导向的思维模式和高能耗高污染的发展模式,将环境责任融入企业的文化价值观和战略管理全过程,并作为社会评价和投资的重要衡量指标,将世界上先进绿色企业作为学习和赶超的榜样,坚持清洁生产、循环生产、低碳生产、协调生产和安全生产,

坚持转型升级和节能减排,采用信息技术改造提升传统产业,制定和遵循更加严格的环境、安全、能耗、水耗、资源综合利用技术标准,严格控制高耗能、高污染工业规模,以绿色技术、绿色营销、绿色产品、绿色管理、绿色服务和绿色品牌开拓市场,争取顾客,引导全社会绿色消费,增强企业的综合竞争力,创造出绿色发展的经济价值、社会价值、生态价值和文化价值。人民群众是绿色发展的主人翁。绿色发展对于全社会而言,就是要牢固地确立生态理性,培育生态文化,构建绿色、环保、健康、运动型的生活方式和消费方式,杜绝对自然界拼命索取的生产主义、对物质财富过度追求的物质主义、对物质生活过分享受的消费主义。实行五大转变,即从过度地向自然界索取,只是满足人类自身需要的生活方式和消费方式向考虑自然资本的承受能力和遵循生态规律的生活方式和消费方式转变;从只是注重人的价值向注重人的价值与注重自然价值的结合转变;从只是注重物质利益和物质享受的生活方式和消费方式向将物质享受和精神享受结合起来并以精神享受为主的生活方式和消费方式转变;从只是注重本国、本民族和本地区的生活方式和消费方式向将注重本国、本民族和本地区的生活方式和消费方式与注重别国、别的民族和别的地区的生活方式和消费方式结合起来转变;从只是注重当代人的生活方式和消费方式向将注重当代人的生活方式和消费方式与注重下代人的生活方式和消费方式结合起来转变。总之,只有从系统论的高度对绿色发展理念予以全面诠释,才能从绿色发展的系统整体性高度全面地把握绿色发展的内涵和主要任务,从而在实践中全面整体性地推进绿色发展。

四、拓展将绿色发展理念与绿色发展价值诉求结合起来的视野

绿色发展理念并不是一个价值虚无或价值中立的理念,而是一个充满鲜明价值诉求和价值取向的理念。如果只是就绿色发展研究绿色发展,而缺乏对绿色发展价值诉求的价值论追问,即缺乏对什么是绿色发展的价值诉求、为什么要注重绿色发展的价值诉求、怎样才能实现绿色发展的价值诉求等一系列重大问题的价值追问和价值评价,对绿色发展理念的认识就无法达到深入的程度,实践上就会出现偏差。

绿色发展的核心价值追求是保障人民环境权益。绿色发展理念是坚持人民主体地位和实现以人民为中心发展思想的重大体现,充分显示了党和国家决心为人民创造良好生产生活环境,让良好生态环境成为人民生活质量的增长点。习近平指出:"我们的人民热爱生活,期盼有更好的教育、更稳定的工作、更满意的收入、更可靠的社会保障、更高水平的医疗卫生服务、更舒适的居住条件、更优美的环境,期盼着孩子们能成长得更好、工作得更好、生活得更好。人民对美好生活的向往,就是我们的奋斗目标。"①绿色是人民美好生活的底色,坚持绿色发展就是坚持以人民为中心的发展,绿色发展是实现人民美好生活的根本保障。只有以绿色发展的成就实现人民对美好生活的向往,才能使人民群众在享受绿色福利和生态福祉中促进经济社会持续健康发展和人的自由而全面发展,从而最大限度地体现出发展应有的经济价值与社会价值、自然价值与人文价值、代内价值与代际价值、民族价值与全球价值的辩证统一。

对价值的正确理解是以绿色发展保障人民环境权益的重要前提条件。长期以来,许多人以马克思在《评阿·瓦格纳的"政治经济学教科书"》中的这样一句话作为价值的经典定义,"'价值'这个普遍的概念是从人们对待满足他们需要的外界物的关系中产生的"②,进而错误地认为,价值就是为了满足人们的需要。也就是说,凡是能够满足人们需要、对人们有用的就是有价值的,否则就是无价值的。一句话,客观事物有无价值以及价值的大小、多少,都必须由人们的需要和有用性来衡量。其实,这句话并不是马克思的话,更不是马克思对价值所下的定义,而是马克思讽刺那个被他称之为"蠢汉""学究教授"的瓦格纳的话,是瓦格纳运用演绎法将使用价值的东西叫作价值概念。马克思认为瓦格纳用这种方法推论出来的价值,其实就是使用价值。因此,将价值当作是人与物的需要和满足的关系,根本不是马克思的价值定义,而是马克思所反对的瓦格纳的错误价值定义。阿·瓦格纳在"政治经济学教科书"中从人作为自然生物,有着自然愿望出发,将满足人的需要的资料———财物或外界物,通过估价被赋予价值。马克思针对瓦格纳这一错误观点指出,不能抽象地谈论人,特别是不能离开人与自然的关系以及人与社会的关系抽象地谈论人的需要。

由于国内学术界长期以来误读了马克思的价值概念,将人与物的需要和满足关系用来说明人与自然的关系,进而得出价值关系,导致只注重人的价值而否定自然的价值,只注重当代人的价值而忽视下代人的价值,只注重本地区本民族的价值而忽视别的地区和全人类的价值,只注重经济理性而忽视生态理性,只注重

---

① 《习近平总书记在十八届中央政治局常委同中外记者见面时的讲话》,《人民日报》2012年11月16日。

② 《马克思恩格斯全集》第19卷,人民出版社1963年版,第406页。

人力资本而忽视自然资本。

笔者早在 2002 年第 8 期《自然辩证法研究》上发文指出,价值作为表明主客体关系的范畴,并不表明人与物之间的需要和满足关系,而表明的是主体与客体之间的一种互益性关系。价值的有无、大小,主要体现在主体与客体的互益性状况和程度上。主体与客体之间存在互益性,就体现出价值;主体有益而客体无益,或者相反,就是无价值或者负价值甚至反价值。一句话,一方有益、另一方无益,就谈不上有价值。一般而言,主客体之间互益性程度越大,价值也就越大,否则就越小。核能用于战争,对人类和生态环境产生的都是危害,是反价值的;如果用于和平利用,对人类存在益处,就显示出它的价值。从价值是主体与客体的互益性关系这一点出发,可以发现,价值存在于主客体双方,不能由主体或者客体单方面说了算。因为价值的实现在于主体与客体双方获益①。

以绿色发展的理念推进绿色发展实践,就是为了实现自然价值和人的价值的统一,协调好人与自然的关系以及人与社会的关系,并在人与自然和谐以及人与社会和谐中实现好、维护好、发展好人民的环境权益,实现促进人的自由而全面发展以及经济社会持续健康发展的价值目标。

五、拓展将绿色发展理念与借鉴国外绿色发展经验结合起来的视野

中国特色社会主义事业不能游离于全球发展的浪潮之外,而要注重人类社会发展的新阶段和新特征,遵循人类社会发展的普遍规律。中国共产党的绿色发展理念就是对人类社会绿色发展一般规律的总结。只有拓展将绿色发展理念与借鉴国外绿色发展经验结合起来的视野,才能促进我国绿色发展理论研究和实践运作的深入。绿色发展是当今时代的潮流,在经济全球化的同时,已出现了绿色发展的全球化。当前的后危机时代就是一个全球在绿色发展主题上聚焦发力的时代。针对中国首先提出绿色发展的是 2002 年联合国开发计划署的《2002 年中国人类发展报告:让绿色发展成为一种选择》。这一报告阐述了中国绿色发展的机遇和挑战,揭示了中国绿色发展对全世界可持续发展的价值,指出中国在实现绿色发展的道路上,还需要做出正确的选择。联合国秘书长潘基文于 2008 年 12 月 11 日在联合国气候变化大会上提出了"绿色新政"(Green New Deal)概念,向全球

---

① 方世南:《环境哲学视域内的生态价值与人类的价值取向》,《自然辩证法研究》2002 年第 8 期,第 31 - 36 页。

倡导和推介了绿色发展的理念和实践。绿色新政涉及环境保护、污染防治、节能减排、气候变化等与人和自然可持续发展相关的重大问题。潘基文呼吁全球各国领导人在投资方面转向能够创造更多工作机会的环境项目,在应对气候变化方面进行投资,促进绿色经济增长和就业,以修复支撑全球经济的自然生态系统。绿色新政一经提出,迅速得到主要国家和集团的积极响应,它们都力图利用此次全球经济转型带来的新机遇,制定实施刺激经济复苏、以发展低碳经济为核心的绿色发展规划,试图通过绿色经济和绿色新政,在全球新一轮经济发展进程中促进产业转型升级,推动经济社会可持续发展。

面对国际社会对中国绿色发展的期待以及绿色发展全球化的潮流,中国只有积极置身其中,并采取切实的举措,认真研究绿色发展取得重大成效国家的经验做法,才能抓住新机遇,迅速跻身于全球绿色发展浪潮的前列,进一步发展中国特色社会主义事业。

绿色发展是全球性的事业,绿色发展的理论研究和实践具有全球性。以德国为例,德国曾经是世界上环境污染最严重的国家之一,20世纪50年代末,莱茵河水污染严重,河水又黑又臭,鱼虾几乎绝迹,被称为"欧洲下水道""欧洲公共厕所"①。20世纪六七十年代,作为煤铁重工业区的鲁尔,空气污染严重,白昼如同黑夜,汽车因无法辨认道路而难以通行,人们呼吸时都感到有一种窒息感,树木被染成煤灰色,就连蝴蝶的保护色都变成了黑色。然而,经过三十多年的生态治理,不遗余力地推进绿色发展,德国已成为世界上公认的环境保护最好、生态治理最成功的国家之一。应德国生态工程协会主席冈瑟·盖勒(Gunther Geller)的邀请,笔者于2015年6月深入德国的城镇、农村、社区、湖泊、山区以及生态治理企业和科研机构,对德国生态治理和绿色发展进行实地考察和学术交流。德国生态治理的许多做法走在世界前列,其经验值得我国在绿色发展中认真学习和借鉴。德国生态治理成功的奥秘在于运用了善治的理念和方法。德国生态善治的本质特征体现为:治理的利器是法治,治理的主体是政府、企业、公众多元主体参与的生态治理共同体,治理的方法是注重自然力的运用和推行预防为主的整体性源头治理。德国绿色发展的做法在其他环境治理出色的国家具有共性。

近年,北京大学郇庆治、清华大学胡鞍钢、同济大学诸大建、复旦大学陈学明

---

① [德]冈瑟·盖勒,方世南:《以水环境治理加快苏州生态现代化步伐》,《东吴学术》2012
年第4期,第18－22页。

等学者注重对国外生态思想和绿色发展的比较研究,做出了很大贡献。但是,打通古今中外绿色发展理论研究的通道,以全球性视野深入研究绿色发展,特别是认真借鉴国外绿色发展的成功经验,为中国特色社会主义绿色发展事业服务,我国总体上学者还少,队伍不强大,研究成果还不丰硕,还需要做出更大努力。只有不断拓展绿色发展的全球性视野,才能促进我国进一步融入全球绿色发展潮流,极大地提高我国绿色发展理论研究和实践运作水平。

（原载于《学习论坛》2016 年第 4 期）

习近平总书记的绿色发展理念[*]

18世纪尤其是继工业革命的辉煌以来,世界各国进入了经济腾飞和社会蓬勃发展的时代,各项事业取得了显著性成就。随着人类社会的发展和经济社会的进步,源源不断的财富纷至沓来,然而,长期持久的非良性的"黑色发展"模式也给人们的生产生活造成了可怕的甚至是致命的威胁,"绿色发展"模式再次被提上日程并受到世界各国的关注和重视,特别是21世纪以来,"绿色发展"的内涵也从单纯的经济名词演变为具有经济意蕴的政治名词。习近平作为新一届党和国家的领导人,极具"绿色发展"意识,在继承和发展科学发展观和可持续发展思想的基础上,首次提出"五位一体"的总体布局建设战略,并在十八届五中全会上,将生态文明建设纳入经济建设、政治建设、文化建设和社会建设的一体化中,使生态文明建设和"绿色发展"思想彻底融入中国特色社会主义建设总体布局中,有力地推动了全新发展理念模式的形成。习近平的绿色发展思想作为马克思主义生态文明理论中国化的最新理论成果,顺应历史潮流和趋势,将可持续发展思想推向一个新的高度,为党和国家的路线、方针、政策提供了科学的理论指导和政策支持。深入学习研究习近平总书记的绿色发展思想,无论是对于大力推进生态文明建设,还是促进经济社会发展,无疑具有深远的理论意义和实践意义。

一、习近平绿色发展思想产生的现实、时代背景

正值全球环境日益恶化、国内外形势纷繁复杂的现状,为了破解当前中国发展面临的难题,习近平站在新的高度,适时提出了绿色发展思想。习近平绿色发展思想有其深刻的现实和时代背景,是基于全球生态环境进一步恶化、经济社会

---

[*] 本文作者:徐方平(1964 –),男,湖北江陵人,湖北大学马克思主义学院院长,教授,博士生导师,主要从事中共党史研究。

发展与资源环境问题矛盾日益加剧,我国资源危机和环境危机日趋严峻,我国应坚定不移地走可持续发展道路的背景下提出来的。

(一)习近平的绿色发展思想是在全世界范围内生态环境进一步恶化、经济社会发展与资源环境问题矛盾日益加剧的基础上提出的

全球气候变暖问题作为 21 世纪人类社会发展的最大挑战之一,已经是不可辩驳的事实。而引起以变暖为主要特征的全球气候变化的罪魁祸首,无非是 1750 年以来工业革命所从事的经济活动这一人为因素所造成,从而凸显了能源危机和环境危机。联合国开发计划署于 2002 年在一份名为《2002 年中国人类发展报告:让绿色发展成为一种选择》中明确指出,现阶段中国生态环境所处的现状、问题、机遇、挑战以及中国未来必须坚持的发展道路——绿色发展道路。2008 年在全世界范围内爆发的金融危机,更使国际社会人士深刻认识到,生态环境危机也罢、资源能源环境危机也罢,归根结底都是人类社会发展方式的问题,由以资源消耗量大、污染排放率高的传统发展模式所导致的生态环境问题的群体事件的频发证明,以"黑色发展"理念为主导的只注重经济发展的传统发展模式已难以为继,绿色发展模式才是中国特色社会主义生态文明建设的必然选择。为此,联合国环境规划署曾经在新发布的绿色新政简报中再次强调发展绿色经济和实现"绿色化"转型的重要性,与此同时,一系列改善生态环境和促进经济和谐发展的有效举措随之应运而生。联合国环境规划署毅然决然地在 2011 年推出了《绿色经济报告》,强调绿色经济在推动就业稳定发展、拉动经济持续健康增长、改善保护生态环境中的积极作用,肯定其作为推动人类社会永续发展和打赢脱贫攻坚战方面的重要意义。世界各国和地区积极响应这一号召,作为世界上唯一的超级大国——美国,为在国际竞争和市场中抢占先机,率先提出"绿色新政"这一重要理念,大力调整能源和环境政策,通过本国先进的科学技术,不断提高资源和能源的利用效率,以达到缓解经济社会发展和资源环境危机内在矛盾的目的。欧盟紧随其后,力挺"绿色新政",并做出在 2013 年前出资 1000 多亿欧元来发展绿色经济的庄严承诺。中国作为最大的发展中国家,亦应有所为,作为党和国家的最高领导人——习近平同志在博鳌亚洲论坛开幕式上深刻指出:"绿色发展和可持续发展是当今世界的时代潮流,为了实现绿色发展和可持续发展,为了使人类赖以生存的大气、淡水、海洋、土地和森林等资源环境得到永续发展,应该统筹经济增长、社

会发展、环境保护。"①

（二）习近平的绿色发展思想是基于我国资源危机和环境危机日趋严峻的状况下提出的

我国作为世界上最大的发展中国家，在改革开放30多年的深化发展下，经济获得了飞速前进，国内生产总值大幅增加，综合国力显著提升，我国的经济总量已经跃居世界第二位，仅次于美国。然而高速发展的经济模式必然增加对能源资源的供给和需求，导致资源能源的过度开发，由于我国生产力发展先天不足，科学技术相对滞后，资源能源的利用效率相较于欧美发达国家而言较低，因而造成大量浪费，特别是像煤、石油、天然气等不可再生资源的过度开采利用，直接加剧了资源能源的供给需求矛盾，给经济社会发展造成了严重阻碍，同时给生态环境也造成了不可逆转的破坏，尤其在以粗放型的经济发展方式为主的一段历史时期，将GDP摆在一切工作的首要位置，以牺牲生态环境来换取经济社会的发展，走的是一条"先污染、后治理"的"黑色发展"道路，而在实际上，治理速度往往赶不上破坏速度，因此空气、水、土壤遭到严重污染，工业垃圾、生活垃圾问题日益突出，碳排放量增多，植被进一步退化，荒漠化越来越严重，由此产生的直接和间接后果是自然灾害频发，改善和保护环境已经到了刻不容缓的地步。鉴于我国资源能源日益紧张和环境问题日趋恶化的状况，我党勇当先锋，不断探索适合世情国情的经济发展模式，努力实现资源节约和环境保护模式的转型升级，走一条资源节约型和环境友好型的绿色发展之路，愿意为国际社会资源危机和环境危机的有效解决贡献自己的力量。

（三）习近平的绿色发展思想是基于我国走可持续发展道路的背景下提出的

面对资源浪费和环境恶化的状况，我国积极促进世界环境与发展委员会于1987年提出的可持续发展与中国的具体实际的有效结合，在继承马克思主义的绿色发展意蕴、毛泽东朴素绿色发展思想、邓小平协调发展观、江泽民可持续发展思想、胡锦涛科学发展理念的基础上，坚定不移地走可持续发展道路。反之，如果单纯地追求"GDP至上"原则和一味追求经济的快速发展，对资源能源和生态环境采取漠视的态度，可持续的绿色发展思想只能沦为空想模式。正如习近平在博鳌亚洲论坛2010年年会开幕式所指出的那样，"亚洲要保持经济良性发展势头，继续拉动世界经济增长，必须更加注重完善发展模式，走出一条符合时代潮流、具有

---

① 习近平：《携手推进亚洲绿色发展和可持续发展》，《人民日报》2010年4月11日。

亚洲特色的绿色发展和可持续发展之路。""中国愿意同亚洲各国一道,进一步从六个方面携手推进亚洲绿色发展和可持续发展。"①

二、习近平绿色发展思想的理论内涵

习近平绿色发展思想是对马克思主义绿色自然观的继承与发展,是马克思主义中国化的最新理论成果,是与新时期发展特征紧密结合,融汇东方文化所形成的全新理念,在"五大理念"(创新、协调、绿色、开放、共享)和"五位一体"建设(经济、政治、文化、社会、生态)之间选择一条正确的路径,正可谓生态文明建设与经济建设、政治建设、文化建设、社会生活建设相融合的全新发展道路。其实,这便是习近平绿色经济理念内涵。

(一)绿色经济理念主导的理论内涵

由于长期以来受到苏联学术界的影响,我国在经济上一直沿用"征服自然、掠夺自然"的单向度"黑色发展"模式,采取冒进主义的经济发展模式,这种模式在实际上不尊重自然规律的前提下,一味地向自然索取、掠夺、征服,其结果是直接造成了当下生态环境恶化、资源能源的紧张。在这个"生死攸关"的关键时刻,新一届中央领导人高瞻远瞩,适时提出绿色经济发展理念,并使之上升为全党全国的意识形态,成为全国各族人民努力奋斗、协调推进绿色经济发展的指导思想,其影响深远。

绿色经济理念主要是指基于人类社会可持续发展思想,并以提高人类公共服务和社会公平正义为目的的新型经济发展理念,是经济社会发展与可持续发展思想的有机结合。正所谓经济基础决定上层建筑。"绿色经济发展"作为"绿色发展"的物质基础,主要包含两个方面的内容:一是经济要环保。无论何种经济行为都必须以保护生态环境为基本前提,以牺牲环境为代价来换取经济发展,对生态环境恶化采取漠视态度的做法是决然不可取的。这是对经济行为外在限定和内在要求的双重界定,是实现经济从非环保型向环保型的全面转化,是实现经济"绿色化"的战略转型升级,非得已之际,以牺牲经济效益换取绿色发展也未尝不可。正如习近平在哈萨克斯坦纳扎尔巴耶夫大学发表演讲时对"绿水青山"和"金山银山"辩证关系谈到的那样:"我们既要绿水青山,也要金山银山。宁要绿水青山,不

---

① 习近平:《携手推进亚洲绿色发展和可持续发展》,《人民日报》2010年4月11日。

要金山银山,而且绿水青山就是金山银山。"①二是环保要经济。从保护环境的行为中获取一定的经济利益,有效推出维系生态健康这一新的增长点,实现"从绿掘金"。在国家大政方针的支持下,大力开发研制新的资源能源、环保型的绿色产品等,以获得新的经济利润来源,使"绿色"和"经济"成为一对和谐的有机体。诚如习近平所言,"生态环境优势转化为生态农业、生态工业、生态旅游等生态经济的优势,那么绿水青山也就变成了金山银山"②。

(二)绿色环境发展理念主导的理论内涵

从某种意义上讲,"绿色环境发展"是"绿色发展"的自然前提。"'绿色环境发展'是指通过合理利用自然资源,防止自然环境与人文环境的污染和破坏,保护自然环境和地球生物,改善人类社会环境的生存状态,保持和发展生态平衡,协调人类与自然环境的关系,以保证自然环境与人类社会的共同发展"③。继 19 世纪的工业革命以来,人类社会步入了快速发展的阶段,国际社会对资源能源的需求自然呈阶梯式增长,他们以不计后果的经济发展模式给生态环境造成了不可估量的破坏。各种废水、废气、废物等环境污染的产物接踵而来,同时随着自生态链的严重破坏,本就脆弱的生态环境陷入前所未有的危机之中。自此,传统的"绿色发展"模式逐渐并长期进入一种无限循环的"黑色发展"状态,整个生态系统失去了平衡,人类的生存受到严重挑战。当人与自然的矛盾已经达到不可调和、人类文明难以延续的时候,严重的生态环境就不得不重新受到重视,不得不得到改善和保护。

当由发达的经济所推动的先进生产力和科学技术破坏了自然环境、人文环境和生态环境,不再为人民谋取福利之时,那些想单纯地凭借先进的生产力和科学技术解决绿色环境的发展愿望是不可能的,最重要的还是人类的绿色发展理念和对绿色环境发展的认知,只有当人们把"绿色环境发展"理念内化于心、外化于行,尊重自然规律,遵循人与自然和谐相处,追求天人合一的境界,才能使绿色环境得到稳定、持久、永续发展,才能使后世子孙孙永享太平,这正是"绿色环境发展"与可持续发展思想有机结合的直接体现,也是实现可持续发展战略的必由之路。

---

① 魏建华,周良:《习近平在哈萨克斯坦纳扎尔耶夫大学发表重要演讲》,新华网,2015 年 4 月 15 日。

② 李一:《习近平"绿水青山就是金山银山"思想的价值意蕴和实践指向》,《南京邮电大学学报》社会科学版 2016 年第 2 期。

③ 王玲玲,张艳国:《"绿色发展"内涵探微》,《社会主义研究》2012 年第 5 期。

正如习近平所说:"建设生态文明,关系人民福祉,关乎民族未来。""良好的生态环境是最公平的公共产品,是最普惠的民生福祉。"①

(三)绿色政治生态理念主导的理论内涵

"绿色政治生态理念"是"绿色发展"的制度约束。主要是指政治生态清明,从政环境优良。我国改革开放至今,虽说经济繁荣发展,百姓幸福安康,但不可回避的是这些繁荣背后依然潜藏着大量的腐败"蛀虫",倘若使这种不良之风一以贯之,并任其发展,我们的党便会失去根基,广大人民群众便会与党渐行渐离。党的十八大以来,以习近平总书记为核心的党中央高度重视反腐败工作,秉着"老虎苍蝇一起打"的政治理念,自2012年以来,因贪污腐败、行贿受贿而被抓官员的数量是近十年来官员惩治历次总和之最,上至常委,下到科员,只要有官员凌驾于法律之上,破坏党纪国法,坚决惩治,广大民众无不为之拍手称快。从前"门难进、脸难看、事难办"的衙门作风大为改观,各级党委积极响应习总书记的号召,在党的领导下,积极为人民谋福祉,政治生态逐步恢复到清明状态。正如习近平所说:"自然生态要山清水秀,政治生态也要山清水秀。严惩腐败分子是保持政治生态山清水秀的必然要求。党内如果有腐败分子藏身之地,政治生态必然会受到污染。"②着力构建不敢腐、不能腐、不想腐的体制机制,全力实现官场生态的"绿色化"转型,必将大大促进社会生产力的发展,最终实现绿色政治生态的巨大效能。

(四)绿色文化发展理念主导的理论内涵

纵观人类的发展史,依次经历了原始社会的绿色古朴文化、农耕社会的黄色文化、传统社会的黑色粗放文化,工业革命的辉煌促使久违的绿色文化实现了全面的转型升级,《寂静的春天》一书更是掀起了绿色文化发展的序幕,使绿色文化具有更深刻的内涵。正值全球环境危机日益严重的大背景下,"绿色文化发展理念"的内涵也从单纯地诸如花卉文化、环境文化等衍生为包括蕴含绿色象征意义的生态伦理、生态哲学、生态意识等彰显绿色文化发展和人类社会可持续发展的重要理念。"绿色文化发展理念"作为"绿色发展"的精神资源,是一种文化体现,表面上体现绿色行为,实则是与环保、生态、生命等意识息息相关,深刻体现着人与自然和谐相处的共荣发展方式和理念。新修订的《环境保护法》的颁布,体现了

---

① 习近平:《建设生态文明,关系人民福祉,关乎民族未来》,http://www.chinacitywater.org/zwdt/swyw/91817.shtml,2014年10月28日。

② 习近平:《政治生态也要山清水秀》,新华网,http://news.xinhuanet.com/politicspolitics/2015 – 03/06/c_1114552785.htm,2015年3月6日。

我党坚定不移建设生态文明的决心和信心,对绿色法律文化的完善大有裨益。绿色文化作为一种全新的文化表现形式,是观念、价值和意识的集中体现,至始至终影响着系统内部绿色发展的方方面面,在我国文化软实力的重构、经济职能和发展方式的转变等方面有着重要的指导意义和实践意义。

(五)绿色社会发展理念主导的理论内涵

"绿色社会发展理念"作为"绿色发展"的生活动力来源,与人类的社会活动息息相关,在"五大发展理念"中同时扮演着非常重要的角色。绿色作为大自然最真挚最朴素的颜色,既是现代文明逐渐成熟的标志,又是生命健康活泼的表现。《国家新型城镇化规划(2014-2020年)》谈到,要将生态文明建设融入城市的发展圈中,使生态文明建设与城市的发展融为一体,紧密结合,以此来构建新型的城市绿色发展模式。在"十三五"规划的保驾护航下,加快转变传统经济发展模式,大力发展城镇化的循环经济、低碳经济、环保经济、绿色经济,使城市的天更蓝、水更绿、地更清,营造一种绿色低碳的城镇运营模式和发展方式,使绿色社会成为21世纪具有特色的社会,并使之持续稳定地发展下去。

三、习近平绿色发展思想的理论价值和现实意义

改革开放30多年的发展红利使中国人民深刻认识到,实现"黑色发展"模式向"绿色发展"模式的升级转型,是发展中国特色社会主义生态文明理论的本质特征,是将生态文明建设融入中国特色社会主义总体布局的关键所在。习近平绿色发展思想作为马克思主义生态观中国化的最新理论成果,是对科学发展观和可持续发展的继承、发展与创新,无疑具有重要的理论价值和现实意义。

(一)习近平的绿色发展思想继承和发展了马克思主义绿色自然思想

习近平"绿水青山就是金山银山"思想的本质是人与自然和谐共生的相处模式,是对马克思主义绿色自然思想的继承与发展。马克思主义认为,人是自然的产物,是自然界的一部分,尽管自然界有着自身固有的缺陷和不足,但是它给人类生存、生产、发展提供了必要的场所和空间,人绝对不能凌驾于自然界之上,必须坚决摈弃征服自然、掠夺自然的"野蛮式"的发展模式,尊重自然界的规律,正确处理人与自然、人与社会的关系,学会与自然和谐相处。正所谓"投之以桃,报之以李"。当人类友好地对待自然,自然同样会以同样友好的方式反馈人类,人类社会才能永续发展,永享太平。反之,当人类向自然界一味地索取,对生态环境采取漠视的态度,自然就会向人类社会以报复。

同样,马克思、恩格斯也认为,自然界是人身体的一部分。习近平总书记曾经在参加十二届全国人大四次会议青海代表团审议时用"眼睛"和"生命"为喻谈到,"像保护眼睛一样保护生态环境,像对待生命一样对待生态环境。"①以此强调推行"绿色发展"的重要性。总的来说,习近平总书记的"两山论"是对马克思主义生态观的生动诠释和解读,是中国特色社会主义理论体系的重要组成部分。

(二)习近平的绿色发展思想是中国特色社会主义生态文明理论的本质

中国共产党作为一个有60多年执政经历的马克思主义政党,时刻站在时代的前列,勇于承担责任与担当,在面对日益恶化的生态环境和自然环境,采取了一系列惠及于民的举措和办法,努力将生态文明建设纳入"五位一体"的中国特色社会主义总体布局建设之中,使生态文明建设与经济建设、政治建设、文化建设、社会建设实现完美统一的融合,让改革的红利和发展成果更多惠及于民,使百姓的幸福感大大增加。

诚然,生态文明的建设思想和绿色发展思想不是一蹴而就的,必然经历一个漫长的过程。自十二届六中全会首次提出要以实现经济建设为中心,到十六大提出的经济建设、政治建设、文化建设的"三位一体"发展理念,再到十六届六中全会的经济建设、政治建设、文化建设、社会建设的"四位一体"总体布局,最后升级到十八大的经济建设、政治建设、文化建设、社会建设和生态文明建设的"五位一体"发展理念和总体布局,探索过程虽漫长,但这无不凝聚了中国共产党人在生态文明建设思想方面的智慧和结晶,并努力走出一条适合中国特色社会主义生态文明发展的道路。

坚持绿色发展,实现经济发展方式中"黑色发展"到"绿色发展"的根本转型,是我们必须长期坚持的路线和理念,并使之贯穿到中国特色社会主义生态文明发展的各个角落,是中国特色社会社会主义生态文明理论的本质特征。总的来说,习近平的绿色发展思想丰富和发展了中国特色社会主义生态文明思想。

(三)习近平的绿色发展思想在深化科学发展观的同时,为可持续发展提供了行动指南

面对全球化浪潮下日趋严重的生态破坏和环境污染,胡锦涛同志提出以人为本、全面协调可持续的科学发展观,将可持续发展上升到国家战略层面的新高度,

---

① 习近平:《像保护眼睛一样保护生态环境像对待生命一样对待生态环境》,http://xh. xhby. net/mp2/html/2016 – 03/11/content_1385108. htm,2016 年 3 月 11 日。

为一定时期的绿色发展提供了科学的指导思想。但我们必须得承认,我国的绿色发展仍然处于一个初步和探索阶段,生态环境危机和资源能源危机亦仍然是当下一段时期并在未来很长一段时期我们需为之努力奋斗解决的问题,发展形势依然严峻,在新的历史节点上,习近平站在新的历史高度,提出"绿色发展"理念和生态文明建设,将生态文明建设纳入"五位一体"总体布局,符合历史发展规律和趋势,无疑是在新时期对科学发展观的丰富和发展,为可持续发展指明了道路和方向。习近平的绿色发展思想作为新时期马克思主义生态思想中国化的最新理论成果,既是对马克思主义生态观的继承与发展,亦是对新中国成立以来党和国家每一代领导人的绿色发展思想的丰富和深化,是马克思主义理论的结晶和精神宝库。当下,习近平绿色发展思想在大力推进生态文明建设的同时,对于"美丽中国"的构建、中华民族伟大复兴"中国梦"的实现具有十分深远的意义。

(原载于《决策与信息》2017 年第 8 期)

简论习近平治国理政的绿色理念和当代价值*

当前,《习近平谈治国理政》的学习正在向纵深方向推进。《习近平谈治国理政》集中展示了中共新一届中央领导集体的治国理念和执政方略,该书第八个专题专门论述生态文明建设。学习这些重要论述,对于我们加深理解习近平同志绿色治国新理念、新实践有重要的理论意义和实践价值。

一、绿色治国新理念

绿色治国新理念,就是将习近平的治国理念理解为一种把绿色发展放在突出位置并贯穿在中国特色社会主义建设的"经济、政治、文化、社会和生态方面"的治国理念。从首次将生态文明纳入"五位一体"总布局,再到"创新、协调、绿色、开放、共享"发展理念的提出,标志着以习近平同志为总书记的党中央对绿色发展的重视和推进已经达到了一个新高度。为便于对绿色治国新理念有一个清晰认知,特对其做如下概括。

(一)绿色治国新理念,有鲜明清晰的问题导向

过去近 40 年,中国经济长足发展,这是世界公认的。但与此同时,资源约束趋紧、环境污染严重、生态系统退化的严峻趋势尚未得到根本扭转。对此习近平同志重点指出,"我们在生态环境方面欠账太多了,如果不从现在起就把这项工作紧紧抓起来,将来会付出更大的代价。"①习总书记从中国当前发展最紧迫的问题

* 本文作者:赵林(1961 -),男,云南昆明人,教授,硕士生导师,从事理论经济学与生态环境研究;任秀芹(1963 -),女,山东高密人,教授,硕士生导师,从事绿色文化传播研究。

基金项目:云南省社科联项目"云南省推进国家生态文明先行示范区建设的制度路径研究"(ZX201615)。

① 中共中央宣传部:《习近平总书记系列重要讲话读本》,学习出版社、人民出版社 2016 年版,第 212、230 - 232、234 页。

入手,凸显出对当今中国生态问题绿色发展的高度重视。

(二)绿色治国新理念,有对生态文明的深刻把握

十八大以来,习近平同志高瞻远瞩,放眼人类文明,审视当代中国,以深邃的思考得出了"生态兴则文明兴,生态衰则文明衰"的重要结论①。这是对生态与文明的精到阐释,也是对人类文明发展规律的深刻总结。说明顺自然规律者兴、逆自然规律者亡。中国共产党第一个把生态文明建设作为一个政党国家意志和行动纲领提出的新理念,彰显了中国共产党人对人类文明发展规律、自然规律和经济社会发展规律的深刻认识。

(三)绿色治国新理念,昭示出绿色富国的坚强意志

习总书记说:"绿水青山本身就是金山银山。"②他深刻认识到,绿色就是财富。并数次指出,绿色发展和可持续发展是当今世界的时代潮流,中国经济要适应这一趋势,不断提高我国经济发展的绿色水平,就完全可以实现经济发展与生态改善双赢的"绿色富国"。

(四)生态治国新理念,传递出宽广深厚的人民情怀

习近平同志指出,"我们的人民热爱生活,期盼山更绿、水更清、环境更宜居。人民对美好生活的向往,就是我们的奋斗目标。"③这凸显出人民视角、百姓话语、大众情怀。他反复强调,良好生态环境是最公平的公共产品,是最普惠的民生福祉。总书记的指向是:给子孙留下天蓝、地绿、水净的美好家园④。所以强力推进绿色文明之路,应该成为党和全民族的共同追求。

二、绿色发展新实践

绿色发展新实践,是以习近平同志的人与自然内在和谐统一发展为取向,以绿色、低碳、循环为主要原则,以生态文明建设为引领的绿色发展实践。在治国理政的新实践中,推进绿色发展已经成为时代潮流。习近平同志明确指出,必须在

---

① 中共中央宣传部:《习近平总书记系列重要讲话读本》,学习出版社、人民出版社2016年版,第212、230－232、234页。

② 中共中央宣传部:《习近平总书记系列重要讲话读本》,学习出版社、人民出版社2016年版,第212、230－232、234页。

③ 中共中央宣传部:《习近平总书记系列重要讲话读本》,学习出版社、人民出版社2016年版,第212、230－232、234页。

④ 中共中央宣传部:《习近平总书记系列重要讲话读本》,学习出版社、人民出版社2016年版,第212、230－232、234页。

生态文明理念引领下提升绿色发展,使经济现代化朝着绿色方向发展。

(一)切实转变发展方式,努力实现绿色发展

习近平同志提出,"加快经济发展方式转变和经济结构调整,是实现绿色发展的重要前提。"①在今天,绿色发展是当代国家经济社会健康的本质内核。中国实现绿色发展,关键在于强化支撑,推动转型,促进经济提质增效的产业升级来实现("十三五"期间社会环保总投资有望超过17万亿元,环保部规划院测算,笔者注)。就是说,要通过积极构建科技含量高、资源消耗低、环境污染少的产业结构,推动绿色生产方式的塑造,通过加快发展绿色产业,尽快尽早建立绿色、低碳、循环的现代社会经济体系,把转变发展方式的要求传导到经济结构调整转型升级上来,实现绿色中国的更好更快发展。

(二)着力推进经济发展,不以GDP论英雄

习近平同志指出,"要提高经济增长质量和效益,避免单纯以国内生产总值增长率论英雄。"②实践不断证明,唯"GDP崇拜"是脱离环境保护搞经济发展的"竭泽而渔","环保至上"是离开经济发展抓环境保护的"缘木求鱼"。习近平一再强调:经济发展与环境保护是辩证关系。就是说,经济要环保,环保要经济,不能简单地以GDP论英雄。这就要通过完善经济社会发展考核评价体系,使之成为推进绿色发展实践的重要导向和约束,通过环境保护进而优化经济发展("十三五"规划的13个约束性指标中,涉及生态的有10个之多,笔者注),做好做实在保护中发展、在发展中保护,保护优先的工作指针。

(三)深入推动绿色发展,拓展生态文明建设之路

习近平同志指出,"中国的绿色机遇在扩大。我们要走绿色发展道路,让资源节约、环境友好成为主流的生产生活方式。"③践行绿色发展,实际上已经从生态文明和"绿色化"发展的高度和实践的宽度进行了回应。推动绿色发展,实践中必须形成推进绿色发展的合力,系统地有重点地加快主体功能区建设,加强低碳、循环经济发展,强化资源节约与利用,突出环境整治。同时,坚持绿色发展的惠民政策,着力增进民生福祉。把绿色发展贯穿于生态文明建设的始终,贯穿于经济社

---

①　习近平:《加快经济发展方式转变和经济结构调整》,《人民日报》2010年4月11日。

②　人民日报社理论部:《深入学习习近平同志系列讲话精神》,人民出版社2013年版,第188页。

③　刘华,宋振远:《习近平同出席博鳌亚洲论坛年会的中外企业家代表座谈》,《人民日报》2015年3月30日。

会发展的全过程,使绿色发展方式和生活方式始终成为中国发展的主流方式。

(四)有效推进绿色发展,打造人与自然和谐共生的新格局

绿色是生命的象征、大自然的底色。绿色代表了人民群众的期盼。习近平深情地指出,民有所呼,党有所应。绿色是永续发展的必要条件和人民追求美好生活的重要体现。所以,中国推进社会主义现代化建设,要以综合治理方法来实现人与自然关系的重塑,促进人与自然和谐共生,统筹人与自然的和谐发展。如此,"生产发展、生活富裕、生态良好"的现代化文明发展道路就会越走越宽。

三、治国理政的绿色理念新实践当代价值

2016 年的"十三五"规划是中国绿色发展的开局之年。在深入习近平同志绿色治国新理念、绿色发展新实践的今天,绿色治国新理念新实践显示出重要的理论意义和实践价值。

(一)理论意义

有助于进一步加深对中国绿色发展理论的整体性认识。建设的前提是正确的理论把握。在中国绿色发展理念和思想的完善中,一条重要的经验就是,理论创新每前进一步,理论武装就跟进一步。正确评述习近平同志绿色治国的理论政策作用,是摆在学术界面前重要而迫切的任务。本文试图在中国绿色治国理政思想的系统性上有所拓展与深化,以利于我们正确把握习近平总书记绿色治国理政的最新理论成果的主体内容,从而加深对中国绿色发展理论的整体把握。

(二)现实意义

有助于习近平总书记绿色治国理政的对象化实践。随着中国绿色发展的进一步深入,绿色治国理政的对象化实践更显得十分必要。如何紧紧围绕习近平总书记绿色治国理政的主要目标,在中国绿色发展的实效上取得重大突破,是当代中国推进习近平绿色治国理政的现实课题。同时绿色关联着人民群众,新条件下突出绿色惠民,才能赢得最广泛人民群众的拥护和支持,也是进一步让人民群众获得最普惠民生福祉的现实抉择。

有理由坚信,在习近平同志生态治国新理念、绿色发展新实践的引领下,中华儿女上下齐心,真抓实干,久久为功,赢得中华民族永续的绿色发展就会早日到来。

(原载于《经济研究导刊》2017 年第 29 期)

坚定不移贯彻新发展理念　建设社会主义生态文明*

　　理念决定方向,方向决定行动。发展理念是发展行动的先导。发展理念科学不科学,从根本上决定着发展的功效乃至成败。党的十八届五中全会强调,实现"十三五"时期发展目标,破解发展难题,厚植发展优势,必须牢固树立创新、协调、绿色、开放、共享的发展理念①。这是对创新、协调、绿色、开放、共享五大发展理念的首次系统论述。2016年1月29日,习近平在中共中央政治局第三十次集体学习时强调,"新发展理念就是指挥棒、红绿灯"②。2017年7月26日,习近平在省部级主要领导干部专题研讨班上发表重要讲话强调,我们坚定不移贯彻新发展理念,有力推动我国发展不断朝着更高质量、更有效率、更加公平、更可持续的方向前进。新发展理念集结了我党经济新常态视域下发展新思路,彰显了以习近平同志为核心的党中央治国理政新理念,引领着"十三五"乃至更长时期发展新变革,集中体现了"十三五"乃至更长时期我国的发展思路、发展方向、发展着力点,是管全局、管根本、管长远的战略导向,是我国发展理论与时俱进的重大创新。我们应当充分认识到践行创新发展、协调发展、绿色发展、开放发展、共享发展的现实紧迫性和历史深远性,立足当下实际需求,破解发展难题,突破发展瓶颈,厚植发展优势,必须贯彻五大新发展理念。在全面建成小康社会目标的战略决胜期,五大发展理念既是我们攻城拔寨、"啃下硬骨头"的行动指南,也是中国化马克思

　＊　本文作者:余永跃,女,武汉大学马克思主义学院教授、博士生导师;雒丽,女,武汉大学马克思主义学院博士研究生。

基金项目:中央高校基本科研业务费专项资金项目"东中西部区域整体协调发展战略下中国特色社会主义制度考察"(项目编号:274146)。

　①　《中共中央关于制定国民经济和社会发展第十三个五年规划的建议》,《人民日报》2015年11月4日。

　②　习近平:《在中共中央政治局第三十次集体学习上的讲话》,《人民日报》2016年1月31日。

主义生态理论的最新成果,对实现中华民族伟大复兴中国梦具有重大意义。

生态文明建设是中国特色社会主义"五位一体"总布局的重要组成部分,"美丽中国梦"是中国梦的有机组成部分与重要基础,需要融入经济、政治、文化、社会建设各方面和全过程,形成人与自然和谐发展的现代化新格局,走向社会主义生态文明新时代。基于此,按照创新、协调、绿色、开放、共享五大新发展理念所蕴含的生态取向,生态文明建设应该坚持绿色创新、绿色协调、绿色发展、绿色开放、绿色共享,加快推进生态文明建设,积极探索中国特色社会主义生态文明建设新进展。

一、创新发展理念

创新发展理念着眼于发展的动力,是对原有思想的突破,对体制机制的改革,对理论和实践的超越。党的十八届五中全会提出,"必须把创新摆在国家发展全局的核心位置,不断推进理论创新、制度创新、科技创新、文化创新等各方面创新"①。可见,创新发展理念中的"创新",包括理论、制度、科技和文化等四个层面为主的各方面创新,是一个全局性的宏观概念,体现了立体化、全方位、覆盖广的特点。四大创新是一个有机统一的整体,各有其侧重点,它们之间互相促进、互相影响,共同推进社会实践的不断发展。其中,科技创新是核心,理论创新是先导,制度创新是保障,文化创新是动力。具体来说,科技创新是核心和关键点,是国家核心竞争力的集中体现,在全面创新中起非常主要的引领作用。推进创新发展,不仅要高度重视科技创新这个关键部分,而且也不能轻视制度创新、理论创新和文化创新的保障和支撑作用。理论创新在社会变革发展中一般起先导作用,它通过崭新的理论打破过去思想的禁锢,是创新改革的排头兵。制度创新在社会变革发展中具有不可替代的制度保障作用,它通过良好的制度体制来激发科技创新主体活力。文化创新在社会变革发展中是精神动力,它通过文化思想、价值观等深层次因素的潜移默化影响,对内向创新主体提供不竭的思想资源,对外形成一种大众创业、万众创新的良好社会文化氛围,以此促进社会全面创新。

创新发展理念居于新发展理念之首,是引领发展的第一动力。我国推动"两个一百年"伟大目标实现,必然倚重创新引擎。放眼整个世界,"综合国力竞争说

① 《中共中央关于制定国民经济和社会发展第十三个五年规划的建议》,《人民日报》2015年11月4日。

到底是创新的竞争。要深入实施创新驱动发展战略,推动科技创新、产业创新、企业创新、市场创新、产品创新、业态创新、管理创新等,加快形成以创新为主要引领和支撑的经济体系和发展模式"①。说到底,以科技创新为核心的全面创新,乃是大国竞争决定谁主沉浮的内核驱动力。纵观国内,经济发展新常态正在进行时,我国经济量体大而不强,速度快而不优,关键领域核心技术受制于人的格局尚未根本改观。我们要跨越"中等收入陷阱",扭转传统要素增长效力递减,缓和经济下行压力矛盾,推进产业结构优化升级,根本出路在于从以过度依赖土地、资本等传统要素主导发展,转变为依靠创新驱动发展,开足创新马达为新常态下经济增长提供不竭的内生动力。

具体到生态文明建设方面,创新发展理念启示我们,要走一条绿色创新之路。目前,全球范围内的新一轮科技革命和产业变革正蓄势待发,生物技术、信息技术、新能源技术、新材料技术在各行各业广泛渗透,带动了以智能、绿色等为特征的高新技术突破,成为重塑世界经济结构和竞争格局的关键所在。为了在绿色发展的国际竞争新赛场中取得一席之地,必须将绿色科技、绿色创新作为我们绿色发展的内生动力。当前,中国面临前所未有的全球性"绿色化"思潮,但是我们的经济增长、产业发展、文化教育应对绿色发展的内生动力还远远不足;绿色农业、绿色制造业、新能源环保产业、绿色服务业等绿色产业体系还没有形成;具有竞争力的绿色产业优势也不明显,产业绿色化水平较低,说到底就是绿色科技创新这个主要引擎还没有充足"发力"。

创新发展理念指导下的绿色创新,一是建立绿色创新体制。加快绿色体制改革步伐,建立并完善理论、制度、科技、文化协调发展的绿色创新体系,形成一批具有国际竞争力的绿色行业,推动跨领域、跨行业绿色协同创新,用绿色体制为绿色创新保驾护航。二是增强绿色创新能力。加强绿色基础科学研究,实现绿色原始创新、集成创新和引进消化吸收再创新融合,形成一批真正突破性的绿色技术创新成果。注重优化绿色创新成果转化渠道,重视绿色创新成果推广与应用,使其快速向绿色经济和绿色产业转化,实现绿色创新成果的经济效益。三是加强绿色创新人才培养。人才是创新发展的第一资源,创新驱动的实质是人才驱动,绿色创新要有人才支撑。而培养大量绿色科技人才、提高全民绿色科技素质要靠绿色

---

① 《习近平在华东七省市党委主要负责同志座谈会上强调———抓住机遇立足优势积极作为系统谋划"十三五"经济社会发展》,《人民日报》2015 年 5 月 29 日。

教育,需要现代教育面向生态文明建设,建立健全人才教育体系。

二、协调发展理念

协调发展理念着眼发展的方式,旨在解决发展的整体性、均衡性问题。它置于新发展理念的第二位,是战略决胜的要诀之一,即社会进步的考量能否达到发展方式的协调这个新高度。"如果说增长是一个非均衡的状态,那么发展就必须是一个协调的状态。否则,增长就会失去本来意义"①。协调发展关乎发展的平衡性、整体性、健康性,是我国经济社会蹄疾步稳、行稳致远的内在要求。

协调发展理念是针对现实中的不协调、不和谐的社会因素提出来的,具有很强的现实针对性。协调发展理念具体包括如下四个方面的内容:城乡区域协调发展、经济建设与社会发展相协调、经济发展与生态建设相协调、经济建设与精神文明建设相协调。我国已经处于全面建成小康社会的决胜阶段,不能仅仅以经济增长作为追求目标,发展的不协调、失衡问题需要引起我们足够的重视。缺失"全面、协调"的社会,终将成为牵制良性发展的"软肋"。当下城乡二元结构、区域发展不平衡、社会文明程度和经济社会发展不匹配等突出问题,是影响我国发展效力最大化的"短板"。事实上,越是短板,从某种意义上讲,越具后发优势。我们越在薄弱环节上发力,越能起到"四两拨千斤"的良效。协调发展的目的就是要弥补差距,补齐"短板",促进平衡、全面发展。

具体到生态文明建设方面,要求我们必须坚持区域协同、城乡一体、物质与精神并重,通过加强薄弱环节与落后领域建设,来增强美丽中国的发展后劲,走一条均衡、健康的绿色协调发展之路。

一要促进区域协调发展,统筹东中西、协调南北方。自然资源的总量是有限和稀缺的,协调发展要做的就是统筹谋划,充分发挥相对优势,使资源配置更加优化合理。以发达地区带动欠发达地区,以城市带动农村,以工业带动农业,以硬实力带动软实力发展,相对强大的一方要积极反哺。同时还要实现弱势一方由被动接受到主动发展的转化,这就要从中国特色社会主义事业总体布局出发,充分考虑弱势一方的需求,选择适合它们的发展道路,汲取国内外的发展经验,实现又好又快发展。我们要以西部开发、东北振兴、中部崛起、东部率先的区域发展总体战略为基石,重点实施"一带一路"、京津冀协同发展、长江经济带三大战略,培育若

---

① 李拓:《五大发展理念新常态下发展的战略驱动力》,《决策信息》2015 年第 12 期。

干区域协同发展增长极,消弭地区间发展隐性壁垒。生产要素跨区域自由流动是推动区域发展的关键一环。中西部地区资源优势突出,有条件形成要素注入的"洼地",助推其后发优势扩大,形成区域协调发展新格局。

　　二要推动城乡生态协调发展,促进城乡发展绿色化。美丽中国不能只有美丽城市,还应建设美丽乡村。大力建设美丽城市,我们要走集约、绿色、低碳发展的绿色之路,应该结合城市资源环境的生态承载能力调节城市规划,依据城市本身的地理环境优化城市形态和功能,做到绿色规划设计、绿色建设施工、绿色居住。绿色城市不能只有高楼大厦的现代化形象,还应有绿色城市的精神风貌,包括居住环境、人文氛围、教育经济等都应该是绿色的、健康的。同时,我们要时刻牢记,中国除了城市,还有偌大的"美丽乡村"需要我们去"绿化"。城市和乡村本来就是一个不可分割的生态系统,二者相依相存。"只有将城市和乡村看作是一个完整的社会生态系统,才能结合方方面面,挖掘自身特点,创造出一个和谐、高效、绿色、城乡共荣的人类栖居环境"①。坚持城乡环境建设、治理并举,不能只建设城市、绿化城市,还应该开展农村居住环境改善活动,加大美丽乡村的建设力度,推动新型城镇化、新农村建设并驾齐驱,让美丽乡村与美丽城市各美其美、美美与共,才能切实提高生态文明建设整体水平。

　　三要促使物质文明和生态文明协调发展,坚持"两手都要硬"。这"两只手"没有哪只手多余,本质是"硬实力"和"软实力"的协调问题。一段时期以来,我国对 GDP 总量、城市基础设施、军事实力等"硬实力"偏爱有加,对绿色价值观、绿色文化、公民绿色素质等"软实力"重视不够。"硬实力"提高靠物质文明的发展,"软实力"提升的重要途径之一就是依靠生态文明、绿色文化建设。绿色文化或生态文化是指导人与自然和谐相处的文化,是解决人与自然关系的思想、观点和理论的总和。绿色文化是文化创新的重要体现,是生态文明新时代的先进文化,将为生态文明建设提供思想保证、精神动力、舆论支持、文化条件。建设社会主义生态文明必须加强生态文化建设,重点坚持马克思主义生态理论指导,建设生态文明的核心价值体系,培育对生态文明的共同理想和追求;创作优秀生态文化作品,加强生态舆论宣传工作;发展生态文化事业,包括构建公共生态文化服务体系、发展现代生态传播体系、传承优秀生态文化传统;大力发展生态文化产业,包括构建

---

　　①　九溪翁,王龙泉:《再崛起:中国乡村农业发展道路与方向》,企业管理出版社 2015 年版,第 70 页。

生态文化产业体系、形成生态文化产业格局、推进生态文化科技创新、扩大和引导生态文化消费等①。总的来说，只有不断提高绿色文化与精神文明水平，推动绿色经济与绿色文化共同发展，才能有效减轻资源环境生态压力，满足人们日益增长的绿色文化精神需要。

三、绿色发展理念

绿色发展着眼于发展方向，解决发展的永续性问题。它首次列入新发展理念，与党的十八大生态文明建设总体布局一脉相承，是保障永续发展的必要条件。走进社会主义生态文明新时代，关键是要处理好人与自然的关系，具体来说就是要处理好"金山银山"与"绿水青山"之间的关系。绿色发展理念，秉承着"人与自然和谐相处"的生态指导思想，旨在走出一条绿色生产、绿色生活、绿色消费的绿色发展之路。"十三五"规划指出："绿色是永续发展的必要条件和人民对美好生活追求的重要体现。必须坚持节约资源和保护环境的基本国策，坚持可持续发展，坚定走生产发展、生活富裕、生态良好的文明发展道路，加快建设资源节约型、环境友好型社会，形成人与自然和谐发展现代化建设新格局，推进美丽中国建设，为全球生态安全作出新贡献。"②绿色发展理念与过去的生态思想相比，更加关注人类的健康和福祉，更加关注社会的公平和进步，更加关注生态系统的服务功能和生态价值，更加关注技术创新高效管理获得的新的绿色增长点③。

2017年5月26日，中共中央政治局就推动形成绿色发展方式和生活方式进行第四十一次集体学习。这是党的十八大以来中共中央政治局第一次以"绿色发展"为主题的集体学习。习近平在主持学习时强调，推动形成绿色发展方式和生活方式是贯彻新发展理念的必然要求，必须把生态文明建设摆在全局工作的突出地位，坚持节约资源和保护环境的基本国策，坚持节约优先、保护优先、自然恢复为主的方针，形成节约资源和保护环境的空间格局、产业结构、生产方式、生活方式，努力实现经济社会发展和生态环境保护协同共进，为人民群众创造良好生产生活环境。绿色发展理念作为中国化马克思主义生态理论的重要成果和哲学基

① 黄娟：《生态文明与中国特色社会主义现代化》，中国地质大学出版社2014年版，第112－116页。
② 《中共中央关于制定国民经济和社会发展第十三个五年规划的建议》，《人民日报》2015年11月4日。
③ 杨朝飞：《绿色发展与环境保护》，《理论视野》2015年第12期。

础之一,它的主要内容包括:

第一,打破人类中心主义,实现人与自然和谐共生。在农业文明时期,人还处于一定的"蒙昧"状态,严重依赖自然,人对自然更多的是敬畏、依赖,因而人与自然之间的关系原始而简单。在工业文明时期,倡导人的解放和独立,人类在改造自然的实践活动中以人类利益为中心,形成了人类中心主义,人与自然的交往以人的统治、控制与自然的被统治、被控制为显著特征。在与自然相处中,人把自己看成是唯一的主体,自然只是客体,主体主宰和统治着客体,为了满足自身利益,人类不惜破坏、掠夺自然。中国特色社会主义的绿色发展理念则具有与此完全不同的价值取向,着力推进人与自然和谐共生。它主张人与自然平等,二者"同呼吸共命运",主张在生产、交换、分配、消费、生活等各环节尊重自然、顺应自然、保护自然,并且发展自然,实现人和自然共同发展、和谐发展。

第二,摒弃消费主义,追寻人的自由而全面发展。以美国为代表的资本主义"消费型社会",以资本的逻辑支配社会,产生了各式各样的异化。其中,"物支配人"的异化最为严重。人被异化之后,整个社会物欲横流,并且产生了"新穷人"——因为贫穷而在精神或心理上感觉被排除在"正常生活""快乐生活"之外①。由于资本主义工业生产的发展引发了全球的消费异化,资本主义国家在这一过程中攫取利润从而进行扩大再生产,不仅加剧了生态危机而且还进一步扭曲了人的价值观念和价值取向。因此,消费主义的当代危害是世界性的。作为中国特色社会主义的绿色发展理念,它摈弃了资本主义,呵护人的自由发展,把人从异化的"奴役"状态中解放出来,从而使人的自由全面发展成为可能。一个被物欲所奴役的人、一个视金钱为人生唯一价值的人,显然是与人的全面发展格格不入的。面对西方资本主义社会的"消费主义"在我国大众生活中"崭露头角",绿色发展理念坚决抵抗现代社会形形色色对人的"物化"、异化,强调以人为本,向更符合人性发展内在要求的、重精神发展的生存方式转型,以"人的全面发展""生活幸福"为社会生活价值标准,追寻人的自由、诗意的生活。

第三,拒绝个人中心主义,寻求人类共同福祉。人类只有一个地球,人类同处一个世界,坚持绿色发展,是为了建设美丽中国,也是对全球环境治理的积极贡献。人类自进入工业时代以来,空气恶化、水体污染、森林土地破坏、生物多样性

---

① [英]齐格蒙特·鲍曼:《工作、消费、新穷人》,吉林出版集团有限责任公司2010年版,第83-85页。

减少等问题日益严重,加之经济全球化、社会信息化趋势深入发展,国与国之间已经形成"你中有我、我中有你""一荣俱荣、一损俱损"的命运共同体,这使得发展问题的解决愈加复杂和棘手,需要人类共同的智慧来找寻新的、多元的、开放的发展途径。因此,坚持绿色发展、建设生态文明逐渐成为越来越多国家和人民的共识,成为新时期世界发展的潮流所向。中国共产党对于这一形势变化有着深刻的认识,与大多数率先发展的资本主义国家的掠夺式的"个人利己主义"不同,中国选择了一条追求人类共同福祉的绿色发展道路。自党的十八大以来,习近平关于坚持绿色发展、建设生态文明的讲话、论述、批示达 60 余次,他强调:"建设生态文明关乎人类未来。国际社会应该携手同行,共谋全球生态文明建设之路。"①中国作为负责任的大国,提出绿色发展理念的目的之一就是为解决全球性的生态危机问题承担应有的责任和义务,为世界可持续发展做出应有的贡献。

绿色发展理念追求的不仅是经济领域发展观的科学转变,更体现出社会价值观的生态化趋向以及公众绿色意识的觉醒,它以保护环境、自然资源为发展的前提,强调发展的整体性、全面性、综合性、长远性,实际上反映了人们对更高层次的文明形态的追求。其本质可以归结为"人何以成为人""人的生活何以成为生活",它的核心是为人的生活赋予绿色、发展和文明的价值,树立起全民族的绿色价值体系。

四、开放发展理念

开放发展理念着眼于发展的环境,解决发展内外的联动性问题。它是国家繁荣发展的必由之路,也是我国提高生态文明建设水平的必由之路。"开放",就是解除封锁、限制、禁令,寻找发展的新环境、新方向、新维度。在新发展理念中,开放发展理念是对过去开放思想的发展,它是更加主动、更高水平的双向开放,具有共赢开放的新内涵。

开放发展理念要求将开放作为发展的内在要求,更加主动地扩大对外开放、积极踊跃参与全球治理,"顺应我国经济深度融入世界经济的趋势,奉行互利共赢的开放战略,发展更高层次的开放型经济,积极参与全球经济治理和公共产品供

---

① 《习近平在联合国成立 70 周年系列峰会上的讲话》,人民出版社 2015 年版,第 18 页。

给,提高我国在全球经济治理中的制度性话语权,构建广泛的利益共同体"①。

开放发展理念要求双向开放,党的十八届五中全会提出"完善对外开放战略布局,推进双向开放,促进国际国内要素有序流动、资源高效配置、市场深度融合"②。坚持"引进来"和"走出去"并举,统筹国际国内两大市场、两种资源,既引资也引智引技,追寻一种更加均衡、全面的发展。

开放发展理念要求把互利共赢作为开放发展的最终目的,加强国际交流合作,在对外援助、全球治理、应对全球性问题等方面,积极推动国与国之间互助共赢、互惠互利,推动经济全球化向共赢普惠的方向发展,为实现人类命运共同体的世界梦贡献力量。

具体到生态文明建设方面,开放发展理念表现为"绿色开放"发展。绿色开放是指与生态文明建设相关的开放,包括不断丰富绿色开放内涵,推动"一带一路"国际合作中的绿色合作,积极承担国际生态责任,走一条内外联动、合作共赢、互利进步的绿色开放之路。

绿色开放表现为,由主要依赖自然资源、传统市场向利用好国际国内两个市场、两种资源转变,更加自觉地统筹国内发展与对外开放,积极主动地参与国内外经济技术合作竞争。在绿色发展成为全球发展大趋势的时代背景下,努力建设绿色贸易大国和绿色贸易强国,加大双向投资力度,坚持绿色进口与绿色出口相平衡,引进绿色资本、绿色技术、绿色人才。高度关注环境资源保护,扩大减灾防灾、生态治理、野生动植物保护等领域的对外合作与援助。

新时期,"一带一路"是中国构建开放型经济新体制、实施全方位对外开放战略的重要举措,同时也是与国际社会进行绿色开放合作的重要举措。它涉及多个国家地区在经济、政治、外贸、能源资源、生态环保、文化交流等各个领域的国际合作,需要我们以绿色开放为指导,将绿色、开放、环保、互利等理念融入"一带一路"建设中。推动"一带一路"走绿色发展之路,有助于化解周边国家对中国可能转移过剩产能的担忧,有助于在"一带一路"开放发展中赢得绿色发展的先机。建设生态文明是一项有利于全人类发展的伟大工程,是中国应对全球气候变化、承担负责任大国义务的重要举措,是中国"为全球生态安全作出新贡献"承诺的具体落

---

① 《中国共产党第十八届中央委员会第五次全体会议公报》,《人民日报》2015 年 10 月 30 日。

② 《中国共产党第十八届中央委员会第五次全体会议公报》,《人民日报》2015 年 10 月 30 日。

实,也是承担绿色开放发展生态责任的力举。

五、共享发展理念

共享发展是一种"人人参与、人人尽力、人人享有"的发展,这种发展理念坚持了人民主体地位和公平正义的价值取向,充分体现了中国特色社会主义的本质要求。共享发展理念就是"坚持发展为了人民、发展依靠人民,发展成果由人民共享,作出更有效的制度安排,使全体人民在共建共享发展中有更多获得感,增强发展动力,增进人民团结,朝着共同富裕的方向稳步前进。"①党的十八届五中全会提出共享发展理念,是中国特色社会主义的本质要求,是构建社会主义和谐社会的现实要求,也是全面建成小康社会的重要衡量标准。这实际上是将"共享"作为所有发展方式的着眼点和落脚点,作为新发展理念的归宿。

共享发展理念以人民群众为主体。共享发展的主体是全体人民,它以广大"人民群众"为主体,以实现全民共享为目标。共享发展理念的"人民主体"思想充分体现发展为了人民、发展依靠人民、发展成果由人民共享,表明中国共产党充分认识到"人民是推动发展的根本力量,实现好、维护好、发展好最广大人民根本利益是发展的根本目的"②。在此认识基础上,我们致力于实现共享发展的人民主体,既包括代内绝大多数社会成员,也包括代际潜在的社会成员。从代内角度,共享发展理念主张要为绝大多数人谋福祉,只有做到共享,社会发展在其价值主体上才是完整的;从代际角度,共享发展理念主张要将今天的发展和将来的发展统一起来,坚持了发展的可持续性。

共享发展理念以公平正义为核心。具体而言,就是要使人民群众公平合理地享有发展的权利、机会和成果。共享发展是一种追求公平正义的发展,公平性是共享发展的灵魂。社会公平包括权利公平、机会公平、规则公平和资源分配公平等。权利公平是承认并保证所有的社会公民都拥有不可剥夺的生存权和发展权。权利一般要通过机会加以实现,机会的公平性是指起点的平等性,因此,必须保证广大人民群众在教育、医疗、公共服务、就业和社会保障等方面的基本权利,重视机会的平等性,这是共享发展的起码要求,因为公平的机会为

---

① 《中共中央关于制定国民经济和社会发展第十三个五年规划的建议》,《人民日报》2015年11月4日。

② 《中共中央关于制定国民经济和社会发展第十三个五年规划的建议》,《人民日报》2015年11月4日。

每一个社会成员施展才能、实现自身价值提供了平台。在社会生活中,人们通常以收入分配是否公平合理作为评判社会公平度的直接和直观的依据,所以,从某种意义上说,分配公平是社会公平的根本内涵和最高层次,也是共享发展的基本体现。

具体到生态文明建设方面,共享发展理念表现为"绿色共享"发展。良好生态环境是最公平的公共产品,是最普惠的民生福祉。随着社会发展和人民生活水平提高,百姓从"求生存"到"求生态",从"盼温饱"到"盼环保",生态环境在群众心中的地位不断凸显,环境问题成为日益重要的民生问题。习近平强调:"生态环境问题是利国利民利子孙后代的一项重要工作,决不能说起来重要、喊起来响亮、做起来挂空挡。"①"绿色共享"发展应当包含绿色共建、绿色共享、绿色共治全链条全环节全过程。绿色共建是基础,绿色共治是条件,绿色共享只有建立在绿色共建基础上和绿色共治条件下,才能实现真正的绿色共享。脱离了绿色共建基础和绿色共治条件,绿色共享就会变成绿色"空想"和绿色"空享"。

党的十八届五中全会提出的"创新、协调、绿色、开放、共享"新发展理念作为整体发展理念推出,体现了我党不断开拓发展新境界的智慧、勇气和担当。它是马克思主义发展理论中国化的最新成果,是对我党"发展是硬道理""发展是执政第一要务""科学发展观"理论的继承、丰富、完善和发展,彰显我党对共产党执政规律、社会主义建设规律、人类社会发展规律认识的拓展深化。五大发展理念之间相互贯通、契合实际,具有高度的内在一致性,是一个不可分割的整体。从内容维度讲,五者着力点既并联相关,又各有指征,分别着眼于发展的动力、方式、方向、环境、目的,有机统一、密不可分。从逻辑维度讲,五者剑指发展难题,各具针对性,分别解决发展的革命性问题、整体性问题、永续性问题、联动性问题、公平性问题,逻辑清晰、层层递进。从功能维度讲,五者主体定位准确、各司其职,分别呼应发展的动能、基调、底色、大势、目标,紧密相连、交相辉映。从践行维度讲,五者定当统一贯彻、同时发力,既不能顾此失彼,也不能相互代替。新发展理念之间的内在一致性,也充分说明,我们可以将其与生态文明建设有机结合,形成绿色创新、绿色协调、绿色发展、绿色开放、绿色共享,成为中国化马克思主义生态理论的最新内容和哲学根基。

我国当前正处于绿色发展大有可为的战略机遇期,务必以发展理念为旗帜,

---

① 习近平:《在中央经济工作会议上的讲话》,《人民日报》2014 年 12 月 12 日。

崇尚创新、注重协调、追求绿色、厚植开放、深谋共享；务必以新发展理念为统领，厘清脉络、找准枢纽，下好"绿色发展"这盘大棋，迎接社会主义生态文明新时代的曙光。

（原载于《毛泽东研究》2017 年第 5 期）

人与自然的和解："绿色发展"的价值观审视 *

从绝对人类中心主义到相对人类中心主义，再到自然的"内在价值"论和回归中国古代的"天人合一"观念，对生态哲学的基础的讨论经历了一个漫长的过程，然而在实践上收效甚少。"绿色发展"的"道"在哪里？按照笔者的看法，如果不打破资本价值观的统治，"绿色发展"就仍然只是一个空洞的概念。因此，对"绿色发展"必须从价值观革命的角度加以审视；而在这方面，马克思关于"人与自然的和解"的学说为我们提供了理论基础。

一、资本价值观是当代环境问题的总根源

中国古代的"天人合一"观念是以自给自足的小农经济为基础的。当古代中国人站在黄土高原上极目四望的时候，"天圆地方"的景象引导他们形成"天父地母"的观念；既然人类不过是大自然之子，当然不可能形成"征服自然""改造自然"的雄心壮志，当时的观念只能是"顺天应人"。

同样，在自给自足的小农经济社会，商品经济、市场经济只能处于从属地位，因此衡量财富的标准并不是由货币所代表的交换价值量，而是由自然产品所代表的使用价值量。"重农抑商"的基本国策决定了货币价值观不可能占据统治地位，更不要说资本价值观了。

当代的环境问题是由资本价值观带来的。在小农经济条件下，即使存在毁林造田之类的活动，所造成的破坏也足以由大自然本身加以弥补。但是资本价值观所带来的自然环境的破坏，却是不可修复、不可弥补的。其原因在于资本所追求的并不是使用价值，而是价值；并且不仅是价值，还是自我增值的价值。价值量的不断自我增值，必然造成自然界和人类自身的不断贬值。

---

* 本文作者：赵建军，黑龙江大学中国近现代思想研究中心、哲学学院。

在《1844年经济学哲学手稿》中,马克思对货币拜物教进行了深刻的揭露和批判。马克思借助歌德的《浮士德》中魔鬼对货币功能的描述,和莎士比亚在《雅典的泰门》中对黄金的赞颂,来说明自己的观点。作为交换价值的代表,货币是一种通约的力量,它能够把所有的使用价值都消解于自身之内。掌握了货币就掌握了这种普遍的力量;货币的力量有多大,货币所有者的力量就有多大。歌德的《浮士德》表明,"我是什么和我能够做什么,决不是由我的个人特征决定的",而是由货币所决定的。马克思从肉体和精神两个方面说明了这一原理:从肉体上看,"我是丑的,但我能给我买到最美的女人。可见,我并不丑,因为丑的作用,丑的吓人的力量,被货币化为乌有了。我……是个跛子,可是货币使我获得二十四只脚;可见,我并不是跛子",因为我有二十四只脚的力量。从精神上看,"我是一个邪恶的、不诚实的、没有良心的、没有头脑的人,可是货币是受尊敬的,因此,它的占有者也受尊敬。货币是最高的善,因此,它的占有者也是善的。此外,货币使我不用费力就成为不诚实的人,因此,我事先就被认定是诚实的。我是没有头脑的,但货币是万物的实际的头脑,货币占有者又怎么会没有头脑呢?再说他可以给自己买到颇有头脑的人,而能够支配颇有头脑者的人,不是比颇有头脑者更有头脑吗?"总之,货币的力量就是货币所有者的力量:"既然我有能力凭借货币得到人心所渴望的一切,那我不是具有人的一切能力了吗?这样,我的货币不是就把我的一切无能力变成它们的对立物了吗?"①

不仅个人可以凭借货币的力量成为强者,在人与自然、人与人的关系上也是这样。马克思借助莎士比亚的话说明,既然货币是一种通约的力量,它就能"使一切人的和自然的特性变成它们的对立物,使事物普遍混淆和颠倒;它能使冰炭化为胶漆";同样,它也能成为人们和各民族的"普遍牵线人"。也就是说,无论是在人与自然的关系上,还是在人与人的关系上,货币都表现出它的神力,"这种神力包含在它的本质中,即包含在人的异化的、外化的和外在化的类本质中"。②

货币是人类的外化的能力。没有货币,人的需要就不可能得到满足,因为这样的需要在经济学上只是一种无效需求。相反,有了货币,甚至可以制造出本来不存在的需求。"货币是一种外在的、并非从作为人的人和作为社会的人类社会产生的、能够把观念变成现实而把现实变成纯观念的普遍手段和能力,它把人的

① 《马克思恩格斯全集》第3卷,人民出版社1960年版,第361－362页。
② 《马克思恩格斯全集》第3卷,人民出版社1960年版,第362－363页。

和自然界的现实的本质力量变成纯抽象的观念,并因而变成不完善性和充满痛苦的幻象;另一方面,同样地把现实的不完善性和幻象,个人的实际上无力的、只在个人想象中存在的本质力量,变成现实的本质力量和能力。"仅仅从这方面来看,货币就已经导致个性的普遍颠倒:它把每一种个性变成它们的对立物,赋予个性以与它们的特性相矛盾的特性。"因为货币作为现存的和起作用的价值概念把一切事物都混淆了、替换了,所以它是一切事物的普遍的混淆和替换,从而是颠倒的世界,是一切自然的品质和人的品质的混淆和替换。"①

如果仅仅是货币价值观就能够导致所有自然事物与人类事物、人与自然和人与人的关系的这种抽象化,使所有的使用价值都变成同一种使用价值,即它的交换价值,因而可以通过控制这种交换价值来控制所有使用价值,那么资本价值观就更是如此了。

《资本论》的研究对象就是"资本"。在马克思看来,资本是由作为交换价值的货币转化来的,而不是由使用价值直接转化来的。因此,对于货币价值观适用的一切论断,对于资本价值观也同样适用。就是说,按照资本的标准,自然界的价值和人的价值仍然是它们的抽象的普遍性,即可以用货币来计量的性质。按照这种标准,能换成钱(货币或资本)的,就是有价值的;不能换成钱(货币或资本)的,就是没有价值的。比如,性的满足可以用金钱买到,因此,性是有价值的;相反,真正的爱是用金钱买不到的,因为这是一种个性对另一种个性的吸引,无法用货币或资本衡量,于是,爱就被有些人当作根本不存在的东西,或者干脆把"爱"理解为性。马克思和恩格斯的结论是:"在资产阶级社会里,资本具有独立性和个性,而活动着的个人却没有独立性和个性。"②但是,"我们现在假定人就是人,而人对世界的关系是一种人的关系,那么你就只能用爱来交换爱,只能用信任来交换信任,等等。……如果你在恋爱,但没有引起对方的爱,也就是说,如果你的爱作为爱没有使对方产生相应的爱,如果你作为恋爱者通过你的生命表现没有使你成为被爱的人,那么你的爱就是无力的,就是不幸。"③你得不到爱,并不是因为你没有钱,而是因为你本身不可爱。

作为货币即交换价值的转化物,资本是能够带来剩余(交换)价值的(交换)

---

①　《马克思恩格斯全集》第3卷,人民出版社1960年版,第363－364页。

②　《马克思恩格斯选集》第1卷,人民出版社1995年版,第287页。

③　《马克思恩格斯全集》第3卷,人民出版社1960年版,第364－365页。

价值。在资本价值观的统治下，自然界的价值和人的价值不是表现为它们自身的个性，甚至也不是表现为作为交换价值的货币，而是表现为自我增值的货币。因此，如果自然界和人能够带来货币或（交换）价值的增值，它就是有价值的、生产性的，否则就是没有价值的、非生产性的。如果自然界和人不能带来价值的增值，那么它们就被还原为货币，资本的生命就中止了。

要带来货币的持续不断的增值，资本主义生产就必须是（交换）价值的扩大再生产。《资本论》考察了这一过程，认为价值的扩大再生产意味着必须在整个社会范围内实现商品生产和商品交换。这就不是一个单纯的"看不见的手"的问题了。"看不见的手"对于使用价值意义上的财富生产来说或许是有意义的，对于非资本主义的市场经济来说肯定是有意义的，但是对于资本主义再生产来说就远远不够了。如果是简单再生产，那么在实物补偿和价值补偿方面，需要顾及的还主要是两大部类之间的比例关系；如果是扩大再生产，那就意味着不仅要有追加资本，不仅追加资本要按比例实现实物补偿和价值补偿，而且意味着必须有无穷的需要和无尽的自然资源。否则，资本主义扩大再生产所要求的实物补偿将得不到实现，资本主义经济就将走向崩溃。

马克思预言了这一崩溃过程，但他没有想到，欧洲的社会民主主义者会背叛他的教导，走向同资本主义的妥协；他也没有想到会出现理论上的凯恩斯革命和实践上的罗斯福新政，为资本主义由自由竞争到垄断、由私人垄断到国家垄断提供框架。所有这一切都延缓了资本主义的崩溃。看起来，资本主义似乎有无限的生命力——如果不是碰到资源和环境的限制的话。

追求利润的经济必然是一种浪费的经济，因为它要求人类无限扩张消费以拉动需求。资本是贪婪的。为了实现这种贪婪，它必须不断激发消费者的欲望，人为制造新的需求，从而在发达国家制造出一个"消费社会"。然而，无论是自然界还是人类社会，都已经容不下资本的扩张了：要么人类灭亡，要么资本主义灭亡，没有别的选择。

二、从资本价值观到人与自然的和解

通过对价值观变迁的考察可以看出，人类和自然界并非从一开始就处于对立之中，这种对立始于人类价值观的变异：货币价值观使自然界的本质和人的本质都趋向异化，从而使人类和自然界的对立成为可能；资本价值观则使这种对立成为现实。因此，如果消除了货币价值观和资本价值观，人类和自然界就可以在新的基础上实现和解。

马克思和恩格斯曾经高度肯定"资本的文明面",但是他们强调必须同时从肯定和否定两个方面看待资本的历史作用;而正是由于存在着否定的方面,资本必然走向自我否定。

资本本来是从货币中产生出来的,货币是从交换的发展中产生出来的。但货币一经产生,人们的贪财欲就有了借以发展自身的机会,而货币则由此促进了人的本质的异化;资本一经产生,这种异化就达到了顶点。资本不仅把资本家变成了资本自身的外化,变成了资本的人格化,而且把自然界和工人都变成了自身的一个环节。现在,自然界和人都必须服从资本增值自身的需要。

因此,资本不仅是人与人矛盾的根源,而且是人与自然矛盾的根源。资本所有制是私有制的最高形态。私有制把人与人分离开、对立起来,资本所有制则不仅把人与人而且把人与自然分离开、对立起来。但是在某种意义上,唯有对资本的进一步追求才可能扬弃人与人的矛盾、人与自然的矛盾。在人类正常需要的范围内,科学技术可以解决人与自然的矛盾,但它不可能解决由资本为自我增殖所人为制造的人与自然的矛盾。而当对资本的进一步追求导致人与自然走向共同毁灭的时候,人则有可能觉醒,用劳动价值观代替资本价值观:当共有代替私有时,人就没有必要再去争夺自然资源了。

一旦"人本"代替"资本",人与自然的和解就将得到实现。那时,人的价值和自然的价值将成为同一种价值,"绿色发展"将不再仅仅停留在"可能性"上,而是依循它的内在必然性而成为现实。

三、新的生活方式:人与自然对立的终结

"绿色发展"的难点不在人与自然的对立,而在资本与人、资本与自然的对立。但资本背后其实是积累起来的剩余抽象劳动,因此,所谓"绿色发展"的关键是资本的自我扬弃。这意味着,只有扬弃资本的劳动方式才能实现"绿色发展"。

资本的劳动方式表现为资本与劳动的分离,劳动不是人发展自身的手段,不是符合人的本质的劳动,而是异化劳动。资本不再追求利润或剩余价值,意味着资本还原为货币;但在为货币而劳动的条件下,劳动仍然是异化劳动。只有把抽象劳动再还原为具体劳动,只有当人们为发展自身而劳动时,人与人的对立才会消除。这要求我们从根本上改变生活方式。

几千年来,人们习惯了"占有"的生活方式。最初是占有使用价值,后来是占

有交换价值,最后是占有资本。资本作为能够带来剩余价值的价值,是一种支配别人劳动的力量。因此,占有资本意味着拥有支配别人的权力。

改变"占有的生活方式"不意味着反对任何"占有"。应当反对的只是通过"占有"来支配他人。为了生存个人仍然必须占有消费资料,只是这种"占有"不构成生活的目的,而是仅仅作为维持肉体生存的手段。肉体生存是人的精神生命、社会生命的基础。几千年来人们为发展生产力所做的一切,实际上都是在创造这个基础。资本本身也是发展生产力的手段。正因为如此,资本有它的历史功绩。迄今为止,在发展生产力、从而为人类全面发展和自由发展奠定基础方面,还没有什么能够替代资本。因此,妄谈"消灭资本"是荒谬的。只有当资本的发展不再有利于、反而危及人类生存的时候,资本才达到了它的发展极限,那时候要"消灭"的不仅是资本,而且是全部资本价值观。

这就意味着,消灭资本以后所形成的"天人合一",与中国古代道家的进路正好相反。道家是通过倒退到自然状态来达到"天人合一",马克思主义则是通过前进到人与自然同一的状态来达到"天人合一"。在马克思看来,天道与人道或自然主义和人道主义的对立,只有在共产主义即资本实现了自我否定的情况下,才能被消除;用《1844年经济学哲学手稿》中的话说:"这种共产主义,作为完成了的自然主义=人道主义,而作为完成了的人道主义=自然主义。它是人和自然界之间、人和人之间的矛盾的真正解决,是存在和本质、对象化和自我确证、自由和必然、个体和类之间的斗争的真正解决。"①

在这种新的生活方式中,自然不再是纯粹的有用性,它也是情感的对象、审美的对象,等等。这同资本只是把自然作为可供榨取利润的对象形成了鲜明的对比。每个个人都有出生和死亡,对于个人来说,所有的占有包括资本的占有,都随着他的肉体生命的中止而失去意义。所以,如果仅仅从"有用性"的角度理解自然,就不可能理解出生和死亡,不可能获得不朽。在这一意义上,"绿色发展"代表着一种崭新的生活,一种超越渺小的生存状态、融入"不朽"境界的生活。

这种发展必然是一种节约型的发展,即对自然资源的消耗被限制在必要的范围之内,杜绝一切浪费。这样做并不是由于自然有独立于人的"内在价值",而是由于自然是"人的无机的身体"。换言之,从人与自然统一的角度看,自然的"内在价值"并不是相对于人而言的,而是相对于资本而言的:自然有独立于资本的"内

---

① 《马克思恩格斯全集》第3卷,人民出版社1960年版,第297页。

在价值"。在资本与自然发生矛盾的时候,不能为了资本而牺牲自然,只能为了自然而牺牲资本。这不仅对自然有利,而且对人有利,因为节约并不是压缩人的自然需求,而是压缩资本造成的人为需求。自然需求是人的真实的需求,自然有能力满足人的自然需求。资本造成的人为需求则是虚假的需求,它的满足不仅造成对自然资源的浪费,而且造成对人性的戕害。

这种发展必然是一种内向性的发展,因为外部的占有、同他人的竞争已经不再成为人的发展程度的衡量标准,只有自由个性即内在财富的不断增加才是人真正关心的发展目标。在这种情况下,"穷"和"富"不仅是量的差别,而且是质的差别:只有物质财富这一种"财富"的人,并不是真正富有的人;的思想家选择以西方哲学为参照诠释中国传统思想、从而创立中国哲学史这门学科,是符合中国学术走出中世纪、走向现代化的历史发展趋势的,也是我们今天进行学术研究仍需借鉴的。当代世界是一个文化交流、融合的时代,从20世纪开始的世界哲学中国化和中国哲学世界化的双向运动一直在持续展开,故恰当地运用中外哲学的比较方法,不论是对于深入理解外国哲学还是中国哲学,进而促进双方的发展,都是必要的。第三,胡适和冯友兰对逻辑和科学方法的自觉和重视在今天仍然具有重要意义。因为中国固有的思维中不缺形象思维和辩证思维,缺乏的就是严密系统的分析、实证思维,它们是近代以来科学方法的核心所在。今天的理论研究如果离开了逻辑和分析方法几乎是不可想象的。

参考文献

[1]冯友兰:《中国哲学史》,中华书局1961年版。

[2]《三松堂学术文集》,北京大学出版社1984年版。

[3]《中国哲学简史》,北京大学出版社1985年版。

[4]《三松堂全集》第1卷,河南人民出版社2000年版。

[5]《胡适文存》,黄山书社1996年版。

[6]《胡适学术文集》,中华书局1991年版。

[7]张岱年:《中国哲学大纲》,中国社会科学出版社1982年版。

（原载于《哲学研究》2012年第9期）

中国的绿色发展：机遇、挑战与创新战略*

"十二五"规划纲要中明确提出实现"绿色发展，建设资源节约型、环境友好型社会"。绿色发展是在生态环境容量和资源承载力的约束条件下，将环境保护作为实现可持续发展重要支柱的一种新型发展模式，是具有中国特色的可持续发展之路。

一、走绿色发展道路是中国面向 21 世纪的战略选择

在贯彻落实科学发展观、走可持续发展道路的今天，中国在"十二五"规划中明确提出要实行绿色发展。之所以如此重视绿色发展，是基于以下原因。

实施可持续发展战略需要实行绿色发展。可持续发展概念包含了三个基本原则：公平性原则、持续性原则和共同性原则。核心思想是在不降低环境质量和不破坏世界自然资源的基础上发展经济，并使后代能够享有充分的资源和良好的自然环境。目标是建立节约资源的经济体系，从根本上改变高度消耗资源的传统发展模式。

绿色发展则将环境资源作为社会经济发展的内在要素，把实现经济、社会和环境的可持续发展作为绿色发展的目标，把经济活动过程和结果的"绿色化""生态化"作为绿色发展的主要内容和途径。提倡保护环境，降低能耗，实现资源的永续利用，因此，绿色发展是实现可持续发展的有力途径。

破解日趋严重的生态问题需要绿色发展。随着工业化的不断发展，中国也如

* 本文作者：赵建军，中共中央党校哲学教研部科技哲学教研室副主任、教授、博导。研究方向：技术哲学、可持续发展、低碳经济、自主创新。主要著作：《全球视野中的绿色发展与创新》《如何实现美丽中国梦》《自主创新与知识产权保护》等。

基金项目：本文系国家社科基金项目"我国绿色发展的理论建构与动力机制研究"的阶段性成果，项目批准号（11AZX002）。

同世界其他工业化国家一样,生态环境问题日益突出,成为一个挥之不去的噩梦。越来越多的耕地、草原、森林及植被遭到破坏,造成水土流失、土地沙漠化、生物多样性减少、自然灾害、环境污染等多方面生态问题,并呈现出愈来愈严重的趋势;工业垃圾、城市垃圾与日俱增,包围了我国三分之二的城市;碳排放量增多,大气污染严重。因此,中国生态的日趋恶化强烈呼吁和谐的绿色发展。

摆脱目前的能源困境需要绿色发展。当前,世界发达国家的能源结构正朝着高效、清洁、低碳或无碳的天然气、核能、太阳能、风能方向发展。相比而言,我国的资源禀赋特点是"富煤、贫油、少气",能源结构层次低下,属于"低质型"能源结构。同时,我国能源供需矛盾日益凸显,人均占有量远远低于世界平均水平。以煤炭为主的经济增长方式,造成严重的环境污染。能源利用率较低,其单位产值的资源消耗与能耗水平明显高于世界先进水平。能源安全存在隐患,石油进口已超过50%,一旦世界能源供需格局发生变化,或者时局动荡造成运输线路的不畅,都将严重威胁我国的能源安全。

在如此严峻的能源形势面前,我们只有尽快转变能源消费结构,改用高效、低碳的清洁能源,方能提高效率、减少污染,消除安全隐患,因此,绿色发展势在必行。

二、中国实施绿色发展机遇与挑战并存

当前,中国处于经济社会转型的新时期,很多因素都处于不稳定状态,这对于中国的绿色发展而言既是一次机遇,也是一个挑战。

中国实施绿色发展的机遇。首先,科学发展观日益深入人心,这是中国绿色发展的思想保障。科学发展观蕴含着丰富的绿色发展理念,其第一要义是发展,强调全面协调可持续,就是要建设资源节约型、环境友好型"两型社会",实现经济发展与人口资源环境相协调,实现经济社会永续发展。在当代,就是要大力弘扬生态文明理念和环境保护意识,使坚持绿色发展、绿色消费和绿色生活方式、呵护人类共有的地球家园成为每个社会成员的自觉行动。科学发展观已经成为一面旗帜,日益深入人心,并落实在每个地区、每个单位、每个家庭。具体体现在:制定了一系列节约能源资源和保护生态环境的法律和政策,可持续发展体制机制正逐渐形成,开发推广节约、替代、循环利用和治理污染的先进实用技术,环保产业得到大力支持。

科学发展观的发展理念和战略部署保证了中国绿色发展的顺利实施。科学

发展观的持续推行，将会使我国的生态环境进一步得到改善，资源利用率进一步提升，传统以煤炭、石油为能源的"黑色"经济增长方式将逐渐步入"绿色发展"的轨道。

其次，国际技术交流与合作是绿色发展的技术支撑。绿色发展需要绿色技术作为支撑，人们通常把节约资源、避免或减少环境污染的技术统称为绿色技术，包括环境工程技术、废物利用技术以及清洁生产技术等。①

技术作为当今世界经济的主要因素和国际市场竞争的主要手段，在各国、各地、各企业之间的发展是不平衡的，经济全球化和信息化又加速了这种不平衡。这样，国际技术交流与合作，即资源在全球内的重新配置成为必然。

近年来，中国通过与其他世界环境大国的合作，大力发展和不断加强对外经济技术交流，积极参与国际交换和国际竞争，为中国的环境管理和环境质量的改善带来机遇。中国的环境标准已逐步提高并与国际标准接轨，中国有更多机会参与环境与发展的国际合作，促进环境友好技术的转移，使中国获得更多的国际社会的资金和技术支持。

我国现在掌握的部分绿色发展技术基本上与世界同步。如，绿色能源最重要的风电、核电、智能电网，以及低碳技术、高速铁路等，我们都具备与世界一流国家竞争的优势。作为一个负责任的大国，我们要积极倡导绿色发展理念，参与到全球应对气候变化与能源危机的行动中来，加强与发达国家的技术交流合作，努力提升中国的绿色竞争力。

再次，健全的信息网络为绿色发展提供了信息平台。随着信息技术和互联网的蓬勃兴起，网络信息资源逐渐成为人们工作、生活、学习和科研中不可缺少的一部分。以往传统的环境管理模式和管理方法已经不能满足当前环境保护的实际需要。因此，进一步发展和完善我国信息网络，充分利用信息资源，对改善城市环境、各行业实现绿色发展有着重要的作用。信息化网络的健全，有助于建立有效的环境检测体系和应急系统，降低突发事件造成的损失；使得环境管理突破了时间和地域的限制，保障所获取信息的准确性和完整性；能够有效地开展政府和公众之间的互动和联系，更好地保障公民的合法权益等。

环境信息化和社会信息化、企业信息化相互结合、相互补充，建立起了科学的环境检测系统、环境污染源及环境保护系统，通过信息化把整个国家的环境保护

---

① 王建华：《以绿色科技创新为支撑促进我国循环经济发展》，《科技与管理》2006年第3期。

系统和社会关系有机结合起来,共同推动了社会发展。

最后,区域与行业示范为绿色发展提供了可借鉴的模式。经济发展需要因地制宜、区别对待,那种不顾东西部地区的客观差异,忽视行业间的差别,主观地推行均衡发展政策的做法,实践证明是行不通的,推进绿色发展亦是如此。将部分地区和部分行业作为示范单元,对其采取特殊的政策,使其优先发展,以此树立样本、总结经验,从而带动更多的地方、更多的行业更快、更好地发展。生态省(市、区县)、可持续发展实验区、环境模范城市、循环经济试验区、主题功能区划分等试点示范,所取得的经验已经被越来越多的地方决策者所接受,并开始吸引更多的目光,这种区域发展新理念正成为一股浪潮,席卷着神州大地。

在探索绿色发展的道路上,一些传统的资源城市,注重技术创新,提升资源综合利用率,形成了节能、减排、提升附加值的资源开发产业绿色链条,实现经济效益和社会效益的和谐统一。一些地方在发展举措上尊重科学、统筹安排,实现了特色产业发展与生态治理的双赢。行业示范增加了行业与行业之间的纵横融合、区域示范凸显了区域与区域之间的优势互动,在全国范围内形成行业联动和区域互动,大大提高规模效应、聚集效应和可复制的范本效应。

中国绿色发展的挑战。第一,认识不清与观念落后。在绿色发展观念上,我国与西方发达国家相比仍存在着较大的差距,当发达国家纷纷出台政策和法规扶持、规范企业的活动并大力提倡绿色发展的时候,我国全社会绿色发展理念仍很淡薄。一方面,由于绿色理念是一个舶来品,加之我国环境保护工作起步相对较晚,特别是在社会宣传上力度不够,因此环保意识远没有得到广泛传播。大多数企业,特别是中小企业,对环境问题缺乏紧迫感和危机感。部分公众由于缺乏个人关注或信息来源的相对狭窄,使得他们对绿色发展的目标、内涵和要求都模糊不清,进而不会有意识地形成绿色生活方式。另一方面,政府的政策措施出台相对滞后。领导和政府的观念仍未转变,绿色发展的思想还没确立,政策决策部门难以制定出绿色发展的整体策略;有些地方政府虽然制定了本地区的绿色发展规划,但对绿色很少提及,缺乏发展的前瞻性。

实践与认识的关系告诉我们:实践是认识的来源,认识对实践又具有反作用。在中国绿色发展的实践活动中,认识绿色发展、了解其内涵、目的及最终目标乃是实现绿色发展行动的第一步。因此,加强认识,转变观念势在必行。

第二,传统经济增长方式转变的时滞性。长时间以来,中国的经济增长方式可以概括为"三高三低",即高投入低产出、高消耗低收益、高速度低质量。这种传统经济增长方式是典型的粗放型经济增长方式。改革开放之后的 30 年,虽然经济增长方式上出现了许多新观点、新思想,提出了"探索新路子""转变发展方式"等战略思想,但是,传统"三高三低"的增长方式却依然存在。

出现这样的情况,是因为经济方式的转变存在诸多客观因素。首先,特殊的资源禀赋结构使得粗放型增长方式得以产生和延续;其次,经济发展阶段的制约强化了粗放型增长方式的惯性;再次,重速度轻效益的思维定式拖慢了增长方式转变的步伐;最后,人口压力和就业问题成为经济增长方式转变的绊脚石。①

在未来中国经济发展中,传统的经济增长方式只能逐步实现转变,不可能在短时间内得到彻底的清除和改造。毋庸置疑,这使中国的绿色发展进程不得不放缓脚步。

第三,国内总体技术水平相对落后。中国作为发展中国家,经济由"黑色"到"绿色"、由"高碳"到"低碳"转变的最大制约因素是整体科技水平相对落后,低碳技术的开发与储备不足。如,技术开发能力和关键设备制造能力较差,产业体系薄弱,与发达国家有较大差距。尽管《联合国气候变化框架公约》规定发达国家有义务向发展中国家提供技术转让,但实际情况存在很大差异,在许多情况下,中国只能通过国际技术市场购买引进。据估计,以 2006 年的 GDP 计算,中国由高碳经济向低碳经济转变,年需资金 250 亿美元,②对中国而言,显然是一个沉重负担——这还不包括短期内对经济增长的影响产生的巨大成本。另外,我国的科技创新进程较为缓慢,诸如传统的科技创新观对绿色科技创新的制约;有关环境保护的法律法规不健全对环境管理造成的疏漏,进而影响企业绿色科技创新费用投入的信心。

三、中国绿色发展的实践创新之策

绿色发展任重而道远,必须以新理念催生新制度,以新制度保障新举措,以新举措促进新变化,以新变化带动新发展。为此,我们必须充分利用现有优势,克服不利因素,改变观念、转变经济增长方式,以此来推动中国绿色发展的不断前行。

倡导低碳观念,普及绿色发展常识。首先,在全国范围内广泛开展多层次、多

---

① 曾亿武:《论我国经济增长方式转变的困难——基于路径依赖的分析视角》,《人文社科论坛》2010 年 5 月。
② 任力:《低碳经济与中国经济可持续发展》,《社会科学家》2009 年第 2 期。

形式的绿色发展宣传和科普教育。充分利用广播、电视、网络、报刊等新闻媒体普及绿色发展常识,使社会各个层面的人都了解绿色发展的概念和要求,提高对低碳生活重要性和必要性的认识。其次,在宣传内容上重点强调碳减排知识,提高人们的碳减排意识,让消费者充分认识到自己的行为对碳减排的贡献,以此鼓励他们主动地选择低碳生活方式。再次,通过适当的政策措施引导消费者实践低碳生活,从衣、食、住、行、用方面做起,大力倡导低碳消费。另外,还可以通过组织科普周、科普节等活动,加深节能减排的理念,也可以组织学生参加这样的活动,从小树立保护环境的观念和意识。

细化规章制度,落实绿色发展方略。"十二五"规划已经明确提出要实行绿色发展,建设"两型"社会。为贯彻落实这一发展方略,我们需要建立和落实职责明确、执行有力、奖惩分明的目标责任制,把绿色发展的各项任务量化、具体化、项目化、责任化,层层分解到地方政府、企事业单位的相关部门,落实到岗位和人头。对不同区域和行业确定的重点发展项目实行地方领导负责制,并从中挑选出投资规模大、涉及面广、对经济结构转型拉动作用大的项目成立领导小组强力推进。建立不定期督查调度制度,成立考核监督委员会,加大督查通报的力度和密度,定期召开项目工作讨论会,督促各项目标任务的落实,及时解决存在的问题。制定党政领导干部问责制,实行公开问责,强化责任追究。

优化产业结构,大力发展新能源产业。首先,发挥政府优势,利用政策支持。政府结合"十二五"发展规划,部署科学的绿色发展战略,明确推动产业结构合理化和产业结构高级化发展的目标。制订科学的新能源产业发展规划,根据区域发展的优势与劣势,围绕水能、太阳能、风能、生物质能和综合节能五大板块成立相关的领导、监督、检查小组,专门从事新能源产业的政策研究和落实工作。其次,发挥龙头企业的示范带头作用。企业是竞争的主体,新能源产业发展应强化现有优势,充分发挥龙头企业的产业组织功能和创新示范效应。再次,加强相关企业的发展,实现产业良性发展。一个产业能否实现良性发展,其关键是看大中小型企业构成结构是否合理,相关的服务性机构是否健康发展。为此,需要以战略的眼光,采取可行的政策措施,扶持发展一大批产业特色鲜明、能提供配套产品的中小企业,促进大型企业与中小企业并重发展。还要进一步发展生产性服务业的支持,如物流业、仓储业以及金融服务业等,前两种产业对新能源产业的发展起着重要的辅助作用,而金融服务业的支持则对新能源产业的发展起着举足轻重的作用。最后,营造良好的社会氛围,提供较好的软环境支持。政府应制订和实施推动新能源产业迅速发展的区域性法规或政策文件，明确发展对象，制订发展计划，完善资金、企业行为等重要环节及其运行机制，以确保新能源产业在今后相当长的时期内产业政策的权威性、系统性、持续稳定性和协调性。高度重视并强化产业技术竞争力，制订加强新能源产业技术竞争力的产业技术战略，确保与产业结构政策、产业组织政策实施的一致性和协调性。

鼓励技术创新，实现绿色发展新跨越。随着经济全球化的发展，绿色技术在防治污染、回收资源、节约能源三方面形成了一个庞大的世界市场。因此，国内的绿色技术创新也必须着眼于这三个领域。

首先，鼓励终端技术创新，对产业废弃物进行处理，尽可能减少公害事件的发生；其次，鼓励再生技术创新，通过对资源的循环利用达到节约能源、保护环境的目的；再次，对有发展潜力的绿色技术政府给予政策支持与资金投入，保障企业技术创新的顺利进行；第四，充分利用信息资源和对外交流的机会，加强与国外环境大国的交流与合作，引进绿色技术或联合攻关绿色发展难题；最后，鼓励内部处理术创技新，即清洁生产技术创新。在有效利用资料的同时对产品进行开发，首先考虑到对环境的影响，将对环境有利或不污染环境作为出发点，对原材料选择、设备投资、销售方法、废弃物管理及再生利用等多因素进行统筹考虑。通过技术创新和引进技术，对水电、风电、太阳能，以及生物质能等开发利用，既节省了能源，又不污染环境，还能实现有机废弃物的能源化率。

西部大开发要做好绿色顶层设计。西部是我国经济相对落后、资源丰富、生态脆弱的地区，推进第二个十年的西部大开发是缩小东西部差距、实现和谐发展和民族进步的国家战略。但西部的快速发展不能再走以牺牲环境为代价的老路，必须走绿色、低碳、可持续发展道路。西部各省（区）、地（市）、县都必须按照十二五国家规划要求和目标，做出具有本地区的绿色发展规划。有效规划发展可再生能源是一个重要的全球化趋势，西部太阳能、风能资源丰富，大力发展新能源产业可以成为西部崛起的重要产业支撑。目前，新疆已经明确提出把可再生能源作为转变经济发展方式和实现可持续发展战略的一项重要举措。

参考文献

[1]侯伟丽：《21世纪中国绿色发展问题研究》，《南都学坛（人文社会科学学报）》2004年第3期。

[2]冯之浚、周荣：《低碳经济：中国实现绿色发展的根本途径》，《中国人口·

资源与环境》2010 年第 4 期。

[3]王赞信、卢英、武剑:《云南省发展低碳经济的潜力与途径》,《中国人口·资源与环境》2010 年第 20 卷。

[4]赵凌云、操玲姣:《中国传统发展方式的总体性危机及其转变》,《江汉论坛》2010 年 4 月。

[5]杨英姿:《深入贯彻科学发展观,建设生态文明示范省》,《新东方》2008 年11 月。

[6]王金南、曹东、陈潇君:《国家绿色发展规划的初步构想》,《环境保护》2006 年 3 月。

[7]张运河、梁玉国、张庆:《低碳经济背景下的中国能源结构优化》,《价值工程》2011 年。

（原载于《学术前沿》2013 年 10 月上）

论五大发展理念的哲学基础[*]

　　十八届五中全会提出创新、协调、绿色、开放和共享五大发展理念,强调坚持创新发展、协调发展、绿色发展、开放发展、共享发展,是关系我国发展全局的一场深刻变革。五大发展理念是以习近平为总书记的党中央治国理政思想的重要组成部分,是马克思主义关于发展的世界观、方法论在当前中国的最新运用和集中体现。牢固树立和自觉贯彻五大发展理念,必须深入理解和把握其所具有的深厚哲学基础。

一、五大发展理念是实事求是思想路线的结晶

　　五大发展理念是坚持唯物主义的实事求是思想路线,根据我国的基本国情和发展的阶段性新特点提出的,具有牢固的现实基础和鲜明的问题导向。这可以通过两个层面来分析。

　　从第一个层面看,五大发展理念聚焦中国的发展问题,是坚持实事求是思想路线,从我国的基本国情和最大实际出发提出的。实事求是的思想路线是我们党坚持辩证唯物主义和历史唯物主义制定的认识路线,它是世界物质统一性原理和物质与意识辩证关系的生动体现,是我们党开展一切实践活动的根本思想方法和指导原则。坚持实事求是的思想路线,最关键的是弄清中国的基本国情,并在此基础上决定我们的主要任务。习近平指出:"要学习掌握世界统一于物质、物质决定意识的原理,坚持从客观实际出发制定政策、推动工作。当代中国最大的客观实际,就是我国仍处于并将长期处于社会主义初级阶段,这是我们认识当下、规划

　　* 本文作者:庞元正,中共中央党校哲学教研部。

未来、制定政策、推进事业的客观基点，不能脱离这个基点。"①这一论断，是坚持唯物主义的实事求是思想路线，对当前我国基本国情做出的科学判断。改革开放以来，我国发展取得了巨大成就，但是我国处在社会主义初级阶段的基本国情没有根本改变，人民群众日益增长的物质文化需要与落后的社会生产力之间的矛盾仍然是我国社会的主要矛盾没有根本改变，我国是世界上最大的发展中国家的国际地位没有根本改变。这三个"没有根本改变"表明，我国仍然是发展中国家，发展仍然是当今中国的主题。我国必须把实现社会主义现代化作为奋斗目标，把发展生产力作为根本任务，把发展作为解决一切问题的关键。习近平提出五大发展理念，与邓小平关于发展是硬道理、江泽民关于发展是执政兴国的第一要务、胡锦涛关于坚持科学发展的思想一脉相承，是从中国的最大实际出发，聚焦发展这一当代中国的主题，做出的实事求是、与时俱进的科学论断。

从第二个层面看，五大发展理念是坚持实事求是的思想路线的产物，还在于这些发展新理念又是从中国发展新的阶段性特征出发有针对性地提出的，具有鲜明的问题意识和问题导向。坚持实事求是的思想路线，一切从实际出发，必须看到实际发生的新变化，出现的新问题。如马克思所说，问题是时代的口号，问题是实际的呼声。增强问题意识，坚持问题导向，就是坚持实事求是思想路线的必然要求和具体体现。我国处在社会主义初级阶段，但发展中出现了新问题，或者老问题进一步激化，使发展出现新的阶段性特征。这就要求我们，要有强烈的问题意识，以重大问题为导向，抓住关键问题进一步研究思考，着力推动解决我国发展面临的一系列突出矛盾和问题。正如习近平指出："五大发展理念不是凭空得来的，是我们在深刻总结国内外发展经验教训的基础上形成的，也是在深刻分析国内外发展大势的基础上形成的，集中反映了我们党对经济社会发展规律认识的深化，也是针对我国发展中的突出矛盾和问题提出来的。"②下面让我们根据习近平的有关讲话精神，对五大发展理念所凸显的问题意识和问题导向做简要分析。

第一，提出创新发展注重的是解决我国发展动力不足的问题。改革开放以来，虽然我国发展取得了举世瞩目的成就，但我国创新能力不强，科技发展水平总体不高，科技对经济社会发展的支撑能力不足，科技对经济增长的贡献率远低于

---

① 习近平：《坚持运用辩证唯物主义世界观方法论提高解决我国改革发展基本问题的本领》，《人民日报》2015 年 1 月 25 日。

② 习近平：《在党的十八届五中全会第二次全体会议上的讲话》，《求是》2016 年第 1 期。

发达国家水平,这是我国这个经济大个头的"阿喀琉斯之踵"。在我国发展由较长时期的两位数增长进入个位数增长的新常态阶段,如果科技创新搞不上去,发展动力不能实现转换,我国发展面临的一系列难题就无从破解,不仅我国在全球经济竞争中将会处于下风,而且我国全面建成小康社会和建成社会主义现代化国家的奋斗目标就难以实现。这是我们必须正视的问题,必须解决的问题。而要突破自身发展的瓶颈、解决深层次矛盾和问题,根本出路就在于创新,关键要靠科技力量。提出创新发展,就是要把创新作为引领发展的第一动力,把创新摆在国家发展全局的核心位置,推进以科技创新为核心的全面创新,解决好这个关系到中华民族前途命运的问题。

第二,提出协调发展注重的是解决发展中的不平衡问题。我国是个发展中的大国,国土广袤,人口众多,具有典型的二元经济的特征,不同地区和城乡之间发展差异本身就很大。改革开放以来,我国实行梯度经济发展战略和城市化战略,由于在统筹区域之间、城乡之间、经济社会发展之间等方面的措施和手段有限,发展不协调成为一个长期存在的问题。当前发展不协调突出表现在区域、城乡、经济和社会、物质文明和精神文明、经济建设和国防建设等关系上。此外,在社会事业发展、生态环境保护、民生保障等方面也存在着一些明显的短板。正是针对这一现实问题,习近平强调,下好"十三五"时期发展的全国一盘棋,协调发展是制胜要诀,必须全力做好补齐短板这篇大文章,着力提高发展的协调性和平衡性。

第三,提出绿色发展注重的是解决人与自然和谐的问题。由于我国是世界第一人口大国,资源总量不足,人均资源占有量相对较低,加之长期以来的粗放型的、资源依赖型的发展方式,人与自然、经济发展与生态环境之间的矛盾相当突出。当前我国资源约束趋紧、环境污染严重、生态系统退化的问题十分严峻,已经严重影响到广大群众正常的生产和生活,人民群众对清新空气、干净饮水、安全食品、优美环境的要求越来越强烈。如果说改革开放初期人们最迫切的需求是解决温饱问题,那么现在人们最迫切的需求则越来越转向解决环保问题。坚持绿色发展就是为破解我国面临的严峻的人与自然、经济发展与生态保护的矛盾而提出的。

第四,提出开放发展注重的是解决发展内外联动问题。改革开放以来,中国成功实现了从封闭半封闭经济向全方位开放型经济的历史转变,但是我国对外开放水平总体上还不够高,用好国际国内两个市场、两种资源的能力还不够强。当前,我国在国际经贸中遭遇越来越多的贸易摩擦,已经连续多发成为全球反倾销措施的最大涉案国；特别是我国石油、铁矿石、铝土矿、铜、钾盐等大宗矿产对外依存度均超过50%的警戒线，资源短缺的约束不断强化，积极开展国际资源能源的互利合作，已经成为维护我国经济安全和经济持续发展迫切需要解决的重大问题。解决这些问题迫切需要我国坚持开放发展，发展更高层次的开放型经济，以扩大开放带动国内发展，惠及各国人民。

第五，提出共享发展注重的是解决社会公平正义问题。改革开放以来，我国经济社会发展取得巨大成就，为促进共享发展提供了有利条件，但同时社会上还存在大量有违公平正义的现象，不同社会群体在共享发展成果上存在较大差距。这个问题不能很好解决，不仅会影响社会的和谐稳定，而且会拖累全面建设小康社会的进程。当前，随着广大群众主体性的觉醒和公平意识的不断增强，人们对社会不公问题越来越不满，对共享发展成果的要求越来越强烈。提出共享发展，就是为了促进社会公平正义，发展成果由人民共享，不断朝着全体人民共同富裕的目标前进。

二、五大发展理念是唯物辩证法的生动体现与出色运用

五大发展理念所说的发展与唯物辩证法所说的发展，论域不同，是不同领域中的概念。但唯物辩证法作为关于发展的哲学理论，对于作为具体社会领域中的五大发展理念又是完全适用和具有指导意义的。唯物辩证法所特有的辩证思维又是树立和贯彻五大发展理念的理论支撑和必然要求。

坚持创新发展，就要把创新作为引领发展的第一动力，把人才作为支撑发展的第一资源，把创新摆在国家发展全局的核心位置，不断推进理论创新、制度创新、科技创新、文化创新等各方面创新，让创新贯穿党和国家的一切工作，让创新在全社会蔚然成风。这里所说的创新，不是局限于某一社会领域的特有性概念，而是适用于所有社会领域的普适性范畴。创新从形式上看是一种推陈出新、破旧立新的人类活动，本质上则是一种通过对事物规律、属性、关系的新发现新运用，更为有效地认识世界、改造世界的实践活动。就此而言，创新发展的要求无一不是唯物辩证法发展原则的具体运用和体现。唯物辩证法认为，发展是质变与量变的统一，仅有单纯的量的增长而没有质的变化不能构成发展，质变是发展更为根本的标志；创新发展理念强调，经济发展不能片面追求增长的规模和速度，要以提高质量和效益为中心，推进技术创新，实现社会生产力质的提升。唯物辩证法认为，发展是事物旧结构的解体和新结构的产生；创新发展理念强调，要推进经济结

构的战略性调整,实现产业结构的优化升级。唯物辩证法认为,发展是事物从低级形态向高级形态的跃迁,创新发展理念强调,要实现发展方式的转变,从资源依赖型发展方式转变为创新驱动型发展方式。唯物辩证法认为,发展是旧事物的灭亡和新事物的产生;创新发展理念强调,要推陈出新、破旧立新、革故鼎新,让新产品、新技术、新思想、新理论、新体制、新机制、新文化、新观念取代相应的已有和低效的东西而显示出新生事物的强大生命力。

坚持协调发展,就是促进现代化建设各个环节、各个方面相协调,促进生产关系与生产力、上层建筑与经济基础相协调。习近平指出,协调"是发展两点论和重点论的统一,是发展平衡和不平衡的统一,是发展短板和潜力的统一,我们要学会运用辩证法,善于'弹钢琴',处理好局部和全局、当前和长远、重点和非重点的关系,着力推动区域协调发展、城乡协调发展、物质文明和精神文明协调发展,推动经济建设和国防建设融合发展"。① 这里提出了用辩证观点看待协调的要求。我们不能简单地把协调等同于平衡,也不能简单地否定一切不平衡。这里所说的协调,是不同部门、不同地区、不同领域之间在发展规模、发展速度、发展程度等方面比例适当、结构合理、相互促进、良性运行、共同发展的状态。从这样的意义上说,协调是平衡与不平衡的统一。形象地说,人有两只手,两只手一样长,是平衡,是协调;但人有五个手指头,五个手指头有长有短,并且比例适当,那也是协调。协调的关键是比例适当,结构合理。比例适当,允许存在差别,但必须保持在一定的度的范围内。马克思从哲学意义上对协调与平衡和不平衡的关系做了如下一个概括,他说,平衡总是以有什么东西要平衡为前提,就是说,协调始终只是消除现存不协调的那个运动的结果。毛泽东也指出,事物的发展总是不平衡的,因此有平衡的要求。平衡和不平衡的矛盾,在各方面、各部门、各个部门的各个环节都存在,不断地产生,不断地解决。可见,只有深入掌握平衡与不平衡的辩证法,才能树立和落实好协调发展的理念。

同样,绿色发展、开放发展、共享发展也是唯物辩证法和辩证思维的运用和体现。坚持绿色发展注重的是解决人与自然和谐问题,必须坚持节约资源和保护环境的基本国策,坚定走生产发展、生活富裕、生态良好的文明发展道路,加快建设资源节约型、环境友好型社会,推进美丽中国建设,为全球生态安全做出新贡献。

---

① 习近平:《聚焦发力贯彻五中全会精神确保如期全面建成小康社会》,《人民日报》2016 年 1 月 19 日。

坚持绿色发展,关键是处理好发展与代价、经济发展与环境保护、"金山银山"与"绿水青山"的辩证关系。按照唯物辩证法和唯物史观的观点,代价是人类为社会发展所做出的付出以及为实现发展所承担的消极后果。在发展过程中,代价的付出有的是不可避免的,有的是可以避免的,而且即使是不可避免的也还有一个付出的限度问题。因此,人们应当对代价采取实事求是的辩证分析态度,不仅要争取避免付出可以避免的代价,也要争取把不可避免的代价降低到最低的程度。在我国的发展中,我们必须努力争取实现经济发展和环境保护的双赢,不能为了"金山银山"牺牲"绿水青山",既要"金山银山"又要"绿水青山",而且要看到处理好了,"绿水青山"就能变成"金山银山"。

坚持开放发展,必须坚持对外开放的基本国策,奉行互利共赢的开放战略,深化人文交流,完善对外开放区域布局、对外贸易布局、投资布局,形成对外开放新体制,发展更高层次的开放型经济,以扩大开放带动创新、推动改革、促进发展。为此必须掌握开放与封闭、引进来与走出去、国际竞争与合作、国内发展与对外开放的辩证关系。唯物辩证法的系统开放性原则表明,开放是发展的必要条件而非充分条件,没有开放就不能发展,有了开放未必就能发展,能否发展还要取决于如何开放。我国发展面临的问题已经不是要不要对外开放的问题,而是如何对外开放的问题。我国在国际经济合作和竞争局面发生深刻变化的条件下,从中国的国情出发、统筹国际国内两个大局,把握国内市场和国际市场、国内资源和国外资源的辩证关系,坚持出口和进口并重,推动对外贸易平衡发展;坚持"引进来"和"走出去"并重,提高国际投资合作水平;坚持竞争与合作并重,发展互利共赢的开放型经济;坚持国内发展与对外开放并重,努力打造以开放促发展的全新局面。

坚持共享发展,必须坚持发展为了人民、发展依靠人民、发展成果由人民共享。坚持共享发展,充分体现了共建与共享、公平与效率、做大蛋糕与分好蛋糕的辩证法。"共建"是"共享"的基础,"共享"是"共建"的目的,没有共建就不能实现共享,离开了共享就失去了共建的动力。公平与效率同样是相互依存、相辅相成的关系。通俗说,效率就是做大蛋糕,公平就是分好蛋糕。共享发展既要不断做大"蛋糕",同时还要分好"蛋糕"。必须放手让一切劳动、知识、技术、管理和资本的活力竞相迸发,让一切创造社会财富的源泉充分涌流,为人民共享发展成果奠定雄厚的物质基础;同时必须作出更有效的制度安排,努力促进公平正义,使全体人民在学有所教、劳有所得、病有所医、老有所养、住有所居上持续取得新进展,不断朝着全体人民共同富裕的目标前进。

三、作为五大发展理念理论根源的唯物史观

五大发展理念是马克思主义关于发展的世界观方法论的集中体现,马克思、恩格斯在创立唯物史观的过程中,对人类社会的发展特别是资本主义工业社会和未来新社会的发展有着大量研究和论述,这些研究和论述构成了马克思主义关于发展的重要思想,为五大发展理念的提出提供了重要思想理论来源。由于篇幅所限,这里仅就创新发展、协调发展和共享发展做一些简要分析。

谈到创新发展,首先应纠正一种误解。我国理论界一般把熊彼特的创新理论看作是其理论依据和来源,而对马克思绝口不提,前者虽不无道理,后者则是数典忘祖。熊彼特在 1912 年出版的《经济发展理论》一书中,初步阐发了他的创新思想,在 1934 年该书的英译本中使用"创新"(innovation)概念,并将发展的本质视为创新,创建了创新理论。改革开放以来,创新理论在我国蓬勃兴起,其对熊彼特创新理论有益成果的吸收是毋庸置疑的,但无视和否认马克思的创新思想及其对熊彼特创新理论形成的重要影响则是不符合实际的。其实,在马克思创立唯物史观之时,就已经对创新活动及其在历史发展中的重要作用做了深刻论述,只不过是没有提出创新这个概念。对此熊彼特本人也指出,他的创新理论来源于马克思,"同马克思的陈述更加接近",并坦承他的创新理论研究只包括马克思"研究领域的一小部分"。[①] 因此,揭示创新发展理念与马克思唯物史观的渊源关系,成为创新发展理念研究中一项不容回避的任务。在标志唯物史观创立的著作《德意志意识形态》一书中,马克思、恩格斯在批判费尔巴哈的直观唯物主义时指出,他周围的感性世界"决不是某种开天辟地以来就直接存在的、始终如一的东西,而是工业和社会状况的产物,是历史的产物,是世世代代活动的结果"。那么,是什么活动使人类世世代代周围的感性世界发生了变化,历史又是如何发展的呢? 为了深刻揭示人类社会发展的动因,马克思进一步提出了人类"两种活动"的思想。马克思说:"历史不外是各个世代的依次交替。每一代都利用以前各代遗留下来的材料、资金和生产力;由于这个缘故,每一代一方面在完全改变了的环境下继续从事所继承的活动,另一方面又通过完全改变了的活动来变更旧的环境。"[②]那么,马克思所说的每一代人"继续从事所继承的活动",不就是我们今天所说的"重复性的活动"或"重复性的实践"吗? 而他所说的每一代人"完全改变了的活动",不就是

---

① 熊彼特:《经济发展理论》,何畏等译,商务印书馆 2000 年版,第 68 页。
② 《马克思恩格斯文集》第 1 卷,人民出版社 2009 年版,第 540 页。

我们今天所说的"创新"或"创新实践"吗？在1848年《共产党宣言》中，马克思和恩格斯进一步把创新思想用于分析资本主义的发展。他们指出："资产阶级除非对生产工具，从而对生产关系，从而对全部社会关系不断地进行革命，否则就不能生存下去。"①现在国际学术界公认，马克思、恩格斯的这一论述，是关于创新思想的一个经典阐发。显然，如果仅仅停留在"继续从事所继承的活动"即重复性实践的水平上，没有那种"完全改变了的活动来变更旧的环境"，没有对生产工具、生产关系和全部社会关系的"不断地进行革命"，即没有任何创新，人类只能停留在茹毛饮血、择穴而居的原始状态，不可能有生产力水平的不断提高和人类社会的不断发展。可见，在马克思、恩格斯的唯物史观中孕育着创新发展的深刻思想渊源。

协调发展是马克思、恩格斯在对资本主义的批判和对未来新社会的设想中的重要思想。马克思和恩格斯对消灭城乡、工农和体力劳动与脑力劳动三大差别做出了很多预见。这些科学预见体现了他们关于未来社会协调发展的思想，为当前我国坚持协调发展提供了重要理论指南。在唯物史观的奠基之作《德意志意识形态》中，马克思、恩格斯批判了资本主义造成的严重城乡对立，认为城乡之间的对立是个人被迫屈从于分工的最鲜明的反映，这种屈从把一部分人变为"受局限的城市动物"，把另一部分人变为"受局限的乡村动物"，并且每天都重新产生二者利益之间的对立。他们认为，"消灭城乡之间的对立，是共同体的首要条件之一，这个条件又取决于许多物质前提，而且任何人一看就知道，这个条件单靠意志是不能实现的。"②即是说，在未来的新社会，随着私有制的消灭和生产力的高度发展，将消灭城乡之间的对立，实现城乡之间的协调发展。他们认为，伴随城乡对立的消失，工农之间的差别也将消失，乡村农业人口的分散和大城市工业人口的集中，仅仅适应于工农业发展水平还不高的阶段，这种状态是一切进一步发展的障碍。他们还提出，要实现工业与农业的结合、城市与乡村的融合，又需要地区经济发展的一定协调。恩格斯认为，"大工业在全国的尽可能均衡的分布是消灭城市和乡村的分离的条件"，"只有按照一个统一的大的计划协调地配置自己的生产力的社会，才能使工业在全国分布得最适合于它自身的发展和其他生产要素的保持或发展。"③恩格斯还认为，城乡之间、地区之间的协调还需要经济与社会公共事业之间的协调。他指出："城市和乡村的对立的消灭不仅是可能的，而且已经成为工业

---

① 《马克思恩格斯文集》第2卷，人民出版社2009年版，第34页。
② 《马克思恩格斯文集》第1卷，人民出版社2009年版，第557页。
③ 《马克思恩格斯文集》第9卷，人民出版社2009年版，第313–314页。

生产本身的直接需要,同样也已经成为农业生产和公共卫生事业的需要。只有通过城市和乡村的融合,现在的空气、水和土地的污染才能排除,只有通过这种融合,才能使目前城市中病弱群众的粪便不致引起疾病,而被用做植物的肥料。"①马克思、恩格斯对未来社会主义社会协调发展的这些论述极富有预见性,为我国坚持城乡协调发展、区域协调发展和经济社会协调发展提供了重要理论资源。

共享发展在马克思主义唯物史观中具有最深厚的基础。在《德意志意识形态》一书中,马克思指出,在私有制社会中受有限的生产力所制约,"使得人们的发展只能具有这样的形式:一些人靠另一些人来满足自己的需要,因而一些人(少数)得到了发展的垄断权;而另一些人(多数)经常地为满足最迫切的需要而进行斗争,因而暂时(即在新的革命的生产力产生以前)失去了任何发展的可能性。"②这种少数人独享发展、多数人无法分享发展的状况,不仅凸显了私有制社会的非人道非正义,而且是造成私有制社会不可调和的阶级对抗。马克思依据对社会基本矛盾的深入分析指出,"人类"的才能的这种发展,虽然在开始时要靠牺牲多数的个人,甚至靠牺牲整个阶级,但最终会克服这种对抗,而同每个个人的发展相一致。"代替那存在着阶级和阶级对立的资产阶级旧社会的,将是这样一个联合体,在那里,每个人的自由发展是一切人的自由发展的条件。"③而之所以未来的新社会能够成为自由人的联合体,则是因为随着生产力的发展和私有制的消灭,"在人人都必须劳动的条件下,生活资料、享受资料、发展和表现一切体力和智力所需的资料,都将同等地、愈益充分地交归社会全体成员支配。"④可见,在马克思、恩格斯那里,一个共享发展的社会,将是作为自由人联合体的新社会的必然要求和前提条件。这也就是习近平强调"让广大人民群众共享改革发展成果,是社会主义的本质要求,是社会主义制度优越性的集中体现,是我们党坚持全心全意为人民服务根本宗旨的重要体现"的理论根据所在。

(原载于《哲学研究》2016 年第 6 期)

---

① 《马克思恩格斯文集》第 9 卷,人民出版社 2009 年版,第 313 页。
② 《马克思恩格斯文集》第 3 卷,人民出版社 1960 年版,第 507 页。
③ 《马克思恩格斯文集》第 2 卷,人民出版社 2009 年版,第 53 页。
④ 《马克思恩格斯文集》第 22 卷,人民出版社 1965 年版,第 243 页。

习近平绿色发展理念:形成过程、
内容体系及践行路径[*]

　　在党的十八届五中全会上,习近平同志提出了绿色发展理念,明确指出今后要"坚持绿色发展,坚持绿色富国、绿色惠民,为人民提供更多优质生态产品,推动形成绿色发展方式和生活方式"①。绿色发展理念不仅关乎我国经济社会的可持续发展,而且涉及民生问题,关乎千家万户的幸福。对习近平绿色发展理念的研究和探讨,有利于深入理解这一发展理念的深刻内涵,明确绿色发展理念的重大战略意义,从而增强践行绿色发展理念的自觉性。

　　目前,学界对习近平绿色发展理念的研究已较为深入,②同时也还有巨大的探讨空间,如现有成果对习近平绿色发展理念整体性、系统性解读还不够,且研究的视角与方法较为单一。因此,本文尝试从形成过程、主要内容及践行路径等方面对绿色发展理念进行较全面的阐述,以期有益于学界的进一步讨论。

一、习近平绿色发展理念的形成过程
　　习近平绿色发展理念的形成经历了一个长期过程。在从 20 世纪 60 年代的

* 本文作者:渠长根,男,浙江理工大学马克思主义学院院长,教授;曹国娇,女,浙江理工大学马克思主义学院。

① 《中共中央关于制定国民经济和社会发展第十三个五年规划的建议》,新华网,2015 年 11 月 3 日。

② 目前学术界相关研究成果主要有:迟全华:《从政治高度深刻认识绿色发展理念重大意义》,《光明日报》2016 年 4 月 10 日;周晓敏:《绿色发展理念:习近平对马克思生态思想的丰富与发展》,《理论与改革》2016 年第 9 期;庄友刚:《准确把握绿色发展理念的科学规定性》,《中国特色社会主义研究》2016 年第 2 期;向海英:《习近平绿色发展理念的哲学基础》,《华南师范大学学报》2016 年第 12 期;苏亮乾:《习近平绿色发展理念的真善美意境》,《广西师范学院学报》2017 年第 1 期;焦艳:《习近平绿色发展理念的形成过程及内容探析》,《中共天津市委党校学报》2016 年第 11 期等。

基层工作到现在担任党和国家最高领导人以来，他不断调研考察，认真总结经济社会建设的经验教训，并在实践中认真贯彻实施，从而为绿色发展理念的形成奠定了坚实的实践基础。总的来说，习近平绿色发展理念的形成大致经历了萌芽、发展和成熟三个时期。

（一）绿色发展理念的萌芽

从 1982 年到 2002 年，习近平同志在河北省和福建省的基层工作时期，是习近平绿色发展理念的萌芽时期。由于受"文化大革命"影响，我国经济发展缓慢甚至停滞不前，以经济建设为中心，大力发展社会生产力，努力改善人民的生活水平成为党和国家的重心。与此同时，受世界上绿色经济与可持续发展的趋势影响，人们对经济社会发展与生态保护之间关系的认识日益增长。

1. "半城郊型"经济发展战略中的绿色发展念头

20 世纪 80 年代初的河北省还未进行全面改革，正定县虽是北方地区的粮食高产县，但是很多老百姓的温饱都没得到解决，成为远近闻名的"高产穷县"。解决温饱、渴望富裕成为正定 40 万人民的共同心愿。

1982 年到 1985 年，习近平同志任河北正定县委副书记、县委书记。3 年时间，他带领正定人民摆脱了"高产穷县"的帽子，走上了可持续发展之路。为解决正定县的贫困，习近平同志通过实地考察调研以及听取各方专家的意见，在 1984 年提出了"半城郊型"经济发展战略。这一战略主要包括三个方面：树立大农业思想，建立合理、平衡的经济结构；强化发展商品生产的手段，加强协作和联营；发展农业、农村经济要有战略眼光，合理利用资源，保持良好生态环境，控制人口以求得经济的可持续发展。① 其中的"合理利用资源，保持良好的生态环境"，体现出习近平同志在探索经济发展的过程中开始考虑生态环境保护对经济发展的影响，表明他已经开始注重经济的可持续发展问题。在这一战略思想的指导下，正定县形成了"物质循环和能量转化效率高，生态和经济呈良性循环，开放式的农业生态—经济系统"②，逐步走上了可持续发展的道路。

2. "长汀经验"中的绿色发展思想因子

从 1985 年到 2002 年 10 月，习近平同志主政福建，他将振兴林业作为福建的

① 徐涓、彭钧：《发展"半城郊型"经济的特色实践——习近平在正定县发展"半城郊型"经济的实践成就及意义》，《中共石家庄市委党校学报》2017 年第 2 期。
② 习近平：《知之深爱之切》，河北人民出版社 2015 年版，第 124 页。

经济发展战略,"什么时候闽东的山都绿了,什么时候闽东就富裕了",这一发展战略也是习近平绿色发展理念萌芽的体现。林业的发展与绿色发展密切相关,林业符合绿色发展的要求,是国际社会公认的对支撑绿色发展具有战略作用的基础产业,加快林业发展将直接推进绿色发展模式的实现。①

福建省百分之八十以上都是山地丘陵,自然生态环境具有先天的脆弱性,再加上人地矛盾突出,水土流失严重,而长汀是福建水土流失面积最广的县区。从客家首府到生态首府,长汀的水土保持工作是福建生态省建设的缩影。

1999 年习近平同志到长汀水土流失区考察后,强调要继续做好长汀水土治理工作,将长汀县百亩水土流失地综合治理列入省政府为民办实事的项目。在政府扶持与长汀百姓的努力下,"火焰山"变成了绿满山、果飘香的"花果山"。长汀"生态保护、生态富民、生态文明"的发展经验成为全国生态文明建设的旗帜,为如何从生态保护走上生态富民的道路积累了宝贵的经验。

"半城郊型"经济发展战略和振兴林业的"长汀经验"都体现出习近平绿色发展的战略眼光与思维。在这一时期,虽然没有明确提出绿色发展的概念,但开始注重生态环境保护,实现可持续发展的思想已非常清晰,可以算作是绿色发展理念的萌芽时期。

(二)绿色发展理念的发展

主政浙江时期,习近平同志对生态环境保护的战略眼光与思维上升到理论的高度,主要表现为"八八战略""两山论"等重要思想的提出。习近平绿色发展理念得以迅速发展。这也与我国进入新世纪以来,经济得到快速发展的同时,生态环境问题成为发展短板的总体形势直接相关。在此背景下我国于 2003 年提出以"以人为本、全面协调可持续发展"为核心的科学发展观。

2002 年,习近平同志主政浙江,浙江省响应国家号召,积极实施可持续发展战略,提出了"绿色浙江"的建设目标。2003 年 7 月,习近平同志立足浙江省情,提出了"八八战略",指出要进一步发挥浙江的区位、块状特色产业、生态以及人文等八方面的优势,促进浙江的可持续发展,成为浙江长期发展的总纲领。

2005 年 8 月,习近平同志在安吉县考察时提出"绿水青山就是金山银山"的科学论断,并首次阐述了绿水青山和金山银山之间的辩证关系。此后,在丽水市、

① 戴广翠、张升:《绿色经济与林业发展》,《第六届中国林业技术经济理论与实践论坛论文集》2011 年 11 月 17 日。

杭州市等多地调研的基础上,习近平同志又从对立统一的角度进一步阐述了两者的辩证关系,即第一阶段是只追求金山银山,不考虑或很少考虑自然环境因素;第二阶段是人们意识到环境是经济社会发展的根本,开始保护绿水青山;第三阶段是绿水青山就是金山银山,人们意识到绿水青山可以带来金山银山,生态优势可以变成经济优势。"两山论"有效地解决了经济发展与环境保护的两难问题。针对扭曲的生产力观和政绩观,习近平同志指出:"破坏生态环境就是破坏生产力,保护生态环境就是保护生产力,改善生态环境就是发展生产力,经济增长是政绩,保护环境也是政绩"①。

在"两山论"思想的指导下,浙江实现了从绿色浙江建设、生态省建设到生态浙江建设再到"两美"浙江建设的不断突破,坚持建设生态浙江,标志着浙江省的生态文明建设进入新的高度,也标志着习近平绿色发展理念进入一个新阶段。

（三）绿色发展理念的成熟

2007年以来,尤其是党的十八大以来是习近平绿色发展理念不断完善成熟的时期。在十八大报告中,习近平同志把生态文明建设作为独立部分进行阐述,并在"两山论"的基础上提出"努力建设美丽中国,实现中华民族的永续发展"的目标。在此期间,习近平同志用一系列比喻阐述生态环境保护的重要性,进一步丰富发展了绿色发展理念的内涵。

绿色发展是"很大的政治"。2013年4月,习近平同志在中央政治局常委会上指出:"我们不能把加强生态文明建设、加强生态环境保护、提倡绿色低碳生活方式等仅仅作为经济问题。这里面有很大的政治。"②5月在中央政治局集体学习时又指出,要把生态环境放在经济社会发展评价体系的突出位置。这是从政治的高度阐述绿色发展理念,绿色发展不只是经济的可持续发展问题,更应从政治的高度来理解绿色发展的重大意义,树立正确的政绩观。

生态环境是"公共产品"。2013年4月,习近平同志在海南考察工作时指出:"良好生态环境是最公平的公共产品,是最普惠的民生福祉。"③2015年4月,在云南考察工作时指出:"植树造林是实现天蓝、地绿、水清的重要途径,是最普惠的民

---

① 习近平:《干在实处,走在前列——推进浙江新发展的思考与实践》,中共中央党校出版社2006年版,第186页。

② 迟全华:《从政治高度深刻认识绿色发展理念的重大意义》,《光明日报》2016年4月10日。

③ 习近平:《习近平总书记系列重要讲话读本》,人民出版社2014年版,第136页。

生工程。"老百姓的生态需求是最基本的民生需求,良好的生态环境是最好的民生福祉,要坚持绿色发展,保护好生态环境,让良好的生态环境成为人民的生活质量与幸福感的增长点,让老百姓能够切实地感受到绿色发展带来的环境效益。①

绿色发展构筑起"生命共同体"。2013 年 11 月,习近平同志进一步把"两山论"上升到系统论的高度,指出"山水林田湖是一个生命共同体,人的命脉在田,田的命脉在水,水的命脉在土,土的命脉在树"②。"人类命运共同体"强调的是各国同处一个世界,在谋求本国的发展同时要促进世界的共同发展。而"生命共同体"强调的是大自然是一个完整的系统,人类只是大自然的一部分,我们要尊重自然、保护自然,而不是主宰自然。

生态环境如同"眼睛"和"生命"。2015 年 2 月,在全国"两会"期间,习近平同志在参加江西代表团审议时指出:"要把生态环境保护放在更加突出位置,要着力推进生态环境保护,像保护眼睛一样保护生态环境,像对待生命一样对待环境。"③保护眼睛和生命是我们生存的一种本能意识,同时我们要增强环保与绿色发展的意识,将绿色发展理念融入到我们的日常生活中去,形成绿色的生活方式和消费方式。

新时期以来,习近平同志一系列重要讲话丰富了绿色发展理念的内涵,提出了绿色发展是"很大的政治","公共产品"、"生命共同体"、"绿色银行"等一系列重要论断,从不同的角度阐释了绿色发展理念的内涵,标志着绿色发展理念的成熟。

二、习近平绿色发展理念的内容体系

绿色发展是对传统发展模式的一种创新,是在不超过资源环境承载力和不突破生态环境容量的基础上,将生态环境保护作为实现经济社会持续健康发展的重要手段的发展模式。"绿色"是效率、环保、可持续,"发展"是社会主义现代化建设的五个方面的发展。

---

① 荣开明:《论绿色发展的几个基本问题》,《观察与思考》2016 年第 12 期。
② 习近平:《关于〈中共中央关于全面深化改革若干重大问题的决定〉的说明》,《人民日报》2013 年 11 月 12 日。
③ 习近平:《像保护眼睛一样保护生态环境,像对待生命一样对待生态环境》,《新华日报》2016 年 3 月 11 日。

(一)经济发展"绿色化"

即正确处理经济发展与生态环境保护的关系,促进经济发展与生态保护相协调,走绿色发展道路。马克思将生产力划分为"劳动的自然生产力"和"劳动的社会生产力",其中,"劳动的自然生产力,即劳动在无机界发现的生产力"①,这种生产能力是自然界具有的能够生产物质财富的能力。因此,保护好生态环境能够间接地促进生产力的发展、提高经济效益。习近平同志的"绿水青山就是金山银山"的论断很好地说明这一点。资源短缺已成为我国经济社会发展的瓶颈制约,必须转变传统的经济发展方式,改变以牺牲环境、浪费资源为代价换取经济增长的观念,自觉地推动绿色经济、循环经济和低碳经济的发展,走出一条具有中国特色的绿色发展新道路。

(二)政治发展"生态化"

即净化政治生态环境,营造良好的从政氛围,建设廉洁政治。习近平同志在中共中央政治局第十六次集体学习会议上首次提出政治生态问题,"解决党内存在的种种难题,必须营造一个良好从政环境,也就是要有一个好的政治生态"②。政治生态是一种运用生态学的理论来揭示社会政治生活现象的概念,是指"一个地方政治生活现状以及政治发展环境的集中反映,是党风、政风和社会风气的综合体现"③。政治生态中的党风、政风和社会风气是相互联系的,党风是政治生态的核心内容,对于政风与整个社会的风气的形成与发展具有决定作用。

(三)文化发展"绿色化"

即弘扬绿色文化,让绿色发展的价值观念内化于心并外化于行。绿色文化是社会主义先进文化的组成部分,弘扬的是尊重自然、保护环境的价值理念。文化具有潜移默化的影响作用。弘扬绿色文化,有助于提高全民的绿色环保意识,形成尊重自然与保护环境的价值观念与行为自觉,从而推进绿色发展大众化群众化。文化是一种软实力,先进的文化能够对经济社会发展起到正面的促进作用。在绿色发展成为当今世界发展的大趋势背景下,经济活动中所包含的绿色文化因素越多,其产品的文化含量以及产品附加值就会越高,在国际市场中的竞争实力就越大。

---

① 《马克思恩格斯全集》第 26 卷,人民出版社 1974 年版,第 122 页。
② 中共中央文献研究室编:《十八大以来重要文献选编》上册,中央文献出版社 2014 年版,第 135 页。
③ 杨绍华:《着力净化政治生态》,《光明日报》2016 年 5 月 3 日。

（四）社会发展"绿色化"

即实现人与自然和谐共存,实现"绿色惠民",促进社会的可持续发展。历史的发展告诫我们,不要"过分陶醉于我们人类对自然界的胜利,对于每一次这样的胜利,自然界都对我们进行报复"①。人类的经济活动要在资源环境的承载力范围内,遵循自然规律,才能实现人与自然的和谐共存。实现普惠民生,促进人的全面发展是绿色发展的价值目标之一。习近平同志指出,"良好生态环境是最公平的公共产品,是最普惠的民生福祉"②,生态环境的质量关乎人民群众的切身利益,关系人们的幸福指数,是全面建成小康社会的关键。因此,坚持绿色发展,让良好的生态环境成为人们生活质量的增长点,让老百姓感受到绿色发展带来的环境效益,为子孙后代留下可持续发展的"绿色银行"。

（五）生态发展"绿色化"

即加强生态文明建设,建设美丽中国,开创社会主义生态文明新时代。习近平同志指出:"改革开放以来,我国的经济发展取得历史性的成就的同时,我们也积累了大量的生态环境问题,成为明显的短板。"③当前,我国环境污染严重、生态系统退化严重。生态环境恶化以及对人民健康的影响已成为突出的民生问题,要加强生态文明建设,还百姓一个天更蓝、山更绿、水更清的生活环境。另外,"生态兴则文明兴,生态衰则文明衰",三大文明古国的消亡表明,生态文明建设与一个国家的兴亡有着密切的联系。加强生态文明建设是我国实现可持续发展、建设美丽中国的必然要求。

三、习近平绿色发展理念的践行路径

贯彻落实习近平绿色发展理念是一项系统的社会治理工程,需要多方面的协同合作,其路径主要有以下几个方面。

第一,推进经济发展方式与结构的绿色化转型升级。生态环境问题归根到底是经济发展方式和经济结构调整的问题。④ 我国经济发展已进入新常态,面对资源短缺的短板,首先要转变高投入、高污染、低产出的传统生产方式,树立节约集

---

① 《马克思恩格斯全集》第 26 卷,人民出版社 2014 年版,第 971 页。
② 《习近平关于全面深化改革论述摘编》,中央文献出版社 2014 年版,第 107 页。
③ 习近平:《在省部级主要领导干部学习贯彻党的十八届五中全会精神专题研讨班上的讲话》,《人民日报》2016 年 5 月 10 日。
④ 荣开明:《论绿色发展的几个基本问题》,《观察与思考》2016 年第 12 期。

约循环利用的资源观,发展绿色经济、循环经济、低碳经济。其次,调整经济结构。供给侧结构性改革是经济结构调整的重点。我国经济增速显著下降的原因是"供给失灵",即传统产能严重过剩,资源配置效率低;居民的有效需求得不到满足,导致消费与生产间脱节。① 因此,要加大供给侧结构性改革的力度,合理配置能源资源,积极解决传统产业过剩产能的问题,淘汰落后产能,促进产业结构的优化重组。

第二,完善绿色发展的体制机制。合理有效的体制机制是推动绿色发展的内生机制。我国生态环境保护存在问题的主要原因在于体制机制的不完善、不健全。要深化生态文明体制改革,把生态文明建设、绿色发展纳入制度化的轨道。绿色发展的体制机制有很多方面,其中最重要的是完善经济社会发展考核评价体制,把体现生态文明建设状况的相关指标纳入考核评价体系之中;完善生态文明绩效评价考核和责任追究制度,重点是建立生态文明目标体系和生态环境损害责任终身追究制。② 另外,要创新完善的市场机制,发挥市场的调节作用。进行市场机制创新,改革环境资源产权制度,让市场在资源配置中发挥决定性作用。③

第三,加强绿色发展的法治保障。要实行最严格的制度、最严密的法治,"建立健全自然资源产权法律制度,完善国土空间开发保护方面的法律制度"④,坚持全面依法治国,为绿色发展提供根本的保证。要坚持科学立法、严格执法、公正司法、全民守法。加强立法的科学性,要针对绿色发展过程中存在的具体问题,制定相应的政策法规,增强立法的有效性。要加强对有关绿色发展的重大决策、法律法规实施情况的监督,确保有关绿色发展的重大决策得到真正的执行。同时要加强对绿色发展的司法保护,要依照法律法规严格的惩治妨碍或破坏绿色发展的违法犯罪活动。

第四,全社会推行生活方式的绿色转型。马克思指出:"个人怎样表现自己的生命,他们自己就是怎样。因此,他们是什么样的,这同他们的生产是一致的"⑤,

---

① 胡鞍钢、周绍杰:《供给侧结构性改革——适应和引领中国经济新常态》,《清华大学学报》哲学社会科学版 2016 年第 2 期。

② 荣开明:《论绿色发展的几个基本问题》,《观察与思考》2016 年第 12 期。

③ 中国梦与浙江实践课题组:《中国梦与浙江实践》生态卷,社会科学文献出版社 2015 年版,第 23 页。

④ 《坚持节约资源和保护环境基本国策,努力走向社会主义生态文明新时代》,《人民日报》2013 年 5 月 25 日。

⑤ 《马克思恩格斯选集》第一卷,人民出版社 2012 年版,第 147 页。

传统的生产发展方式,决定了人类重物质、重消费、轻生态的不合理的生活理念与方式,导致人与自然关系的严重失衡。因此,必须改变传统的生活方式,推行绿色环保的生活方式,把绿色发展理念贯穿于日常生活的点滴之中。

（原载于《观察与思考》2017 年第 8 期）

绿色发展理念的哲学意蕴[*]

习近平总书记强调,绿水青山就是金山银山,保护生态环境就是保护生产力,改善生态环境就是发展生产力。党的"十三五"规划建议明确提出创新、协调、绿色、开放、共享的五大新发展理念。其中,绿色发展是对发展本质、规律和趋势的理性把握,注重解决人与自然的和谐问题。绿色发展是指在遵循经济规律、社会规律、生态规律的基础上,在生态环境容量和资源承载力的约束条件下,实现经济、社会、人口和资源环境可持续发展的一种新型发展模式,是具有中国特色的当代可持续发展新形态。走绿色发展之路,是加快转变经济发展方式的重要途径,是把握时代脉搏、主动适应变化的战略选择,是应对国际竞争、提高绿色竞争力、实现绿色现代化的迫切需要。

一、走出现实困境满足美丽期待

改革开放以来,我国经济社会发展取得了巨大进步,人们享受着发展带来的丰硕成果,但生态文明建设水平仍滞后于经济社会发展,粗放式的经济发展模式已经使得资源环境难以为继,蓝天白云、青山绿水日益远离我们,垃圾围城、水土流失、草原退化、湿地萎缩、重度雾霾等严重影响了人们的生产和生活。生态系统岌岌可危,由环境引发的群体性事件逐年升级,发展与人口资源环境之间的矛盾日益突出,已成为经济社会可持续发展的重大瓶颈制约。面对资源耗竭、环境污染、生态退化的严峻形势,坚持绿色发展,建设生态文明成为人们的迫切需求和美丽期待。2012 年 11 月,党的十八大报告首次单篇论述生态文明,提出着力推动绿

---

　*　本文作者:杨发庭,中央党校中国特色社会主义理论体系研究中心;洪向华,中央党校中国特色社会主义理论研究中心。

色发展、循环发展、低碳发展,把生态文明建设融入经济建设、政治建设、文化建设、社会建设各方面和全过程,努力建设美丽中国。2015 年 4 月,《关于加快推进生态文明建设的意见》出台,提出坚持把绿色发展、循环发展、低碳发展作为基本途径。2015 年 11 月,"十三五"规划建议要求坚持绿色发展,推动低碳循环发展。坚持绿色富国、绿色惠农,为人民提供更多优质生态产品,推动形成绿色发展方式和生活方式。

二、符合社会发展规律和最终目的

绿色发展是一个涉及多维度、多层次和多领域的发展理念,是对资源高效利用、对环境全面保护的发展,是统筹兼顾、全面协调的发展。绿色发展既符合人类社会发展规律,又符合人类社会发展的最终目的,是合规律性与合目的性的统一。"合规律"是指绿色发展反映客观事物的本质、规律和客观条件的可能,具有现实可行性。绿色发展遵循自然规律、社会规律和生态规律,强调人的自律与自觉,将资源的有限性与发展的无限性结合起来,以尽可能少的资源、环境代价,实现经济社会生态的可持续发展。党中央、国务院《关于加快推进生态文明建设的意见》提出:"把生态文明建设放在突出的战略位置,融入经济建设、政治建设、文化建设、社会建设各方面和全过程,协同推进新型工业化、信息化、城镇化、农业现代化和绿色化。"这标志着我们党对共产党执政规律、社会主义建设规律和人类社会发展规律的认识达到了新的水平。"合目的"是指绿色发展符合人们的需要和意愿。我国坚持走中国特色新型工业化、信息化、城镇化、农业现代化道路,对资源和绿色能源有巨大需求,对天蓝、地绿、水净的美好家园有更多期待。绿色技术的广泛使用,在使人类获得经济效益和社会效益的同时,能够最大限度获得生态效益,从而提升人类发展的空间和维度。绿色发展是在遵循客观规律基础上的全面、协调、可持续的发展,归根到底是人的全面发展。

三、用绿色技术建设生态文明

人类文明正处在由工业文明向生态文明转型的时期。人类社会经历了三种文明,即原始文明、农业文明和工业文明。每一次文明的转型都是人类对自然的认识、利用和改造能力提高的表现,技术范式的转换往往伴随着人类文明的转型。原始文明是人类依附于自然、受自然支配的文明形态,人类受到自然的束缚,盲目地崇拜自然、依赖自然。农业文明是人类利用自然、改造自然、有限破坏自然的文明形态,传统技术范式没有超出自然环境的可承载力,生态环境的破坏只是局部的、暂时的,人与自然保持在一种相对和谐的状态中。工业文明是人类控制自然、征服自然、严重破坏自然的文明形态,现代技术范式一味重视技术应用的经济指标,忽视了环境指标和资源消耗指标,人类大量消耗资源能源,疯狂掠夺自然,引起了沙尘暴、沙漠化、洪水等一系列生态问题,威胁了人类的生存和发展。人类希望走出生态危机,走向一种更加集约、更加持续、更加和谐的文明,即生态文明。生态文明是一种继工业文明之后新的更高的文明形态,是解决人与自然矛盾激化的有效途径,是实现美丽中国梦的基础和抓手。绿色技术范式实现了资源、产品、废物的双向流动和循环使用,产生资源"减量化"效应,达到资源利用的最大值。绿色发展是技术范式的新跃升,符合技术发展规律和人类文明要求,推动着生态文明的转型。

四、以制度变迁推动转型进程

技术和制度是文明的两个重要维度。技术进步与制度变迁是一个相互渗透、互为因果、双向互动的过程,共同构成一个联系紧密、不可分割的动态结构和有机整体。技术进步为制度变迁提供支撑,是制度变迁的动力源;制度变迁为技术进步提供坚实保障,是技术进步的助推器。首先,绿色技术是绿色发展的支撑。绿色技术是指能够推动绿色发展、循环发展、低碳发展的技术体系,贯穿于绿色生产力的全过程和各方面。绿色技术以可持续发展为理念,以循环清洁利用为准则,旨在实现人与自然、人与社会的和谐共存。发展绿色技术提高了环境支撑能力和生态容纳能力,加快了产业多元、产业延伸、产业升级的步伐,有利于抓住战略机遇期,加强资源节约,促进转型升级,保障能源安全。绿色技术不是静态的,而是动态发展的。伴随经济社会发展和新情况的出现,可能还会遇到技术瓶颈,这就需要绿色技术创新。绿色技术创新是对技术创新的拓展和提升,是生态文明视域下技术创新的崭新形态,是推动绿色发展的重要动力和迫切需求。绿色技术创新倡导人、技术、制度的和谐统一,积极践行生态价值观,蕴含着丰富的人文精神和伦理关怀。其次,绿色制度是绿色发展的保障。绿色发展任重而道远,必须以新理念催生新制度,以新制度保障新措施,以新措施带动新发展。实现绿色发展,应积极构建以市场为导向,以需求为基础,以政府为引导,以企业为主体,以法律为保障,以实现经济效益、社会效益和生态效益统一为目标,官产学研用紧密结合,各种创新资源高效配置和综合集成的绿色制度。制度变迁推动技术进步是一个多层次、立体式、系统化的过程,需要理念的引导、思维的塑造、政策的激励、市场的优化、文化的提升、社会的参与以及法律的保障。绿色技术和绿色制度的双向互动,推动了绿色发展和生态文明转型。

(原载《光明日报》2016 年 12 月 3 日)

十九大后生态文明建设和改革亟待解决的问题*

一

　　2005 年国务院《关于落实科学发展观加强环境保护的决定》在国家层面首提倡导生态文明,党的十七大把生态文明建设纳入全面建设小康社会的奋斗目标体系,党的十八大把生态文明建设纳入全面建成小康社会的奋斗目标体系,并纳入"五位一体"的总体布局。自此,生态文明正式进入经济和社会发展的主战场。党的十九大更是提出了把我国建成富强民主文明和谐美丽的社会主义现代化强国的目标,生态环境保护任重道远。

　　经过酝酿期和萌芽期,我国生态文明建设与体制改革即将完成初创期。目前,在新发展观的指引下,资源能源节约、环境友好的关键体制、制度和机制不断建立,生态文明制度体系的四梁八柱已基本建成,成效不断地显现。这些成效得益于党对生态文明建设与体制改革的高度重视和坚强领导,得益于党政同责体制和中央环境保护督察两大利剑的重要保障,得益于环境共治体制、制度和机制的全面均衡推进。

二

　　党的十九大后,可以考虑对现行的生态文明建设和改革措施进行全面的评估,扬长补短,针对现实的重点难点问题、制度构建的薄弱环节和体制、制度运行中的梗阻问题,加强体制优化、制度整合和机制创新,确保生态文明建设与体制改革在生态文明新时代不断取得更大的实效。

　　一是各区域生态文明理念的树立存在两极分化的现象。地方推动生态文明体制改革和生态文明建设的进展情况,与态度和能力有关。在浙江、上海、北京、

---

　　* 本文作者:常纪文,国务院发展研究中心资源与环境政策研究所副所长,研究员。

江苏、广东、福建等发达地区,经济技术能力整体偏强,生态文明的理念正进入自信和自觉阶段;而在欠发达的中西部地区,经济技术能力整体偏弱,一些地方对生态文明建设的认识不到位,生态文明的发展仍然处于灌输和自发阶段,党政领导干部特别是基层的党政主要领导在公开场合大讲特讲环境保护,背后则大力推行区域经济排名,环境保护的工作动力主要来源是对严肃问责的忌惮。有的地方领导干部甚至认为,经济下滑的主要原因在于强调环境保护。根据中央环境保护督察组的反馈情况来看,河北省在落实环境保护党政同责、一岗双责方面重视不够,环境保护工作压力在向各级党委、政府和有关部门传导中层层衰减,一些地方的环境质量还在恶化;河南省不少干部存在诸如短期内牺牲环境换取增长不可避免,大气污染严重主要受地形、降水、风力等外部条件影响等认识上的错误和偏差;黑龙江省工作部署存在降低标准、放松要求现象,如没有按照相关规定,对省直相关部门工作情况进行年度考核,也未对 2015 年未完成治理任务且空气质量恶化地区实施问责,一些地市环保压力传导不够;内蒙古自治区不少同志不仅没有认识到生态环境面临的严峻形势,反而认为全区环境容量大,环境不会出问题,很多地方干部没有认识到绿水青山就是财富,一些地区生态破坏情况令人心痛;宁夏回族自治区党委、政府对推进绿色发展的艰巨性、紧迫性和复杂性认识不足,存在重开发、轻保护问题;天津市在环境保护方面存在开会传达多、研究部署少、口号多、落实少等问题,一些领导干部在工作中担当意识、责任意识欠缺,"好人主义"盛行。在很多市县,党政主要领导关心的是招商引资,从江浙引进淘汰和落后的企业。地方带头人若不树立正确的绿色政治观和绿色政绩观,生态文明建设不会有长足的发展。

二是不同领域、不同层级的相关性改革文件多,缺乏系统性的梳理,基层的实际主义者难以理解上层的改革出发点和落脚点。一些地方反映,有的改革文件,没有考虑基层千差万别的实际情况,不考虑基层财政的承受能力和工作能力,不深入、不细致、不接地气,缺乏可实施性。有的地方指出,一些环境保护目标的设立脱离发展阶段,搞环境保护冒进,对基层没有补偿措施,让基层接受不了。地方既要发展 GDP,解决行政事业单位吃饭的问题,又要保护环境,由于能力不够,工作常常处于两难境地。由于担心受到责罚,地方也不愿意向上面反映真实情况。一些地方反映,有的单位发文太多,由于视角与方法的不同,要求与目标也不同,出现以邻为壑、统筹性差的现象,对改革的系统性、整体性工作形成冲击。由于中央缺乏对地方改革措施的审查和统筹、协调机制,缺乏辅导,地方难以系统性地理解和科学地适用收到的数量众多的改革文件。地方为了完成改革任务,出现了以文对文、出现说得多做得少、开会多落实少的问题。

三是一些环境保护目标的设定政策僵硬,缺乏区域和领域的灵活性,导致基层执法一刀切。环境保护不要违背环境保护规律,也不要违背经济发展的规律。从以污染物排放总量控制为手段的环境保护体系转向以环境质量管理为核心的管理体系,是一个进步,史上最严格的环境保护法制体系的建立,也是一个进步,但是如果不着眼于实际情况,如果不遵循经济和科技发展的周期律,出台过快的战略和部署,追求过高的目标和状态,一味地提升标准和技术性规范,不分东部与西部、城市与乡村、工业与生活的差别,政策目标僵化,措施部署缺乏区域与领域灵活性,一旦以严格的环境法律法规来保障实施,就会出现环境保护冒进现象,既损害环境,也损害经济的元气。一些地方反映,一些自然保护区当年划定的时候,核心区就有原住民在居住和耕种,有的耕种行为并不危害保护的对象,而现在却要求彻底搬迁和退出,地方确实有困难,有的地方请求上级部门实事求是地重新划定生态红线区域,但是难以得到有效的回应。需要定期评估经济、科技、环境保护周期律的契合性,在此基础上制定环境保护标准和要求的战略。只有环境保护战略、目标、标准科学了,社会可承受了,中央环境保护督察实施严格的督察,社会才不会出现对环境保护一刀切的抱怨。

四是环境保护监管监察不严厉,执法监察一阵风,不作为、慢作为、轻作为与地方一刀切的野蛮执法现象并存。出于条件的不同和对经济的考量,总体上看,越是落后的地方监管执法越不严厉,越是发达的地方越是有条件和能力重视环境执法监管。根据中央环境保护督察组的反馈来看,很多地方的自然保护区违法违规开发建设问题严重,普遍存在违法违规情况,导致部分湿地、草地等被破坏。有的地方矿山环境治理普遍尚未开展;有的地方环保不作为、慢作为的问题,导致部分地区环境形势转差,十分严峻。祁连山事件就是一个典型,习总书记做出几次批示,而地方却仍然消极应付,最后由中共中央办公厅督查室出面调查追责。中西部地区普遍反映,环境保护存在平时不烧香、临时抱佛脚的现象,为了应付中央和省级环境保护督察组的督察,弄虚作假,普遍要求关停企业予以应对。中央和省级督察组走后,一些地方的污染企业又全面重启,环境污染又卷土重来。而在一些地方,官员为了自保,不被追责,开始狠管,由地方保护主义转向"官员自保主义",不管企业是否有改变提升的潜力,不去扶持企业度过环境保护难关,而是一刀切,一律责令关停甚至拆除,没有任何补贴。有的甚至在督察期间关闭便民的小餐馆,拆除小养殖场所,影响经济和就业,在一些领域的影响可能是断崖式的。这种地方政府失职而由企业吃药的行为,不合适,必须纠正。另外,目前企业界普遍认为,环境保护标准每年都在变,企业都很难说自己没有一点问题,企业投资了环境保护设施仍然被责令关闭的现象存在,民营企业普遍没有环境保护政策的安全感。这都是对社会主义经济发展和生态文明建设事业的不负责。

五是过于相信督察、督查与执法的作用,对环境基础设施的建设和绿色发展内生动力的增强重视不够。中央环境保护督察和环境保护党政同责撬动了中国环境保护的大格局。中央环境保护督察组对地方党政领导进行严肃问责,有利于地方全面纠正违法审批和监管缺位和不到位的现象。这一做法虽然看起来冷酷,但是只要坚持,对于新常态的实现,对于促进生态文明进入新时代,都是有益的。如果不进行严厉问责,不对小散乱污企业进行坚决的清理整顿,大规模违法违规的现象以后可能还会出现。执法监察与督察督查既要有治标的作用,解决社会关心的热点环境污染和生态破坏等问题,也要通过优化体制和机制,促进治本事项的解决。在现有的经济和技术条件之下,经过几年的严格整顿,环境执法监察、督察督查的环境效用快要用尽。绿色生产和绿色生活理念的树立和模式的建立,需要一两代人,不是几年就能够完成的,因此环境保护既要有历史紧迫感,也要有必要的历史耐心,不可过急,需建立国家和地方战略,合理设立目标和标准,分阶段稳步推进,切忌冒进与大跃进。近期想要进一步大幅度削减 PM2.5 和其他污染物,难度很大,如 2017 年上半年京津冀地区 PM2.5 的浓度同期相比,不降反升。要想进一步削减污染物的排放,必须依靠经济的发展、科技的创新和环境基础设施的建设,提升绿色发展的内生动力,提高环境保护的基础能力。在能力提高之后,再去大幅提升环境保护标准和要求,会取得很大的环境保护效果。这需要国家加强对地方的引导,需要国家和地方加强对地方的污水处理、垃圾分类收集、绿色工业园区建设等环境保护基础设施的投资,整体提升环境保护的能力和水平。

六是环境保护的责任追究难以自动启动,地方捂盖子的现象比较普遍,官员对地方保护仍然抱有侥幸心理。2014 年修改的《环境保护法》提高了罚款的标准,设立了按日连续处罚、行政拘留、引咎辞职、限产停产等严厉的行政处罚措施,《大气污染防治法》规定了区域联防联控的机制,"大气十条"的实施方案规定了错峰生产的措施,对民事公益诉讼也进行了规范,但是这些严厉措施的实施启动大多靠公权力机关的主动作为,特别是地方党委和政府的主动作为。如果执法机关疏于职责,不履行法律规定的严格监管职责,不进行严厉的责任追究,可能承担环境污染后果的公众毫无能力纠正；如果官员应当引咎辞职而其领导不让其辞职，可能承担环境污染后果的公众毫无启动办法。由于中央没有精力纠正全国各地、各层级所有的违规现象，疏于监管和执法导致现实立法在实践中沉睡的现象普遍存在。根据中央环境保护督察组的反馈来看，督察组交办的公众举报的环境污染和生态破坏线索，地方核查的属实率不高。在中央环境保护督察组的干预下，很多被地方核查"和谐"的线索的真实性被重新认定，一些捂盖子的地方官员被追究党纪政纪甚至法律责任。在中央环境保护督察组的监督下，有的地市甚至有100多位党政官员被追究责任，形成了强大的震慑力。尽管如此，捂盖子的事情在各地仍然杜绝不了。很多真相的暴露和责任的追究仍然是领导的重视和媒体的曝光。如何建立让环境保护党内法规、国家法律法规自动启动和全天候运行的机制，是一个值得法学界、法律界深入研究的问题。

七是一些地方经济发展落后，环境保护基础设施建设滞后，绿色发展的经济基础、技术基础和社会基础差，不利于生态文明建设内生动力的培育。根据中央环境保护督察组2017年的反馈，一些地区传统的粗放式发展方式没有根本改变，绿色发展的能力差，如宁夏回族自治区贺兰山国家级自然保护区81家为露天开采，破坏地表植被，矿坑没有回填，未对渣堆等实施生态恢复；内蒙古矿山环境治理普遍尚未开展。广西壮族自治区全区环保基础设施建设滞后，36个自治区级以上工业园区中24个尚未动工建设污水集中处理设施。河北省环境保护基础设施建设缓慢，部分河流水库水质恶化明显，滹沱河石家庄和衡水跨界枣营断面2015年化学需氧量、氨氮平均浓度分别比2013年上升63%和21%，群众意见较大。

三

生态文明建设和体制改革措施只有落地并得到地方政府的积极响应，才能充分发挥预期的作用。今后五年，是中国经济和社会发展转型的关键五年，是中国新动能发展壮大的五年，是质量型国家和社会建设的五年，是更高的环境保护要求与经济社会艰难协调发展的五年，因此，必须正视上述问题，定好位，站得更高、视野更广阔，做好长远的设计和谋划。

党的十九大后，中国特色的发展道路会越来越清晰，中国国内的发展环境会更加优化，社会主义行政监管和市场经济体制优势会越来越明显，制度体系会越来越健全，生态文明建设的理论、道路、方法和文化将进一步明确。一是加强对生态文明建设的总体设计和组织领导，设立国有自然资源资产管理和自然生态监管机构,统一行使所有者、用途管制和生态保护修复、污染排放和行政执法职责,克服以往多头监管和"碎片化"监管问题,形成自然资源产权统一管理、生态环境有效监管和国土空间有序管控的治理大格局。二是要倾听各方面的意见,边建设边改革,基于城乡差别、东中西部地区差别、第一二三产业差别开展目标和政策的分类施治,不搞"一刀切"。三是在全局性的、战略性的行动纲领指引下,一些改革措施将被巩固夯实,一些改革措施将被不断创新,一些改革措施将以点带面推广。四是完善生态环境管理制度,使生态文明绩效评价考核和责任追究制度等制度构成的产权清晰、多元参与、激励约束并重、系统完整的生态文明制度体系,推进生态文明领域国家治理体系和治理能力现代化,构建科学合理的城市化格局、农业发展格局、生态安全格局和自然岸线格局。在这种格局下,生态文明建设将以新的历史使命、新的奋斗目标、新的精神状态、新的动能催生和扎实的能力建设,提供更多优质生态产品以满足人民日益增长的优美生态环境需要。

（原载于《党政研究》2017 年第 6 期）

绿色发展的国际先进经验及其对中国的启示[*]

一、绿色发展与中国现状

绿色发展是人类面对当今全球资源、能源和环境挑战所做出的发展方式和发展道路上的重大探索,随着经济的发展,社会的不断进步,绿色发展理念越来越受到人们的重视。自20世纪60-70年代以来,以《寂静的春天》和《增长的极限》为标志,经过1992年联合国里约环境与发展大会通过了以可持续发展为核心的《里约环境与发展宣言》《21世纪议程》等文件,到2008年的"绿色经济倡议"、2011年的《迈向绿色增长》和2012年的"里约+20"联合国可持续发展会议宣言《我们希望的未来》,绿色发展的理念越来越清晰,它是对循环经济、绿色经济、可持续发展、低碳经济等热门理念的继承和发展,是对以上词汇的综合归纳和高度概括,是可持续发展理念的延伸和升华。有学者将绿色发展界定为"经济、社会、生态三位一体的新型发展道路,以合理消费、低消耗、低排放、生态资本不断增加为主要特征,以绿色创新为基本途径,以积累绿色财富和增加人类绿色福利为根本目标,以实现人与人之间和谐、人与自然之间和谐为根本宗旨"[①]。中国作为增长最快的新兴工业化国家,传统的高投入、高消耗、高排放、低效益的粗放型增长方式已经走到十字路口,无论是环境容量,还是资源承载力已达到瓶颈,中国已成为世界能源消耗大国,碳排放总量位居世界第一位[②]。截至2013年,中国GDP占全球12%,能源消费量占全球22%,碳排放量接近全球30%,全球碳排放增量中有

---

[*] 本文作者:杨宜勇,国家发改委宏观经济研究院社会发展研究所所长、研究员、博士生导师;吴香雪,中国人民大学公共管理学院博士研究生;杨泽坤,德国不来梅雅各布大学学生。

[①] 胡鞍钢:《中国:创新绿色发展》,中国人民大学出版社2012年版。

[②] 世界银行、国务院发展研究中心联合课题组:《2030年的中国:建设现代、和谐、有创造力的高收入社会》,中国财政经济出版社2013年版。

60%来自中国①。中国作为一个负责任的大国,已经深刻地认识到传统的生产方式难以为继,经济增长方式必须向绿色发展转轨。绿色发展也日益受到党中央、国务院的高度重视,党的十八大将生态文明提上前所未有的战略高度,从建设"美丽中国"的高度把生态文明的要求贯穿五大文明建设的始终,全党全社会加快推进生态文明建设,"着力推进绿色发展、循环发展、低碳发展"。党的十八届五中全会提出了"创新、协调、绿色、开放、共享"的五大发展理念,把绿色发展理念摆在突出位置,与创新发展、协调发展、开放发展、共享发展一道,成为指导我国"十三五"甚至是更为长远时期发展的科学发展理念和发展方式,走绿色发展之路是实现中华民族永续发展的必要条件,事关我们每个人的切身利益。

当前我国资源环境形势不容乐观,要保持经济持续增长与全面深化改革以及生态治理相协调,首先要认识到绿色发展是一项长期、复杂的系统性工程,因此一定要做好顶层设计,并不断通过体制机制创新来推动绿色发展。在国际上,为应对资源匮乏、环境恶化以及实现经济复苏的压力,绿色经济逐渐成为经济转型的新亮点②。美国、欧盟、日本纷纷提出了绿色发展战略,实施"绿色新政",试图通过发展绿色经济促进经济复苏,并在新一轮全球经济竞争中继续占据优势地位,正如美国总统奥巴马所说,"谁掌握清洁和可再生资源,谁将主导21世纪"。作为全球第二大经济体,我国目前的资源环境、能源消耗状况严重制约了经济绿色发展,并严重影响了我国的国际形象,因此我们迫切需要做出绿色发展的战略选择,在产业结构、生产方式、生活方式等方面转变思想观念,以绿色理念贯穿生产生活的各个角落。发达国家在这方面积累了丰富的技术经验,对发达国家走绿色发展之路的相关经验进行总结并合理借鉴,有利于建立和完善我国绿色发展体制机制。

二、绿色发展的国际先进经验

中国是世界上最大的发展中国家,积极推进生态文明建设,实施绿色发展,是中国政府适应人民对美好新生活新期待的需要,也体现出中国作为一个负责任大国的国际担当。美国、欧盟、日本的绿色发展经验相对更为成熟,对我国走绿色发展之路能够提供很好的成功经验。

---

① 吕薇等:《绿色发展:体制机制与政策》,中国发展出版社2015年版。
② 张江雪:《基于绿色经济的中国技术创新绩效研究》,经济日报出版社2015年版。

（一）美国绿色发展的先进经验

美国是世界上最早开展绿色保护的国家之一,打破了企业只顾生产,不顾环境保护与资源的陈旧发展方式,保护环境的同时不断创新绿色发展方式与技术,并将其用于经济发展的各个层面。1980 年,美国国会以明确保护环境责任为目标通过《综合环境反应、补偿和责任法》;为了应对气候变化,2007 年,美国国会先后通过了《气候安全法案》《低碳经济法案》《减缓全球变暖法案》《气候责任法案》《全球变暖污染控制法案》以及《气候责任和创新法案》等一系列相互配合的重要法案。

在美国绿色经济发展方面,绿色金融、绿色保险、绿色能源等都得到大力发展[①]。美国于 1980 年颁布《超级基金法案》(CERCLA),指出"谁污染,谁治理",由企业引起的环境破坏及污染责任必须由企业自行承担治理责任,银行等金融机构在进行放贷时必须高度关注和评估放贷企业的环境破坏风险,并予以防范,以此金融放贷的形式约束企业生产中的污染行为,以达到保护环境的目的;在绿色保险方面,美国积极创新,走在世界的前列。早期绿色保险是作为美国公众责任保险的一部分,后来不断发展壮大。1980 年,美国国际集团(AIG)和埃文斯通保险公司开始推出污染责任保险业务,采用每次赔偿限额和累计赔偿限额赔付制度,分别为 1000 万美元和 2000 万美元。美国污染责任保险联合会(PLLA)是1982 年由 37 家保险公司组成的,它的目的在于使大家共摊保费,共同承担损失,由此形成一个较大的资金保险池,为其成员公司提供污染责任保险;在政府作为方面,每年向有重大环境污染风险的企业征收 5 亿美元的税款,专款专用,用于清理严重的环境污染,还用于处理保险者责任与污染者之间的利益矛盾纠纷,帮助保险人分散巨大的环境污染风险。虽是如此,但在美企业因为环境污染而对社会产生人身伤害和财产损失的,不仅要承担赔偿责任还应该承担污染治理责任,这个费用相当巨大,因而对企业有较强的约束作用。国际金融危机爆发后,奥巴马政府推出了近 8000 亿美元的经济复兴计划来促进美国经济的增长,其中 1/8 用于清洁能源的直接投资及鼓励清洁能源发展的减税政策,重点包括发展高效电池、智能电网、碳储存和碳捕获、可再生能源如风能和太阳能等,以推动美国减少对石油和天然气等石化能源的依赖。美国政府加强对能源和环境领域的科研投入与总体部署,基本战略是利用科学技术的优势,扩大替代能源的使用,减少化石

[①] 张哲强:《绿色经济与绿色发展》,中国金融出版社 2012 年版。

能源消耗和碳化物的排放。同时美国政府还注重投资大学、实验室等研究机构，为绿色发展提供知识和技术支撑。预计总拨款4400万美元用于投资大学、国家实验室等，成立能源前沿研究中心，促进核能技术的升级，并拨款7.9亿美元来推动下一代生物燃料的发展。奥巴马希望通过投资新能源带动就业，从而提升本国的就业率。发展清洁能源，从短期来看，可以降低美国的失业率，并创新清洁能源技术，从长期而言，能够实现环保，为公众创造清新的生活环境，还将使美国成为绿色创新的中心，占领世界绿色发展核心地位，以此带来巨大的政治经济回报。汽车制造业是美国的重要产业，为了减少对成品油的依赖和保护环境节约资源，奥巴马提供了绿色汽车计划，计划用10年约1500亿美元用于汽车行业节能性产品的再造与替代开发，重点打造无污染的混合型机动车。另外奥巴马还在建筑节能改造方面有所作为，包括大规模改造政府办公楼，推动全国的学校节能设施升级，并对全国公共建筑进行节能改造，以实现能源节约。

美国对企业购买使用符合标准的环保设备予以减免税优惠，对企业和家庭使用太阳能发电设备减免所得税的最高额度是投资成本的30%，但必须在使用投产后减税。政府也积极地进行绿色采购，1991年，美国总统下达命令，要求政府机关必须优先采购绿色产品、使用再生物品，美国环保署1999年又公布了《环境有利型产品之采购指南》，进一步规范了政府的绿色采购行为，有较完善的法律保障，还有详尽的"绿色采购清单"。另外，美国的农业发展也遵循绿色发展之道，在推销绿色生物能源的过程中，农业的发展和支持无疑是最关键的。因此奥巴马当政以后，不仅加大对农业绿色发展和农业环境保护的投入，还对农业使用的有机化肥和农药进行开发研究，不断废除不达标产品，使用更加安全的农业用品，还开发本身具有抗病虫害和高产量的农业品种，以进一步达到减少有毒农业用品的使用①。

（二）欧盟绿色发展的先进经验

欧洲是推进绿色经济的先导者，其环境保护经过几十年的发展，取得了丰硕的成果。绿色经济发展模式是欧盟实施范围最广的经济模式，它将环境污染治理、环保产业发展、新能源的开发利用和节能减排都纳入绿色发展的框架。在欧盟推进过程中，强调绿色发展多领域的协调与整合，2009年，正式启动欧盟区域范

---

① 中国国际经济交流中心课题组：《中国实施绿色发展的公共政策研究》，中国经济出版社2013年版。

围内的整体绿色经济发展计划,计划将投资 1050 亿欧元支持绿色发展计划在各欧盟成员国的推行,包括用来帮助欧盟各国执行欧盟环保法规、研究创新改善废弃物的处理技术,预算费用分别为 540 亿和 280 亿欧元,以此来促进欧盟绿色就业和经济增长,使欧盟的绿色产业发展具有国际先进水平和全球竞争力。由于经济的带动,欧盟绿色消费也蔚然成风,消费者更喜欢购买贴有绿色标志的绿色商品,在整个欧洲市场上大约 40% 的人喜欢购买绿色产品①,绿色消费需求成为拉动绿色产业发展的动力。在欧盟的绿色经济发展中,英国(脱欧前)、德国和法国发挥着主导作用。

英国的绿色发展主要包括三个方面:绿色能源、绿色制造和绿色生活方式,其中居于绿色经济政策首位的是绿色能源发展。英国于 2009 年颁布《英国低碳转型计划》《英国可再生能源战略》两部法案,明确要求英国政府要将碳排放管理规划放在政府预算框架内,标志着英国成为世界上第一个特别设立碳排放预算的国家。英国政府计划到 2020 年,其能源供应中可再生能源的供应比例要达到 15%,包括对以煤炭为主的火电进行清洁生产和绿色改造,还要大力发展风电等其他清洁电力,以达到 40% 的电力来自绿色能源领域。绿色制造主要是指英国政府通过支持研发新的绿色技术来推动绿色制造业的发展。为了确保英国在碳捕获、清洁煤等新技术领域始终处于优势地位,英国政府从政策和资金方面向低碳产业倾斜,并不断降低新生产汽车的二氧化碳排放标准,要求在 2007 年的基础上平均降低 40%②。最后是在全国范围内推行绿色低碳节能的生活方式,用家庭补偿金来鼓励民众主动改造房屋中的落后耗能设备,以安装清洁能源设备为替代,另外还倡导绿色消费,鼓励人们购买绿色环保产品。

德国是最先推行环保标识的国家。1978 年联邦德国推出绿色产品,上面标注着图案为“蓝色天使”(Blue Angel)的绿色标识。迄今为止,德国批准使用的绿色标志已覆盖 60 多个门类共 4300 多种产品。德国在 1994 年颁布了《循环经济和废物处理法》,后来又颁布一系列的相关法律,要求企业和居民对资源实行综合回收利用,减少环境污染,保护生态环境。在经济危机背景下,德国在 2009 – 2010 年

---

① 中国 21 世纪议程管理中心可持续发展战略研究组:《全球格局变化中的中国绿色经济发展》,社会科学文献出版社 2013 年版。

② 中国 21 世纪议程管理中心可持续发展战略研究组:《全球格局变化中的中国绿色经济发展》,社会科学文献出版社 2013 年版。

的两项经济刺激计划总计 1050 亿欧元,绿色投资重点为建筑节能和提高汽车能效①。从发展绿色经济的宏观战略上来看,德国的重点是发展可再生能源和工业的生态化转型。德国的《可再生能源法》于 2009 年生效,其目标是使可再生能源电力在 2020 年达到总电力的 30%。同年 6 月,德国又颁布了一份旨在促进德国生态工业政策发展、推动德国经济现代化的战略文件,它包含 6 个方面的内容:严格执行环保政策;制定各行业能源有效利用战略;扩大可再生能源使用范围;可持续利用生物质能;改革和创新汽车业,生产绿色汽车,以及采取措施进行环保教育和资格认证。为了顺利走上绿色经济发展道路,实现经济的转轨,德国不仅重视加强与欧盟绿色经济政策的协调和对外国际合作,对内还增加国家在绿色经济发展方面的投入,大力推进环保技术创新,并鼓励私人在环保方面进行投资,希望通过筹集公众和私人资金来建立环保和创新基金,以补充国家的资金投入。全国政府机关由上而下调整采购政策,主要集中于对绿色环保产品特别是能源利用率高的产品进行采购,以带动绿色产业的发展。作为工业大国,德国在节能、环保、新能源等领域的技术在世界上具有很高的认同度,因而其在相关的技术转让和出口领域也非常活跃。德国同时也是国际绿色信贷政府的主要发起国之一,经过多年的发展德国绿色信贷政策成熟完善,体系健全完备,成效显著。表现在政府和各种政策性银行能够为环保和节能项目提供低管理成本的贴息贷款,政府在这个过程中通过制定贴息及相关的管理办法来规范绿色信贷行为,保证各类贷款项目都通过公开、透明的招标形式开展。

法国的绿色经济政策的重点,是清洁能源和绿色交通。2007 年,法国启动Grenelle 环境论坛来应对全球变暖带来的环境和经济挑战,该论坛积极致力于发展可持续经济并使其具有竞争力。在能源领域,法国除了继续保持在核电能源中的领先地位外,还大力发展可再生能源,于 2008 年公布了一系列旨在发展可再生能源的计划,该计划包括 50 项措施,涵盖生物能源、风能、地热能、太阳能以及水力发电等多个领域,预计到 2020 年使可再生能源占能源消耗量的 23%②。除了大力发展可再生能源外,法国政府投入巨资用于研发清洁能源汽车和"低碳汽车",通过节能减排措施推动产业发展。同时,由于核能一直是法国能源政策的支柱,也是法国绿色经济的一个重点,法律强调将把开发核能与发展可再生能源放

---

① UNEP:Global Green New Deal:An Update for the G20Pittsburgh Summit,September,2009.

② 秦书生、杨硕:《习近平的绿色发展思想探析》,《理论学刊》2015 年第 6 期,第 4 - 11 页。

在同等重要的地位,新可再生能源计划的实施将大量增加就业岗位,预计到 2020 年能创造 20 万到 30 万个就业岗位。

(三)日本绿色发展的先进经验

日本高度重视减排,主导建设低碳社会。20 世纪 70 年代,日本因排烟和排水的严重污染引发了大范围的疾病,且受地理环境等自然条件制约,全球气候变暖对日本的影响远大于世界其他发达国家。因此日本各届政府都非常重视宣传节能减排,主导建设低碳社会和大力保护环境。20 世纪 90 年代,日本就开始了保护环境、减少污染、节约资源的循环经济政策实践,并于 2000 年颁布《建立循环型社会基本法》,正式确立了发展循环经济、构建循环社会的目标。2007 年 6 月,日本内阁会议审议通过《21 世纪环境立国战略》,这个战略报告系统阐述了日本中长期环境政策的发展目标,即建立低碳社会,并宣布在建立低碳社会的基础上,建立与环境保护相协调的美丽家园。同年日本发布《环境与循环型社会白皮书》,该报告指出日本政府必须对全球变暖具有强烈的危机感,需要立即制定相关政策予以应对,同时还强调要促进绿色技术开发创新,促使日本支柱产业———汽车制造业进入电动驱动阶段,大量投资研究高性能蓄电池,并把当前已经取得的成果和技术运用到生产生活的各个方面。2008 年,日本政府通过"低碳社会行动计划",提出研究提高家用太阳能的效率,计划在未来几年内使其发电系统的成本降低一半,并争取到 2030 年,使风能、太阳能、水能、生物质能和地热能等的发电量达到日本总用电量的 20%。另外日本政府还制定了两个具体的实施措施来推动环保和能源技术发展,一是能源限制和再利用措施。如日本的《建筑循环利用法》要求无论是公共部门还是私人在改建房屋时有义务对所有建筑材料进行循环利用,由此也促进日本发明了混凝土再利用的世界领先技术。二是对节约能源的家庭和企业提供补助金。如日本政府采取对家庭购买太阳能发电设备提供补助金,以及对企业相关行为的税收优惠和补助金制度。2009 年,日本政府公布了《绿色经济和社会变革》政策草案,旨在强调通过启动补贴节能家电的环保点数制度来达到削减温室气体排放的目的,并在社会上大力倡导绿色消费行为,使其成为社会主流消费意识。而对于如何监督企业执行国家的节能环保标准方面,日本实行的是自上而下的四级管理模式,上到首相,下到各县的经济产业局,形成了一套完整的监督管理链条。在日本政府的税收优惠政策下,日本企业争相将发展绿色技术视为企业的核心竞争力,重视节能技术的创新和能源节约,与此同时,日本政府大量采购节能新产品,并对企业使用节约能源的设备进行补贴,一般补贴设备成本的

1/3,补贴上限为2亿日元,显示了日本政府对绿色发展的大力支持。

三、绿色发展的国际先进经验对中国的借鉴与启示

绿色发展事关人民群众根本利益和我国经济社会持续健康发展。当前我国的自然资源和环境容量已经接近于警戒线,走绿色发展之路不仅是经济发展问题,也已成为社会问题和政治问题。党和政府将绿色发展纳入未来发展纲领中,是对转变发展方式认识的重大飞跃与深化。深入学习习近平主席的系列讲话精神我们可以看到,转变经济发展方式是实现绿色发展的重要前提,绿色发展的重要手段是发展循环经济,重要技术支撑是大力发展绿色技术,基本要求是正确处理经济发展同生态环境保护的关系,重要途径是发展绿色消费,最终落脚点是改善人民群众的生存环境①。由前文可知,发达国家的绿色发展已经取得不错的成绩,而我国走绿色发展之路,不仅要有高屋建瓴的顶层设计,需要全体民众的共同参与,还需要合理借鉴发达国家绿色发展的成功经验。因此未来我们要将我国的实际发展情况与借鉴国外绿色发展先进经验相结合,探索出适合我国的绿色发展道路。

第一,走绿色发展之路要立法先行,严格执法。从上述各国的绿色发展经验来看,世界各国在实施绿色发展的过程中,均制定、实施相关法律法规以保障绿色权益。各国的经验表明,完善相关法律和执法体系,为绿色发展提供了法律保障。由于绿色发展涉及经济、社会的各个方面,特别是涉及公众利益,还需要财政的补偿和支持,是一项复杂的系统工程。因此我国的绿色发展需要完善的法治体系和严格的执法、监督机制。完善的法律体系要求我们设计法律法规时,要体现法律法规的完备性、约束性、激励性和可操作性,在此基础上制定出来的绿色发展法律法规才能给相关政策和措施的发挥提供具体的指导和具有可操作性的规范。所以我们要不断健全现有的环境法治体系,落实各项制度性治理举措,与此同时,实现严格、公正、有效的执法和监督,争取最大限度地保护公众利益。

第二,走绿色发展之路要综合利用各种绿色发展的政策工具。目前国际上用于环保的经济政策工具主要是环境税、补贴、排污权交易、环境基金、政府采购、绿色信贷等,其核心是理顺激励机制,引导企业主动减排。环境税通常是针对矿产资源开采和工业生产排放而征收的,是让排污者为自己对社会造成的负外部性买

---

① 秦书生,杨硕:《习近平的绿色发展思想探析》,《理论学刊》2015年第6期,第4-11页。

单,以抑制排污行为,征收的环境税一般纳入预算,或是用于污染治理等特定用途。政府可以对环保企业和产品的生产和消费采用免税、贴息或专项资金等方式进行补贴,具体可以分为鼓励投资、清洁生产、消费环节的补贴。例如美国各级政府为引导企业使用清洁能源,出台了大量政策对企业进行高额补贴,还对利用清洁能源发电的企业实行所得税减免,政策优惠期甚至长达10年。另外政府还制定排放交易权,排放交易权是根据设定的全社会排放总量目标,政府按一定规则将其分配给企业,允许企业之间进行配额交易。在这种形式下排放配额变成可以交易的商品,它通过价格形成机制引导企业的排放行为,用这种方式不仅可以控制排放总量,还可以优化市场机制和分担减排成本,同时灵活性比较高。充分发挥市场机制作用是发展绿色经济的内在驱动力,市场化激励和改革也是保障绿色发展可持续的必由之路。因此我国绿色发展需要充分发挥市场机制的作用,激发各类市场与政策创新,加大对私人部门的激励。在处理好市场与政府关系的基础上,探索生态补偿、排污权交易等经济型规制手段,激励形成全社会参与环保的稳定持续机制,通过设立基金、补贴、奖励、贴息、担保等多种形式,最大限度地发挥公共投入在市场机制下的"杠杆效应"。与此同时,积极建立促进绿色发展的金融市场,包括利用恰当的信贷、债券、股权投资等金融产品工具,支持节能环保项目和企业的节能减排投资与创新;同时引导和督促金融机构防范风险、履行社会责任。另外还需进一步强化和实质性推进资源价格市场化改革,建立能够反映资源稀缺程度和环境成本的市场化价格形成机制;重点推进水、电力、煤炭、石油、天然气等关键性资源产品的定价机制改革。此外,公私合作被证明在管理能源资源、治理污染、节能减排以及循环经济等诸多方面十分有效,提高私人部门参与积极性、为创新者提供市场确定性,以紧密的公私关系来增加绿色投资。

第三,走绿色发展之路要将统筹规划与重点治理相结合。绿色发展一定要统筹规划,落实责任,协调管理,并结合我国的现实情况重点推进绿色发展。纵观发达国家的绿色发展经验,无不是进行顶层设计,绿色发展涉及范围广泛,各方面相互协调,统筹与重点协同发展。当前我国经济进入了新常态,进行供给侧结构性改革正是我们促进绿色经济发展,转变经济发展方式的大好时机,不能为了保持所谓的经济高增长而抵制转变经济、抵制绿色发展,要以发展的眼光来看,环境效益与经济效益之间虽然存在着张力,但是这个矛盾是可以调和的,必须扭转不惜资源环境代价而盲目追求GDP增速的发展冲动。绿色发展要注重统筹协调,重视和激励所有利益相关者,协调和改善中央与地方之间、不同地区之间、监管部门与公众之间的良性协同关系。此外，尽快建立融合关键政府部门和利益相关者的制度安排，保证其可计量性和透明性，通过合适的方式和渠道向有着不同利益诉求的受众和利益相关者积极分享监管与评价的信息，建立持续性的沟通机制，完善程序参与和冲突处理机制。绿色发展要创新监管方式、改善规制手段，保证绿色发展中公共管理机制的公平、高效、透明。

与发达国家相比，我国的生态环境和治理还处于初级和粗放发展阶段，通过政策调整和精细化管理，还有较大的提升空间。由于经济社会背景、发展阶段、产业结构和技术基础的不同，各国在实践中，因地制宜地制定绿色发展目标和环境治理重点，采取不同的发展战略和路径。例如，英国以建立市场机制为核心，发展低碳经济；德国以开发低碳技术为核心发展低碳经济；美国则比较重视新能源开发与应用；日本重点推进循环经济和节能经济。因此我国走绿色发展之路也要突出重点，依法促进环境污染防治工作。根据我国能源资源禀赋和以煤炭为主的能源消费结构，在实施煤炭消费总量控制的同时，积极推动煤炭的清洁高效利用。大力发展清洁能源，积极推广风能、太阳能、核能等新能源和可再生能源的应用，加强电网建设，落实全额保障性收购制度。并着力强化重点行业综合治理，加强对火电、钢铁、水泥等重点行业脱硫、脱硝和除尘工程的运行管理，确保污染物达标排放，同时加强对中小企业节能减排的管理工作。还要完善《政府采购法》，在《政府采购法》中明确政府采购要优先采购绿色产品和相关服务，为绿色产品和服务开拓市场，不仅有利于培育新的市场，还可以引导企业和个人的消费方向。

第四，走绿色发展之路要不断创新绿色发展技术，强化企业的作用。全球范围内绿色经济、低碳技术正在兴起，不少发达国家大幅度增加投入，支持节能环保、新能源和低碳技术等领域的创新发展，鼓励发展新兴绿色产业。绿色创新是国家经济转型和国家竞争优势构建的核心动力，绿色发展作为一种全新的发展观，依靠科技进步和产业创新是其在全球绿色转型中赢得优势地位的关键因素。不仅仅是政府要加大对绿色共性技术研发的支持和加快绿色产品、产业标准的建立完善，更需要通过体制机制创新激励包括企业、研发机构、服务中介以及各类社会组织的长期参与，并营造致力于绿色产业发展，积极利用全球资源的开放式创新环境。我国在绿色发展方面不能期待发达国家的资金和技术，避免在国际绿色发展新竞技舞台上处于从属地位。我国主要发展方向应为清洁煤炭技术，我国以煤炭为主的能源结构在相当一段时期内尚无法改变，要大力推广煤的清洁利用技术，而不是简单地降低煤耗。加强清洁煤技术的开发和推广利用，要强化企业责任,并鼓励社会公众参与。

第五,走绿色发展之路要求社会公众积极参与,加强环境教育,提高全社会环境保护的意识。要从政府自上而下形成从绿色发展理念到实践的推行,最终建构起双向的绿色循环发展模式。当前我们必须提高全社会公民的生态环境保护意识,形成保护生态环境人人有责的理念,必须对公民保护生态环境的责任和义务予以明确。公民作为绿色消费和社会监督的重要力量,在履行保护生态环境义务的同时也享受到生态环境保护带来的好处。因此必须加强绿色发展理念的宣传力度,努力提高全社会的生态环境保护意识。一方面我们要建立生态文明教育体系,将生态文明教育贯穿公民一生;另一方面要将公民纳入到绿色发展监督机制的系统中,发挥公民监督的强大力量。建立公民参与的良好机制,将环境保护的信息平台公开,打通公民参与监督的渠道,完善公益诉讼制度。发挥绿色发展专业机构的作用,开展绿色发展还要完善咨询、宣传和服务,不断增强和提高公民生态环境保护和绿色消费的理念和行动能力。

参考文献:

[1]蔡林海:《低碳经济:绿色革命与全球创新竞争大格局》,经济科学出版社2009年版。

[2]赵建军,王治河:《全球视野中的绿色发展与创新———中国未来可持续发展模式探寻》,人民出版社2013年版。

[3]中国可持续发展研究会:《绿色发展:全球视野与中国抉择》,人民邮电出版社2014年版。

[4]北京师范大学经济与资源管理研究院,西南财经大学发展研究院,国家统计局中国经济景气监测中心:《2014中国绿色发展指数报告:区域比较》,科学出版社2014年版。

[5]郝栋:《绿色发展的思想轨迹:从浅绿色到深绿色》,科学技术出版社2013年版。

[6]胡岳岷,刘甲库:《绿色发展转型:文献检视与理论辨析》,《当代经济研究》2013年第6期,第33-42页。

[7]人民网:《论"五大发展理念"》,2015年11月5日。

(原载于《新疆师范大学学报》哲学社会科学版2017年第2期)

社会根本矛盾演变与中国绿色发展解析 *

一、绿色发展内涵质疑

1987 年世界环境与发展委员会提出"可持续发展"概念之后,该理念很快在国际传播。2008 年联合国环境规划署(UNEP)又提出"全球绿色新政"和发展"绿色经济"的倡议,2009 年经济合作与发展组织(OECD)国家在部长级理事会宣言中倡导"绿色增长",2009 年欧盟理事会通过关于发展"生态效率经济"的决议。

2010 年中国科学院可持续发展战略研究组《中国可持续发展战略报告》正式提出"绿色发展"概念。《报告》说:"绿色发展或绿色经济是相对于传统'黑色'发展模式而言的有利于资源节约和环境保护的新的经济发展模式。在中国语境下,有关绿色经济或绿色发展的讨论都是针对可持续发展的不同侧面或是特定时期的任务而展开的,其核心目的都是为突破有限的资源环境承载力的制约,谋求经济增长与资源环境消耗的脱钩,实现发展与环境的双赢。"实现绿色发展具体有三个基本目标:一是优先解决国内的资源环境问题;二是依靠技术进步提高产业的资源效率和绿色竞争力;三是发展节能环保产业促进经济体系的"绿色化"。①

2014 年,胡鞍钢、周绍杰在《绿色发展:功能界定、机制分析与发展战略》中指出:尽管可持续发展理念具有进步性,但是对传统发展观只是一种被动的修正式的调整。此外,虽然可持续发展观得到国际共识,但是缺乏有效的国际机制,所以没有形成扭转传统发展模式的全球行动。绿色发展是对传统工业化模式的根本性变革,是中国道路的重要体现。它既包括可持续发展所关注的人口和经济增长

---

* 本文作者:欧阳志远,中国人民大学哲学院教授。

① 中国科学院可持续发展战略研究组:《中国科学院可持续发展战略研究报告》,科学出版社 2010 年版,第 xvi—xvii 页。

与粮食和资源供给的矛盾,同时也强调气候变化的整体性危机。其特征是:(1)强调经济系统、社会系统与自然系统的共生性和发展目标的多元化;(2)以绿色经济比重的不断提高为发展的基础;(3)把"共同但有区别的责任"原则作为全球治理的基本原则。①

以上研究既有开拓性也有代表性,但关于绿色发展的新意还不十分清楚。基于此,在其内涵的界定上也就存在困惑。

首先,把绿色发展直接等同于绿色经济,这种观念最为普遍。自 20 世纪下半叶起,关于"发展"的国际前沿研究就逐渐从物质领域扩展到整个社会,发展问题从一个经济问题上升为一个哲理问题。相关见解在意识形态上可能有隔阂,但在系统思维上一般无障碍。F. 佩鲁推出的"新发展观"我们不尽认同,但冲击是强烈的。经济当然是发展的基础,但对有增长无发展和高增长低发展的背反,连寻常百姓都开始看清和抨击。在主流学术观点中出现这种迟滞,恐怕无论对学界还是对公众都难以交代。特别是当绿色发展成为国家进一步的发展战略之后再作这种表述,应当考虑是否会在发展的助推上仍然乏力。

其次,考察比较系统的绿色发展观念,许多举措实际上早就存在。20 世纪 90 年代,国家将可持续发展和科教兴国确立为两大发展战略,从那时以来,具体政策一直在按照相关论文所建思路前行,诸如"改革政绩考核""完善环境法规""扶持友好技术""淘汰落后产能""倡导绿色消费""建设生态文化""加强国际合作"等词句都耳熟能详。实际上,可持续发展推进的症结在于,公众追求生态目标的真诚度不够。从深层看,可持续发展与传统发展一直存在尖锐冲突,人们从心理上认定它们是"目"和"纲"的关系。如此建构的绿色发展与可持续发展相比,只是量上的区别而不是质上的差异。

国家意识引导是中国社会发展的最大特点,这种模式有强劲的整合作用和动员作用,但也具有相当的思维惯性。当宏观层面的认识没有突破时,中观和微观的认识和行为很难根据实际情况进行调整。然而,一旦真有活力的思想在设计顶端得到认可,社会就会出现全面提升。国家意识与社会行为并不一定同步,但至少能对社会行为产生一种归置效应。可持续发展之所以深陷疲软,首先要在发展理论自身寻找原因。

---

① 胡鞍钢、周绍杰:《绿色发展:功能界定、机制分析与发展战略》,《中国人口·资源与环境》2014 年第 1 期。

拉卡托斯把科学理论视为一个"研究纲领",认为理论都有一个"硬核"和由辅助性假说构成的"保护带",以及"反面启示法"与"正面启示法"。一旦硬核遭遇经验事实的反驳,科学家就能通过调整作为"保护带"的辅助假说,来消化吸收反常经验以保护核心理论。如果调整后能够对经验事实做出更多的解释和预见,那么它就是一个进化的纲领,否则就是退化的纲领。① 绿色发展能否取代可持续发展,不妨参照这个框架进行考察。

二、绿色发展内涵探讨

首先,从科学研究纲领角度,如何观察可持续发展理论。1987 年,世界环境与发展委员会把可持续发展界定为:"人类有能力使发展持续下去,也能保证使之满足当前的需要,而不危及下一代满足其需要的能力。"②综观联合国相关文献对可持续发展的诠释,主要指自然资源的可持续利用问题。"可持续"的英文原意指事物的内在支撑能力,参照研究纲领架构,关于可持续发展的命题"只有保证资源存量可持续利用的发展才是有意义的发展"就是硬核,而关于资源的有限性和无限性能相互转化的辅助假说,则是硬核的保护带。当硬核遭遇事实反驳时,保护带就能通过调整发挥消化吸收功能。

其次,根据科学研究纲领逻辑,如果要以绿色发展观来替代可持续发展观,那么第一它要构成新的理论体系,第二这个体系要呈进化状态。即绿色发展观需要提出不同的核心命题和建构相应的保护带,同时还要在与旧纲领的竞争中体现优势。一般说来,新理论不仅要能够解释旧理论能够解释的事实,而且要能够解释旧理论不能解释的事实,同时新理论还要预见目前虽未出现但将来一定能观察到的事实。虽然发展理论不在纯粹的自然领域,但可以认为这就是一场科学革命。参照 T. S. 库恩的说法,科学革命是世界观的改变。③ 遗憾的是,关于绿色发展内涵的现有论述都未能达到这一水平。

可持续发展理论的软肋在于,它把可持续发展归结为资源存量问题即宏观经济问题。虽然可持续发展的文献强调把经济因素、社会因素与环境因素作为整体考虑并保护多样文化,但核心命题并没有充分体现这一思想。资源存量问题一般

---

① [英]拉卡托斯:《科学研究纲领方法论》,上海译文出版社 1986 年版,第 65 – 124 页。
② 世界环境与发展委员会:《我们共同的未来》,世界知识出版社 1989 年版(序部),第 23 – 24 页。
③ [美]库恩:《科学革命的结构》,上海科学技术出版社 1980 年版,第 91 – 111 页。

是国家关心的问题,就资源存量来谈可持续发展,往往只能停留在精英阶层。围绕资源有限性和无限性的认识,技术悲观主义和技术乐观主义在 20 世纪 70—80 年代进行过激烈的论争。技术悲观主义者的代表是罗马俱乐部,他们的预言虽然具有振聋发聩的积极意义,但是由于所涉时空范围过大,所以在验证上便不能不遇到困难,于是盲目乐观的情绪便一直占据统治地位。

罗马俱乐部研究报告《增长的极限》说得好:"一个人看到的时间和空间的范围,决定于他的文化,以往的经历和在各个水平上他面临的各种问题的迫切性。大多数人在他们转而关心较大的问题以前一定已经成功地解决了一个较小范围内的问题。一般说来,和一个问题有关的空间越大、时间越长,真正关心这个问题如何解决的人数就越少。"①可持续发展理论在建构时,并没有克服罗马俱乐部面对的困难。其后以"循环经济"等补救,也因其虚幻而终失效。绿色发展要替代可持续发展,就必须进行针对性变革。

"马克思从黑格尔的法哲学出发,得出这样一种见解:要获得理解人类历史发展过程的锁钥,不应当到被黑格尔描绘成'大厦之顶'的国家中去寻找,而应当到黑格尔所那样蔑视的'市民社会'中去寻找。但关于市民社会的科学,也就是政治经济学。"②可持续发展战略要走向深化,只能从这里突破,即从生产力与生产关系、经济基础与上层建筑的矛盾运动中寻找锁钥。生产力与生产关系的矛盾是社会发展的根本矛盾,它在不同地域的不同时期有不同的表现形式。

在中国改革开放前后一段时期内,生产力与生产关系的矛盾表现为落后生产力与超前生产关系的矛盾,即生产效率与经济公平的矛盾。当时生产力进步的决定因素是经济再生产能力,即把自然资源转化为社会产品的能力。尽管生态学者把自然再生产、经济再生产和人口再生产合称社会再生产,但基于两种现状,并没有从根本上改变人们对生产力的固有认识:一是生产带来的资源损毁没有形成生活改善的整体障碍,二是贫困滋生的消费渴求可以遮蔽生态变异的部分危机。社会根本矛盾的化解路径是调整超前的生产关系,使之适应生产力的需要,并通过国家行为尽量消减社会差距。

进入 21 世纪,由于生态问题全面爆发,环境对社会的影响激增,自然再生产能力逐渐成为生产力进步的决定因素,生产关系中妨碍人与自然协调的成分日

---

① [美]梅多斯等:《增长的极限》,商务印书馆 1984 年版,第 8 - 9 页。
② 《马克思恩格斯全集》第 16 卷,人民出版社 2006 年版,第 409 页。

显,生产力与生产关系的矛盾出现了新的格局。社会根本矛盾对其他社会矛盾具有派生性和牵制性作用,如果认识不做相应更新,那么在云谲波诡的现代社会中就很难把握方向,不仅绿色发展会落到与可持续发展一样的境地,而且社会矛盾还会全面激化。

三、绿色发展内涵界定

生态问题,说到底是谋生范式问题。经济粗放运行的本质是资源不当利用,收益低下与环境变异是一个问题的两个方面。20 世纪以来,公害问题首先在发达国家爆发,并迅速上升为政治问题,其社会背景是公众的主流需要已经由传统需要转向生态需要。早在 1972 年联合国"人类环境会议"召开时,发达国家和发展中国家就已经表现出对生态问题的不同态度:前者追求的是生活空间的质量,后者追求的是生存资料的数量。生态问题的解决需要全球合作,而世界绝大多数人却视环境保护为富人的奢侈享受。如果把生态问题表述为环境污染,那么在发展中国家就普遍地不以为然,所以在大量国际场合中,学界都宁肯把生态问题称为资源环境问题乃至直接称为资源问题。

把生态危机称为资源危机揭露了问题的本质,同时也有利于所有国家产生共识,但资源真实价值的体现总要受到种种社会因素的限制,以致资源危机这种表述很难在公众中引起震撼。结果无论在发达国家还是在发展中国家,公众对生态问题的认识还就只是污染,不过价值观念存在差别。反思可持续发展,基本问题出在忽视了生态危机固有的累积性、隐蔽性和突发性。

对生态危机来说,每个人可以说既是受害者也是加害者。引起伟大历史变革的根本动力是由生产方式所制约的物质生活,只有当公众切身感受到物质生活全面恶化之后,才有可能产生变革的动力。之所以用"绿色"表征发展,在于它与生命天然亲和。符合实际的举措是,让生态问题的表述从"资源"复归到"环境",把审视焦点从资源存量转移到生存质量。生存质量是自然生息和人民幸福的统一。

关于绿色发展,西方学界已有关于"环境正义"与"社会正义"的大量讨论,该讨论直切当代社会的要害,但西方的讨论只放在公民权利范围之内,实际上它是社会生产方式运动的反映。从中国角度考察,通过三点区分可能获得重大突破:第一,西方学者在研究中不采用历史唯物主义,没有把它们的冲突提升到社会根本矛盾的高度来认识;第二,由于排斥马克思主义哲学,西方学者不能化解生态中心主义和人类中心主义的对立;第三,东方社会和西方社会的传统和现实有相当差异,西方学者没有顾及这点。

在已有的讨论中,环境正义指非人类存在物享有的受人类保护的权利和人类整体享有的免受环境伤害的权利,社会正义指人类整体享有的顾及平民生计的权利。前者本质上是人与自然之间在物质变换中相互作用的诉求,反映的是生产力进步的客观需要;后者本质上是人与人之间在物质变换中相互地位的诉求,反映的是生产关系调整的客观需要。"环境"与"生态"从语源上看是一致的,但在现实语境中,前者往往指相对主体的外界物质条件,后者往往指包含主体的整个物质系统。用生态正义取代环境正义,可以准确反映生产力的本质特征。

客观说来,当年即使可持续发展理论完善,其运行也未必顺畅,何况理论自身还有不足。而如今,理论范式的转换已经是水到渠成。从中国的实际看,生产力与生产关系的矛盾正在由生产效率与经济公平的矛盾,变为生态正义与社会正义的矛盾。实际上,生态正义与社会正义是彼此贯通的:生态失衡主要缘于资源掠夺性开发,社会失衡频繁现于环境破坏性侵害。基于这种态势,可把绿色发展的内涵界定为:"调整生产关系,改革上层建筑,解放利于自然生息和人民幸福的生产力,实现资源的充分合理利用,促进人的全面发展"。

作为科学研究纲领,绿色发展的硬核是"只有保证生存质量可持续改善的发展才是有意义的发展",关于自然生息和人民幸福能相互协调的辅助假说,则是硬核的保护带。把生存质量的可持续改善作为目标,必须使资源充分合理利用即可持续利用,所以可持续发展的解释功能完全包容在绿色发展当中。自然生息和人民幸福涵盖了整个人类生态系统,这就超越了旧理论的经济视野。与资源存量相比,生存质量的目标相对具体,所涉时空范围大为缩小,于是理论的解释功能和预见功能都将产生飞跃,理论因之呈进化态势。只有如此建构,绿色发展才能真正替代可持续发展。

"生态正义"与"社会正义"矛盾双方的主次地位,会随环境形势和经济形势的波动而相互转化,因此中国绿色发展会有多次反复,是一个否定之否定的螺旋式上升过程。

(原载于《当代世界与社会主义》2014 年第 5 期)